W0393927

EUROPA BAUEN

Eine Reihe der Verlage
C. H. Beck, München · Basil Blackwell, Oxford
Crítica, Barcelona · Laterza, Rom-Bari
Le Seuil, Paris

Herausgegeben von
Jacques Le Goff

LEONARDO BENEVOLO

Die Stadt in der europäischen Geschichte

VERLAG C.H.BECK
MÜNCHEN

Aus dem Italienischen übersetzt von Peter Schiller
Titel der italienischen Originalausgabe
La Città Europea
© Laterza, Rom-Bari, 1993

Mit 149 Abbildungen

Die Deutsche Bibliothek – CIP-Einheitsaufnahme

Benevolo, Leonardo:
Die Stadt in der europäischen Geschichte / Leonardo Benevolo.
[Aus dem Ital. übers. von Peter Schiller]. – München: Beck,
1993
(Europa bauen)
Einheitssacht.: La città europea ⟨dt.⟩
ISBN 3-406-37090-x

ISBN 3 406 37090 x

Für die deutsche Übersetzung:
© C. H. Beck'sche Verlagsbuchhandlung (Oscar Beck), München 1993
Satz: Fotosatz Janß, Pfungstadt
Druck- und Bindearbeiten: Franz Spiegel Buch GmbH, Ulm-Jungingen
Gedruckt auf alterungsbeständigem (säurefreiem) Papier,
gemäß der ANSI-Norm für Bibliotheken
Printed in Germany

Für Paul Hofer

Europa bauen

Europa wird gebaut. Getragen von großen Hoffnungen. Doch erfüllen werden sie sich nur, wenn sie der Geschichte Rechnung tragen. Ein geschichtsloses Europa wäre ohne Herkunft und ohne Zukunft. Denn das Heute entstammt dem Gestern, und das Morgen entsteht aus dem Vergangenen. Dieses Vergangene soll die Gegenwart jedoch nicht lähmen, sondern sie befähigen, bei allem Bewahren eine andere und im Fortschritt eine neue Gestalt zu gewinnen. Unser zwischen Atlantik, Asien und Afrika gelegenes Europa besteht ja schon seit sehr langer Zeit, so wie die Geographie es gezeichnet, die Geschichte es modelliert hat, seit die Griechen ihm diesen Namen gaben, der stets beibehalten wurde. Auf dieses Erbgut, das seit der Antike, ja seit prähistorischer Zeit dieses Europa befähigt hat, gerade wegen seiner Einheit und Vielfalt einen solchen Reichtum an Kulturgut, eine solch außergewöhnliche Kreativität zu entfalten, muß sich die Zukunft stützen.

Die aus der Initiative von fünf Verlegern unterschiedlicher Sprache und Nationalität entstandene Reihe «Europa bauen» will die Gestaltung Europas und seine nicht zu unterschätzenden Erfolgschancen erhellen, ohne die überkommenen Schwierigkeiten zu vertuschen. Daß dieser Kontinent in seinem Streben nach Einheit so manch internen Zwist, so manchen Konflikt, so manches Trennende und Widersprüchliche erst überwinden mußte, soll in dieser Reihe nicht verschwiegen werden, denn wer sich auf das Unternehmen Europa einlassen will, muß die gesamte Vergangenheit kennen und eine Zukunftsperspektive besitzen. Daraus erklärt sich der «aktive» Titel unserer Reihe. Es scheint uns in der Tat nicht an der Zeit, eine Universalgeschichte Europas zusammenzufügen. Wir wollen das Thema mit Essays umkreisen, die von den besten zeitgenössischen Historikern stammen, wobei es für uns unerheblich ist, ob sie Europäer oder Nicht-Europäer, ob sie schon berühmte oder noch kaum bekannte Autoren sind. Sie werden die entscheidenden Themen europäischer Geschichte aufgreifen – im wirtschaftlichen, politischen, sozialen, religiösen, kulturellen Bereich – und sich dabei auf die lange, von Herodot begründete historiographische Tradition und zugleich auf die in Europa entwickelten neuen Konzeptionen stützen, die die Geschichtswissenschaft im zwanzigsten Jahrhundert und insbesondere in den letzten Jahrzehnten von Grund auf erneuert haben. Durch ihr Bemühen um Klarheit sind all diese Essays für jedermann verständlich.

Wir setzen unseren ganzen Ehrgeiz darein, all denen, die am Aufbau und Ausbau Europa beteiligt sind, aber auch jenen in der Welt, die sich dafür interessieren, Bausteine zur Beantwortung der fundamentalen Frage «Wer sind wir? Woher kommen wir? Wohin gehen wir?» zu liefern.

Jacques Le Goff

Inhalt

Viertes Kapitel

Die Begegnung mit der Welt

Seite 126

Fünftes Kapitel

Die schwierige Anpassung an die Regeln der Perspektive

Seite 147

Sechstes Kapitel

Die Industriestadt

Seite 184

Siebtes Kapitel

Die europäische Stadt in der Gegenwart

Seite 218

Tafelteil

Anhang

Einführung

Die europäischen Städte entstehen zusammen mit Europa, und in gewissem Sinne sind sie es, die Europa erst hervorbringen. Sie sind eine – vielleicht die hauptsächliche – Ursache dafür, daß Europa sich als eine historische Einheit zu erkennen gibt. Sie prägen die europäische Kultur in einer Zeit, in der diese eine dominierende Stellung in der Welt einnimmt, und sie drücken den heutigen Städten in allen Teilen der Welt ihren Stempel auf, gleichviel ob nun zu deren Vorteil oder nicht.

Die Geschichte der europäischen Städte ist deshalb auf weite Strecken von der Geschichte Europas nicht zu trennen. Das Thema ist schon sehr oft dargestellt worden und so umfangreich, daß es sich nicht in einem Band dieser Reihe behandeln läßt. Diese Bände sind jeweils einzelnen Gesichtspunkten und speziellen Aspekten des europäischen Kulturerbes gewidmet, während sie im übrigen die Stadt, bei der sich historische Momente überlagern und durchdringen, als bekannt voraussetzen. Aber es ist möglich, einen eigenen Band der *physischen Gestalt* der Städte zu widmen. Sie ist tendenziell beharrend, sie glättet zeitlich ablaufende Veränderungen und vermittelt ganz entscheidend zwischen der Gegenwart und der Vergangenheit. Mit ihrer Hilfe ist es möglich, die Gegenwart auf die Zukunft hin auszurichten.

Diese Eigenschaft, die zum Wesen der Stadt gehört, wirkt ihrer innovativen Dynamik entgegen. Seit dem dritten vorchristlichen Jahrtausend beschleunigen städtische Ansiedlungen infolge engerer räumlicher Kontakte zeitlich ablaufende Veränderungen. Gerade sie bewirken den raschen Fortschritt im Leben der Menschen, durch den sich die Geschichte von der Frühgeschichte abhebt. Zugleich verleiht eine Ansiedlung der in historischer Zeit gestalteten Umgebung Dauerhaftigkeit, reicht sie an darauffolgende Epochen weiter und bindet damit die Lebensweise einer Generation zum Teil an die vorangegangener Generationen. Sie ist also eine auf Zukunft gerichtete Antriebskraft, ohne indessen die Verbindung mit der Vergangenheit zu verlieren. So werden die Zeiten überwunden. Ereignisreihen überbrückt und sowohl an die Zukunft wie an die Vergangenheit angeknüpft.

Dies trifft im wesentlichen auch auf die heutige Welt zu. Die moderne Kommunikation über größere Entfernung hinweg läßt die Folgen der physischen Konzentrierung menschlichen Tuns und damit den Unterschied zwischen dem Leben in der Stadt und auf dem Land immer mehr in den Hintergrund treten. Das physische, auf Beharrung gerichtete Erscheinungsbild der Stadt dagegen behält seinen Einfluß auf das tägliche Leben und verstärkt ihn sogar, während andererseits die persönliche Mobilität zunimmt.

Die europäischen Städte haben einen entscheidenden Anteil an dieser Entwicklung. Ihre Erhaltung ist unabdingbar, wollen wir uns nicht um eine ganze Reihe von Werten bringen, die wir uns nur so sichern können. Es sind dies die Identität unseres Lebensraums, die Beständigkeit, die den Fluß wechselnder Erfahrungen einer Generation hervorhebt und die ihm Bedeutung verleiht, die Stabilität eines «Zentrums», das nicht so raschen Veränderungen unterliegt wie die Randbereiche, ein Mittelpunkt also, in dem ein Teil der Erinnerungen, die die Fassungskraft eines Einzelnen übersteigen, gesammelt wird. Bereits in der Mitte des vorigen Jahrhunderts hat Baudelaire dieses Problem unserer Zeit erkannt:

> Le vieux Paris n'est plus (la forme d'une ville
> Change plus vite, hélas, que le cœur d'un mortel)
>
> ....
>
> Paris change! mais rien dans ma mélancolie
> N'a bougé! palais neufs, échafaudages, blocs
> Vieux faubourgs, tout pour moi devient allégorie
> Et mes chers souveniers sont plus lourds que des rocs.

Die Protagonisten des Stücks, dem diese Zeilen entstammen, sind der aus dem Käfig entflohene Schwan, die von Pyrrhos in die Fremde verschleppte Andromache, die *négresse amaigrie,* die im Nebel von Paris auf der Suche nach den hohen Palmen des fernen Afrikas ist. In ihnen erkennen wir diejenigen wieder, die, entwurzelt, als Gäste in unseren Städten leben. Doch auch wir selbst sind wegen der physischen Zerstörung der Umwelt, in der wir aufgewachsen sind, entfremdet und verspüren das Unbehagen darüber.

Nicht so sehr irgendein «kulturelles» Interesse als vielmehr die vitale Notwendigkeit, dieser Entfremdung von unserer Umwelt entgegenzuwirken, läßt uns heute so entschieden für die Erhaltung der in langen Zeiträumen gewachsenen Landschaften aus Stein eintreten. Es sind empfindliche Landschaften, verletzbar durch die moderne Technik zwar, aber eben auch mit Hilfe dieser Technik zu bewahren. Von diesen Landschaften hängt das Gleichgewicht von individueller und kollektiver Erinnerung ab.

Die Veränderungen, denen wir die Städte unterwerfen, richten sich nach unseren jeweiligen Problemen, und sie werden für viele kommende Jahre bindend sein, mag dann auch die Art zu denken und zu leben eine andere sein. Unsere Eingriffe werden immer gravierender und immer häufiger, und immer tiefgreifender nehmen wir Einfluß auf das Leben zukünftiger Generationen, ohne indessen in der Lage zu sein, die weitreichenden Auswirkungen unserer Eingriffe vorherzusehen und hinreichend steuern zu können. Hatten wir einst geglaubt, wir könnten unsere Lebensräume mit Hilfe der modernen Technik nach Belieben erneuern, so haben wir nun erkannt, daß ein einmal veränderter Lebensraum meist nicht wieder in den ursprünglichen Zustand zurückzuversetzen ist. Sind erst neue Fakten geschaffen, folgen neue Interessen. Diese verflechten sich und müssen koordiniert werden. All dies macht die Verantwortung unserer Epoche um so drückender und ein Nachdenken über diesen Aspekt der europäischen Geschichte um so dringlicher.

Das Material, auf das sich der folgende Versuch einer Synthese stützt, ist sehr umfangreich. Der Werdegang urbaner Organismen ist dem Wesen nach eine Geschichte von Einzelereignissen, die in erster Linie einzeln betrachtet werden müssen. So sind es in der Regel die Einwohner selbst, die sich mit ihren Städten auseinandersetzen. Denn stets ist das Zugehörigkeitsgefühl zu der betreffenden Stadt einer literarischen oder wissenschaftlichen Beschäftigung mit den materiellen Vorgängen, die sie geformt haben, förderlich.

Die physische Gestalt der Stadt entwickelt sich aus dem vielfältigen Zusammenwirken geographischer und historischer Faktoren. Sie sind noch vielfältiger als die wirtschaftlichen, sozialen und kulturellen Abläufe; diese lassen sich leichter auf einige wenige begriffliche Kategorien zurückführen. Die Beiträge, die sich mit diesen Faktoren beschäftigen, sind so zahlreich, daß sie kaum zu überblicken sind. Sie lassen sich heutzutage zwar im Computer sammeln, sind aber zu komplex, um von einem Gerät verarbeitet werden zu können, und gar die Aufnahmefähigkeit eines einzelnen Menschen überschreiten sie bei weitem.

Die Gesamtdarstellungen, die sich auf diese Einzelbeiträge stützen, sind bislang selten und betreffen vorzugsweise die Bildung der europäischen Städte im «Mittelalter». Das 1925 erschienene Buch *Medieval Cities* von Henri Pirenne, so parteiisch und kontrovers die darin geäußerten Thesen auch sind, ist gerade deshalb eine Herausforderung, der sich zwei nachfolgende Generationen wiederholt stellten. Noch seltener sind zusammenfassende Beiträge zum darauf folgenden «modernen Zeitalter», das den späteren Wandel europäischer Städte und die Übertragung der europäischen Vorbilder auf andere Teile der Welt umfaßt.

Die jüngste innovative Phase, nämlich die Zeit der industriellen Revolution, ist namentlich in operativen Begriffen dargestellt und diskutiert worden, in einer verallgemeinernden Sicht also, die fast immer ein Verständnis der Geschichtlichkeit der Ausformungen sowie der mentalen Modelle behinderte. Oft verstand man unter der europäischen Stadt die moderne Stadt überall auf der Welt schlechthin und ließ dabei die gewaltige Problematik der Konfrontation mit anderen Siedlungsformen und den sich daraus ergebenden Verflechtungen, in Europa und den anderen Kontinenten, außer acht.

Aus der Sicht eines konventionellen, unterscheidungslosen Begriffs von Modernität ist die Entwicklung der europäischen Stadt implizit als abgeschlossen betrachtet worden. Aber die Geschichte der europäischen Stadt ist durchaus nicht beendet. Will man die Kontinuität des geschichtlichen Ablaufs verstehen, so ist es nötig zu erkennen, daß unser Modell der modernen Stadt nur eines von mehreren möglichen ist. Es muß also erneut über den jeweiligen Werdegang der europäischen Städte, auch der modernen, mit all ihren Unterschieden und ihren Gemeinsamkeiten nachgedacht werden.

Wollte man die Gesamtheit derart zahlreicher und unterschiedlicher Faktoren auch nur in großen Linien beschreiben, so müßte der vorliegende Beitrag wesentlich umfangreicher sein. Das ist aber auch gar nicht der Zweck dieser Reihe. Vielmehr soll an einige besondere Aspekte des europäischen Kulturerbes neu herangegangen werden, wobei die Analysen nur so weit getrieben werden, daß diesen Besonderheiten Rechnung getragen wird. Nun ist aber die Vielfalt ein Wesensmerkmal des Speziellen. So bleibt also nur, eine Auswahl von Beispielen zu treffen, die sich auf einige signifikante Abschnitte der Geschichte, nicht auf die komplette Geschichte dieses Kontinents, verteilen. Das Europa, das uns interessiert, ist kein geographischer Bereich, sondern eine geschichtlich determinierte Realität. Wir haben nicht die zu allen Zeiten in diesem Gebiet entstandenen Städte zu betrachten, sondern nur die, welche in der Zeit entstehen, während der sich Europa als solches erkennbar herausbildet, sowie diejenigen, die die darauf folgende Entwicklung Europas begleiten. So werden wir die folgenden Abschnitte behandeln:

- Die Loslösung von der antiken Welt (bis zum 10. Jahrhundert, Kapitel 1)
- Die Bildung eines neuen Städtesystems (1050–1350, Kapitel 2)
- Der Augenblick der Vervollkommnung (1350–1500, Kapitel 3)
- Die Begegnung mit der Welt (1500–1600, Kapitel 4)
- Die schwierige Anpassung an die Regeln der Perspektive (1600–1750, Kapitel 5)
- Die Industriestadt (1750–1890, Kapitel 6)
- Die europäische Stadt in der Gegenwart (Kapitel 7)

Jeder Abschnitt wird von Texten und Bildern begleitet. Die Auswahl der Bilder ist schwierig, denn sie sollen bei der geringen Anzahl konkreter Beispiele unter Verzicht auf allgemeine Exkurse dennoch eine signifikante Abfolge erkennbar machen. Der kenntnisreiche Leser, der in den europäischen Städten zu Hause ist oder solche häufig besucht, wird dabei die unvermeidliche Willkür in der Auswahl der Illustrationen dieses Buches auszugleichen wissen.

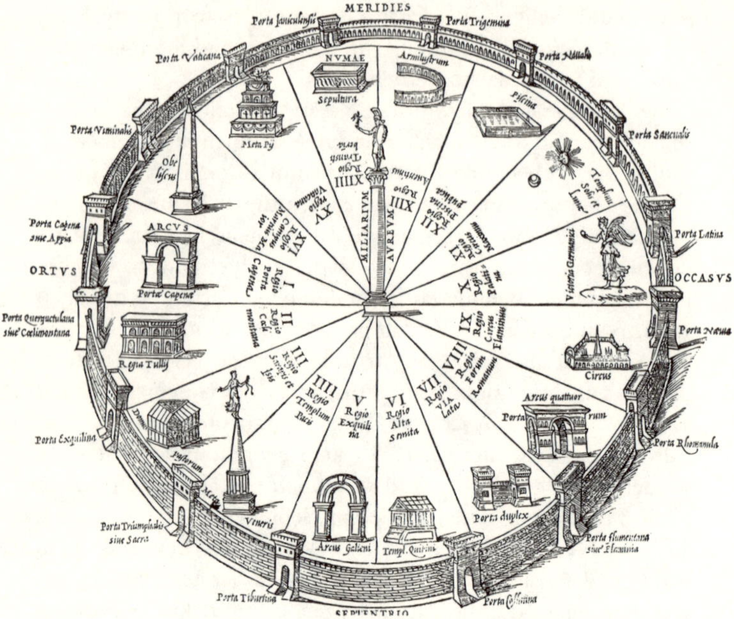

1 *Idealriß von* ROM *zur Zeit des Augustus von 1527.*

Erstes Kapitel

Die Loslösung von der antiken Welt

1. Die Idee der Stadt in der klassischen Kultur

Europa entsteht mit dem Zerfall der antiken Welt. Dieser Welt verdankt es seine materiellen und geistigen Grundlagen, und noch heute dient sie ihm als Maßstab.

In der Antike bestimmt die Stadt die Verwaltungsstruktur und die Organisation des Reiches, und deshalb gehört die Krise des Systems der Städte zu den wichtigsten Ursachen für den Untergang der Alten Welt. In der Literatur und im allgemeinen Bewußtsein sind Zivilisation und Stadt von jeher so sehr eins, daß wir zwischen Wörtern, die vom griechischen *polis* und vom lateinischen *urbs* und *civitas* abgeleitet sind, vielfältige, vielleicht nicht immer ganz zutreffende Verbindungen sehen. Der Niedergang des Kaiserreichs geht so eng einher mit dem Verfall der Stadt Rom, die ihm den Namen gab, daß die Auflösung der gesellschaftlichen Strukturen ganz physisch am Zerfall des Stadtbildes erfahrbar wird: «semidirutarum urbium cadavera», schreibt Ambrosius, als er um 387 Norditalien bereist. Augustinus, die Plünderung Roms im Jahre 410 vor Augen, weiß den Begriff der Stadt nicht anders als durch seine Transzendierung zu retten. Er beschreibt die christliche Heilsordnung als die Stadt Gottes. Sie ist das Gegenstück zur Stadt des Menschen, der an seinen Sünden zugrunde geht.

Welche kulturellen und institutionellen Aspekte der Begriff der Stadt in der Spätantike umfaßt, soll der folgende kurze Überblick zeigen.

Die Stadt entsteht im 3. und 2. Jahrtausend in Mesopotamien und in den Niederungen des Nil, des Indus und des Gelben Flusses. Es handelt sich zunächst um Schaltstellen, an denen überschießende landwirtschaftliche Erträge aus fruchtbaren Gegenden gesammelt, gelagert und umgeschlagen werden. Diese tiefgreifende Neuerung, die geradezu die Schwelle von der mythischen Vorzeit zur Geschichtlichkeit markiert, findet einen klaren Niederschlag in den frühesten Schriftzeugnissen. Als das himmlische Reich auf Erden anbrach, sei dies in Eridu geschehen – so die Worte, mit denen die älteste sumerische Königsliste vom Ende des 3. Jahrtausends anhebt. Hier die Stadt, dort das Land – dieser Gegensatz wird für lange Zeit das Bild der Welt prägen und gleichermaßen für das Bewußtsein wie für die soziale Wirklichkeit bestimmend sein. Die Stadt ist ein umschlossener Bezirk oder eine Ansammlung solcher Einfriedungen, wo die Kunst, über mittlere und kleinere Entfernungen zu haushalten, gedeiht – dies nennen wir seither «Architektur», während die weitaus ältere Kunst, das unbegrenzte Land in Besitz zu nehmen und zu kultivieren, allmählich in Vergessenheit gerät. Einzig die Pyramiden in den bebauten Landstrichen Ägyptens und Mesopotamiens, die sich schon von fern in der unberührten Landschaft abzeichnen, erinnern noch an die Zeit des Übergangs zwischen beiden Lebensformen. In der Stadt sind das Haus, der Palast, der Tempel umgrenzte Bereiche, und je größer ihre Bedeutung ist, um so wirksamer sind sie abgegrenzt. Man denke nur an die für den ägyptischen Tempel und den Grabbau geläufige Anlage, bei der nacheinander eine Raumschale die nächste umhüllt, als gelte es, eine feindliche Außenwelt abzuwehren.

Der griechische Kulturraum findet wieder zu einem Begriff der Stadt zurück, der in seiner Gesamtheit auf den Menschen bezogen ist. Er fordert, daß im Außenverhältnis zur umgebenden Landschaft Ausgewogenheit, im Innern berechenbare und kontrollierbare Größenverhältnisse herrschen. Aristoteles setzt den Begriff in einer berühmten Passage theoretisch so auseinander:

«1. Wir beobachten, daß jeder Stadtstaat eine Gemeinschaft ist und jede Gemeinschaft sich gebildet hat, ein Gut zu pflegen: alle handeln ja immer um eines Zweckes willen, der ihnen ein Gut bedeutet; alle Gemeinschaften also erstreben ein Gut, besonders aber, und zwar das höchste Gut, die Urgemeinschaft, die alle anderen umfaßt. Dies ist der sogenannte Stadtstaat und die staatliche Gemeinschaft ...

2. ... Zuerst also muß man diejenigen paaren, die ohne einander nicht sein können, nämlich Mann und Weib, und zwar der Zeugung wegen; und hierbei ist keine Planung notwendig, sondern es ist der Trieb, genau wie bei den anderen Geschöpfen

und Pflanzen, am Werke, ein ebensolches Wesen zu hinterlassen, wie man selber ist, und zur Erhaltung hat die Natur Führer und Gefolge bestimmt. Denn wer klug vorausschauen kann, den hat die Natur zum Führer und Herrn bestimmt, wer mit seiner Hände Arbeit die Befehle ausführen kann, zum Gehorchen und zum Knecht. Daher gibt es nur *einen* Nutzen für Herrn und Knecht ... Aus diesen beiden Gemeinschaften erwächst zuerst das Hauswesen ... Die Gemeinschaft mehrerer Häuser zu einem Nutzen, der nicht täglich in Erscheinung tritt, ist zunächst das Dorf ... Die endgültige Gemeinschaft mehrerer Dörfer ist nun die Stadt, die sozusagen das Ziel der Selbstgenügsamkeit erreicht hat und sich entwickelt hat, um das Leben zu sichern, aber weiterbesteht, um es zu verschönen. Auch jede Stadt also ist naturgewachsen, da es ja ihre Urgemeinschaften sind, deren letztes Ziel sie nur ist. Die Natur ist aber immer das Endziel ... Hieraus ergibt sich, daß die Stadt naturgewachsen und der Mensch von Natur ein staatbildendes Geschöpf ist ... Daß also der Mensch ein staatenbildendes Geschöpf ist, mehr als die Biene und jedes Herdentier sonst, ist einzusehen. Die Natur macht ja nach unserer Lehre nichts umsonst. Sprache hat aber von allen Geschöpfen allein der Mensch; die Stimme ist Ausdruck für Schmerz und Freude und findet sich daher auch bei den anderen Geschöpfen, da bis dahin die Natur bei ihnen die Entwicklung getrieben hat, daß sie Schmerz und Freude empfinden und sich dieses gegenseitig bekunden, aber die Sprache soll das Nützliche und Schädliche ausdrücken, mithin auch Recht und Unrecht. Denn dies hat der Mensch den anderen Geschöpfen voraus, daß er allein ein Gefühl für Gut und Böse, Recht und Unrecht und für die anderen Werte hat. Und die Gemeinschaft hierin bedingt Hauswesen und Gemeinde ... Es ist also einzusehen, daß die Stadt naturgewachsen ist und ranghöher als der einzelne Mensch. Wenn er nämlich getrennt von ihr nicht mehr lebensfähig ist, wird er in der Lage der Glieder zum Ganzen sein, und wer keine Gemeinschaft halten kann oder wer nichts braucht, weil er sich selbst genug ist, der ist nicht Glied des Staatswesens, sondern entweder Tier oder Gott.»

Die griechische Stadt ist, wie oft hervorgehoben wurde, eine «offene Stadt», deren Geltungsbereich sich, juristisch gesehen, auch auf die Landbevölkerung erstreckt und dieser in Notzeiten

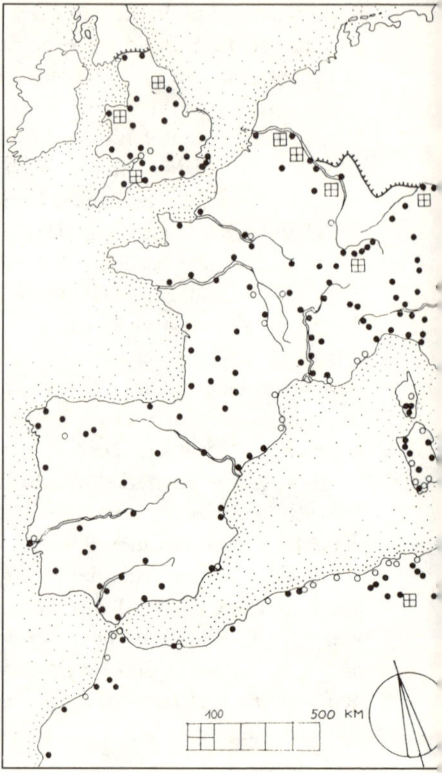

2 *Römische Stadtgründungen (ausgefüllte Kreise) und bereits bestehende Städte (leere Kreise) im Reich. Markiert sind auch die befestigten Grenzlinien und die wichtigsten Legionslager (Quadrate).*

Zuflucht bietet. Sie ist ein einheitliches Gebilde aus Einzelteilen, die in Gestalt und Proportion aufeinander bezogen, wenn auch von ganz unterschiedlicher Funktion und Bedeutung sind. Öffentliche Gebäude und Anlagen – die privaten sind zweifellos von minderem Rang – bilden jene vollendete Stadtlandschaft, die von der aristotelischen Definition gefordert wird. Die Säulen, die die Tempel und die öffentlichen Gebäude umgeben, bilden einen graduellen Übergang vom Innen- zum öffentlichen Außenraum. Es ist die Architektur, die dem Gesamtraum, den der Mensch bewohnt, seine Homogenität und Würde verleiht.

Beide, das theoretische Konzept der Stadt und das konkrete Vorbild, sind von so universaler Gültigkeit, daß sie sich auch in

den Staatsgebilden durchsetzen, die wesentlich mehr als die *myrioi* umfassen, jene zehntausend Männer, die nach Aristoteles die obere Grenze für ein funktionierendes demokratisches Gemeinwesen bilden. Das Römische Reich ist gleichsam die juristische Ausweitung der *urbs* und funktioniert als «eine Konföderation von Städten mit einem Skelett von Provinzverwaltungen, die in den inneren Angelegenheiten indessen völlig autonom sind» (R. Lopez). Das Reich verleibt sich eine große Zahl von Stadtstaaten im Mittelmeerraum ein oder schafft solche, wo sie nicht vorhanden sind. Es überzieht die Anrainerländer des Mittelmeers mit einem gleichmäßigen Netz von Tausenden bald großen, bald mittelgroßen Städten, die zuweilen über

Festungsanlagen und nicht selten über einen einheitlichen, streng geometrischen Grundriß verfügen, der auf die vielgestaltige Bebauung öffentlicher und privater Art ordnend einwirkt. Im Frieden und in Zeiten andauernder Rechtssicherheit wird die rationale Grundordnung dann von der Stadt weiter aufs flache Land ausgedehnt und dort eine regelmäßige Struktur der Flurformen, Straßen, Brücken, Aquädukte, Grenzverläufe, Kanäle und Hafenanlagen geschaffen. Dies alles ist die funktionale Grundlage einer homogenen Zivilisation, die sich in denselben Erscheinungsformen über einen großen geographischen Raum erstreckt.

2. Der Wandel der Städte im späten Kaiserreich

Seit dem 3. Jahrhundert – die Barbareneinfälle häufen sich, und das Imperium zeigt erste Risse – verlieren zwar die Städte ihre Sicherheit, doch zugleich gewinnen sie als befestigte Zentren, in denen sonst bedrohte bürgerliche Strukturen fortdauern können, immer mehr an Bedeutung.

Hatten sich die Städte im Schutz der *pax romana* und begünstigt durch die Ferne der Landesgrenzen frei entfalten können, so müssen sie sich nun mit Mauern umgeben und dadurch klar definierte Grenzlinien ziehen, die es zu konsolidieren und zu verteidigen gilt. Das läuft in der Regel darauf hinaus, ein ausgeufertes und allzu unscharf begrenztes Stadtgebiet zu verkleinern. Dabei werden natürliche Geländehindernisse wie Wasserläufe oder Schluchten ebenso einbezogen wie Stadtmauern aus vorrömischer oder frühester Gründerzeit (so in den etruskischen Städten Mittelitaliens wie Volterra und Perugia, daneben auch in den ältesten Kolonialstädten) und große Gebäude an der Peripherie der Ballungszonen, sei es ein Zirkus (Mailand), ein Amphitheater (Périgueux, Tours, Florenz, Lucca) oder ein Aquädukt (Nîmes).

In *Rom* wird ab 274 der Ring der Aurelianischen Stadtmauer errichtet. Sie lehnt sich an die Castra pretoria, das Amphitheatrum castrense und streckenweise an Aquädukte an und umschließt eine Fläche von 1350 Hektar, also nur einen Bruchteil der immensen Bebauung in der Ebene zu beiden Seiten des

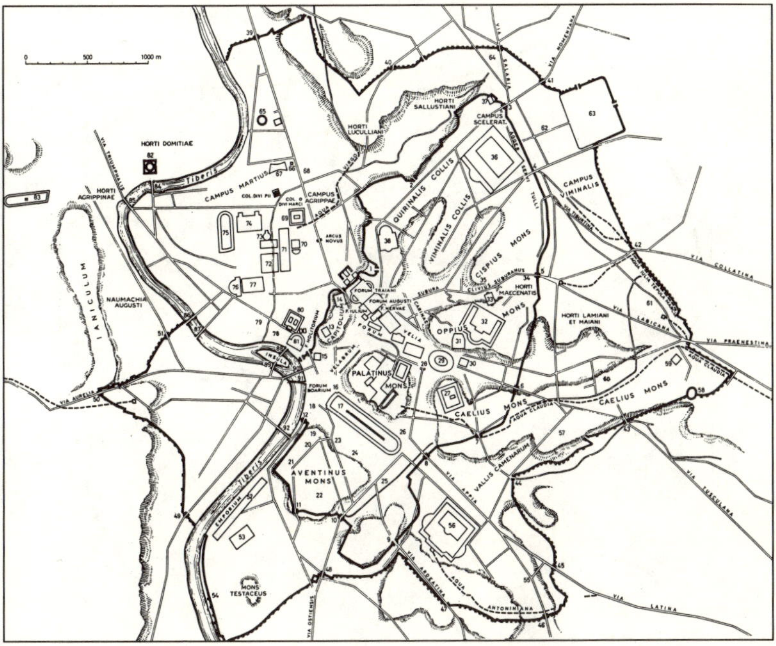

3 ROM *zur Zeit des späten Kaiserreiches (aus: Enciclopedia dell' Arte Antica).*

Tiber. In Gallien umfassen die befestigten Städte oft nur einen kleinen Teil des vordem offenen Stadtgebietes; in Bordeaux ist es ein Viertel, in Nîmes ein Siebtel und in Autun ein Zwanzigstel. Die Regionalhauptstädte der Tetrarchen, Trier, Mailand, Sirmium (Mitrowitz) und Nikomedia (Izmit), werden aufgrund ihrer strategischen Lage an den großen Grenzflüssen – dem Rhein und der Donau – oder hinter den militärischen Operationsgebieten ausgewählt und befestigt. Einige der wichtigsten Befestigungsanlagen der Zeit – Dijon, Bourges, Poitiers, Mainz – bleiben über die Zeit hinweg intakt. Solche Städte entwickeln sich bis ins späte Mittelalter hinein weiter.

Die vorzüglichen Verteidigungsmöglichkeiten aufgrund der geographischen Lage sind es, die 326 zur Gründung *Konstantinopels* als neuer Hauptstadt führen. Die Stadt ist von den gigan-

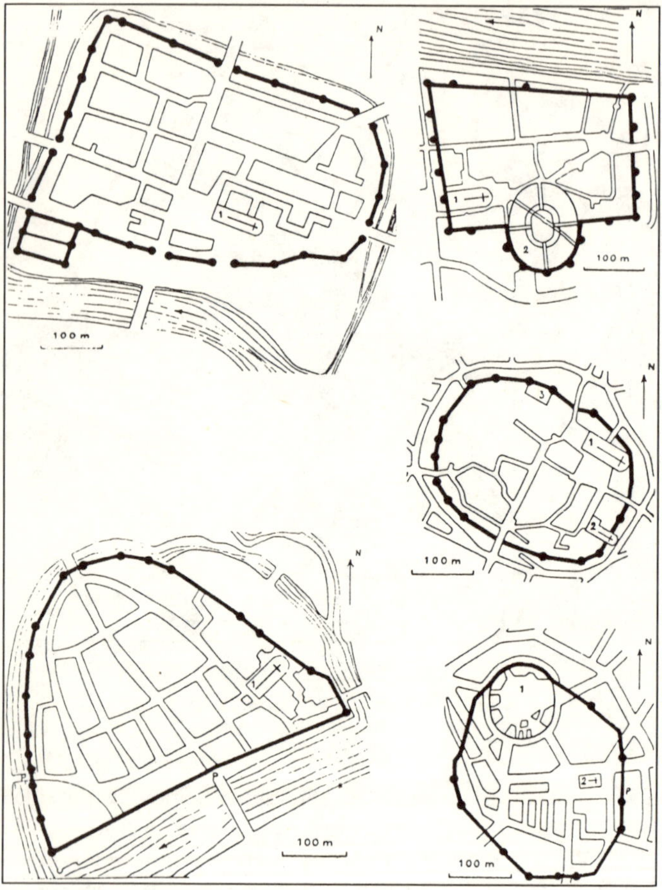

4 *Spätantike Stadtmauern einiger Städte Galliens:*
ROUEN, CHALON-SUR-SAÔNE, TOURS, SENLIS, PÉRIGUEUX
(aus: P. Lavedan, Histoire de l' urbanisme, Paris 1926).

tischen Verteidigungslinien Konstantins (330) und Theodosius' (414) geprägt, die ein Gebiet von etwa 1400 Hektar, vergleichbar mit dem Roms, umschließen. Das Wasser wird durch unterirdische Leitungen, die vom Feind nicht unterbrochen werden können, zugeführt und in großen Zisternen aufgefangen. Dank

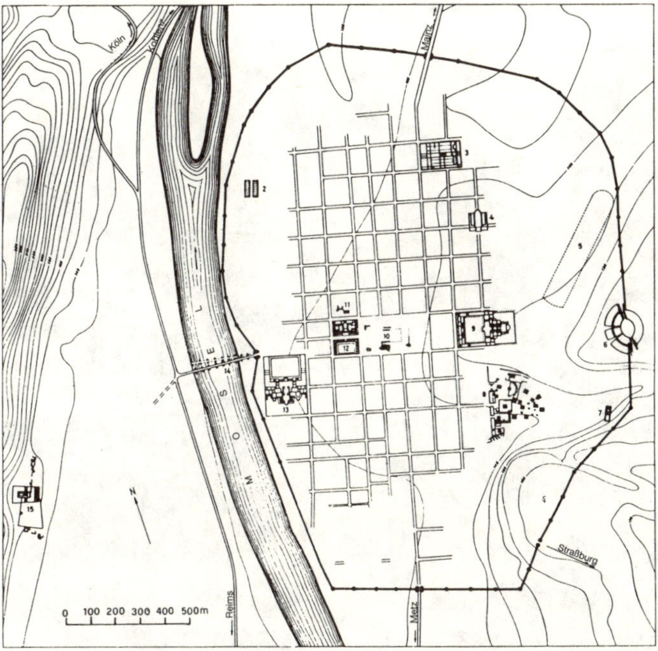

5 *Plan von* Trier *in der Spätantike (aus: Enciclopedia dell' Arte Antica): 1. Porta Nigra, 2. horrea, 3. Konstantinische Doppelkathedrale, 4. Konstantinische Palastaula (Basilika), 5. Zirkus, 6. Amphitheater, 7. Tempel am Herrenbrünnchen, 8. Heiligtum am Altbach, 9. Konstantinische Kaiserthermen, 10. Forum, 11. Palast des Vittorinus, 12. Palast, 13. Barbara-Thermen, 14. römische Brücke, 15. Mars-Lenus-Heiligtum.*

der günstigen Lage und des enormen technischen Aufwands, den das Kaiserreich hier investiert, hat die Metropole nicht ihresgleichen. Sie gilt lange Zeit als das Paradigma der geschlossenen, uneinnehmbaren Stadt. Auch der natürliche Hafen, das Goldene Horn, das mit einer Kette in der Mündung des Bosporus versperrt werden kann, ist zu Wasser und zu Land weithin beherrschend. Das ganze Mittelalter hindurch erregt der Ruf, der Konstantinopel vorauseilt, die Phantasie der Menschen im Orient wie im Okzident. Hier residiert der Nachfolger der

6 Konstantinopel *in der europäischen Vorstellung des 15. Jahrhunderts (aus: Schedelsche Weltchronik, Nürnberg 1493).*

Cäsaren, die kostbarsten griechischen und römischen Kunstschätze konnten hierher geschafft und somit vor der Zerstörung gerettet werden (Statuen von Phidias, Gemälde von Zeuxis und Parrhasios, der delphische Dreifuß), und von hier kommen die erlesensten Waren und die künstlerischen Vorbilder, die für den ganzen Mittelmeerraum beispielgebend sind.

Nach dem Tod Theodosius' wird das Reich geteilt und die Hauptstadt des Westreiches nach *Ravenna* verlegt. Diese Stadt ist durch umliegende Sümpfe geschützt, besitzt aber mit ihrem augusteischen Hafen bei Classe eine Anbindung an das Reich. Einst als römisches *oppidum* gegründet, wird sie im 5. Jahrhundert mehrfach erweitert und mit profanen und religiösen Bau-

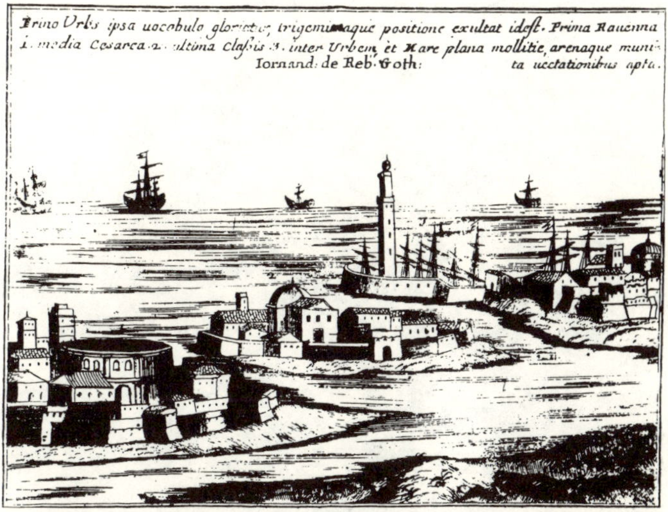

7 Ravenna (1), Cesarea (2) *und* Classe (3). *Rekonstruierender Stich (aus: Vincenzo Coronelli, Ravenna ricercata antico-moderna, 1706).*

ten bereichert, die der ganzen westlichen Welt als Vorbild höfischer Architektur dienen.

Seit dem 4. Jahrhundert beginnen christliche Symbolik und Baukunst das Stadtbild und bis zu einem gewissen Grade auch den Organismus der Stadt zu bestimmen.

Die christlichen Kirchen sind überwiegend an die Grabstätten der Heiligen und an die Friedhöfe gebunden; diese liegen nach Maßgabe der römischen Gesetze außerhalb der Stadtmauern. Das ist etwa in Rom der Fall, wo sich die meisten konstantinischen Basiliken – S. Pietro, S. Paolo, S. Lorenzo, S. Agnese, SS. Marcellino e Pietro, S. Sebastiano – vor der Aurelianischen Stadtmauer und zwei andere – S. Giovanni in Laterano und S. Croce in Gerusalemme – unmittelbar innerhalb der Stadtmauer befinden. Die Verbindungslinien der Kirchen S. Pietro, S. Paolo, S. Giovanni und S. Maria Maggiore, letztere um 365 außerhalb von Mauer und Gerichtsbann des Severus erbaut, bilden ein Kreuz, in dessen Mitte das Kolosseum als Symbol der ewigen Dauer der Stadt steht. Diese Anordnung wird zu einem Hauptelement des städtischen Organismus. Sie versinnbildlicht

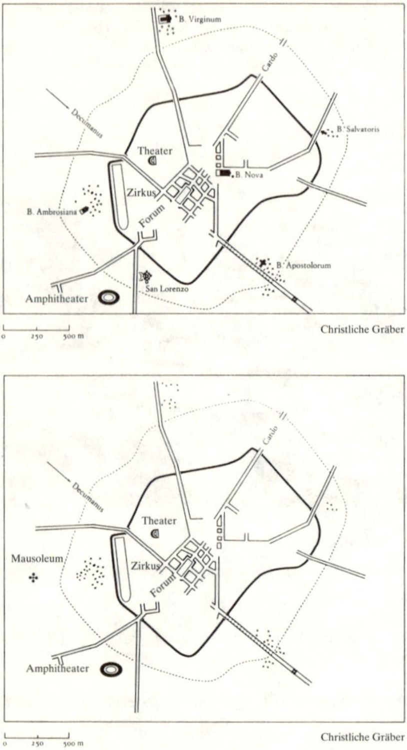

8 MAILAND. *Pläne der Stadt um 300 und um 400 n. Chr. (aus: R. Krautheimer, Three Christian Capitals. Topography and Politics, London 1983).*

den polyzentrischen Charakter der päpstlichen Stadt während der ganzen folgenden Periode.

In Mailand gründet Ambrosius außer der Kathedrale S. Tecla im Stadtkern die Basiliken *extra moenia.* Es handelt sich dabei um die nach ihm benannte Kirche, die später dem berühmten romanischen Bau weicht, sowie um S. Simpliciano, S. Nazaro und S. Lorenzo. Vielleicht auf seine Veranlassung hin entstehen in Bologna die «vier Kreuze» außerhalb der Mauern. In Konstantinopel bilden die großen kaiserlichen Kirchen – Irenenkirche und Sofienkirche beim Palast auf dem vorgelagerten Gebirgshügel sowie die außerhalb gelegene Apostelkirche – die Angelpunkte der Stadtentwicklung. Sie beherrschen das Stadtbild nicht erst seit dem Wiederaufbau unter Justinian.

Mit diesen Bauten sowie mit den römischen öffentlichen Monumentalbauten macht sich eine Abkehr von der klassischen Architekturtradition bemerkbar, die auch für den Zivilbau nicht ohne weitreichende Folgen bleibt. Das 4. Jahrhundert versucht den großen gewölbten Räumen mit den Mitteln der antiken Tradition Gestalt zu verleihen. Das Raumgefüge wird in ein Gerüst kanonisch ausgebildeter und hierarchisch geordneter plastischer Formen eingespannt. Gemeint sind die griechisch-römischen Architekturordnungen, die es erlauben, die Zusammenhänge auf einen Blick zu erfassen, ohne den Raum erst durchschreiten zu müssen. Die gewölbte Maxentiusbasilika auf dem Forum Romanum ist hierfür eines der bedeutendsten Beispiele. Im Kirchenbau werden zur selben Zeit andere Absichten verfolgt, die ihren Ausdruck in der Basilika mit Satteldach und offenem Dachstuhl finden. Diese Bauform ist nicht so kostspielig, kurzlebiger und statisch weniger aufwendig. Hier sind Säulen, Gebälke und Bögen untergeordnete Elemente, die nun der dekorativen Ausformung zur Verfügung stehen und sich aus der Bindung an die Raumproportionen lösen. Die Tiefenentwicklung des Raumes ist nicht mehr im voraus kalkulierbar, sondern der Betrachter muß sie beim Abschreiten einer Vielzahl gleichrangiger Formelemente selbst erfahren.

Es sind dies die traditionellen Hoheitsformen, die einem Ambiente jene Pracht verleihen, die in zeitgenössischen Texten beschrieben wird: «fulgore coruscans aula», lautet die Inschrift auf dem goldenen Kreuz in St. Peter, einer Schenkung von Konstantin und Helena. Doch auf diese Weise, mit der Verselbständigung aller Elemente, beginnt der Zerfall und endlich die Auflösung der Welt der antiken Architektur. Aus ihr wird schließlich ein neues Ganzes erwachsen.

3. Die Krise der Städte nach dem Untergang des Westreiches

Über die angesprochene Reorganisierung der Besiedlung, die im Osten noch weitere zehn Jahrhunderte Bestand haben sollte, bricht im Westen nach dem 5. Jahrhundert der Untergang des Kaiserreichs herein. Das spätantike Städtesystem erweist sich rasch als so überdimensional, daß sich die Bewohner darin wohl einrichten, es aber nicht ausfüllen können. Das ganze Ausmaß der Krise des Siedlungssystems muß jedoch im Rahmen der größeren Umwälzungen gesehen werden, die jetzt den Lauf der Geschichte in weiten Teilen der Welt verändern.

Die Wanderungsbewegungen der «Barbaren», deren Ursachen bislang nicht hinreichend geklärt sind, erschüttern vom 3. bis 5. Jahrhundert den gesamten eurasischen Kontinent. Man hat schon öfters darauf hingewiesen, daß es zwischen dem Untergang des Römischen Reiches und des chinesischen Reiches der Han-Dynastie Parallelen gibt; beide Ereignisse werden im Innern von der Ausbreitung einer «fremden» Religion, hier dem Christentum, dort dem Buddhismus, begleitet.

Seit dem 6. Jahrhundert indessen laufen die beiden Entwicklungen auseinander. Nach 581 gelingt die Einigung des chinesischen Reiches unter den Dynastien Sui und Tang. Zusammen mit dem ethischen Anspruch der Reichstradition, einer gemeinsamen, von der gesprochenen Sprache unabhängigen Schriftsprache, der Einheit des Staatsvolks sowie der Ausbreitung der intensiven Landwirtschaft ist damit der Fortbestand der klassischen chinesischen Zivilisation gesichert. Die neue Hauptstadt Chang-an umfaßt ein Gebiet von etwa 7500 Hektar innerhalb der Stadtmauern und von mehr als 20000 Hektar, wenn man die Parkanlagen mitsamt den Überresten der Vorgängerstadt Han hinzunimmt, eine Größenordnung, die im vorindustriellen Zeitalter ohne Vergleich dasteht. In dieser Epoche erlangt China aufgrund seiner Fortschritte in Wissenschaft, Technik, Wirtschaft und Verwaltung eine unangefochtene Vorrangstellung in der Welt, die erst mit der Expansion der europäischen Kultur im 19. Jahrhundert an ihr Ende gelangt.

Justinian bleiben solche Erfolge versagt. Seit dem 7. Jahrhundert muß sich das byzantinische Reich mit dem arabischen Kalifat arrangieren, und diese beiden so gegensätzlichen Welten bilden viele Jahrhunderte lang die wichtigsten zivilisatorischen und urbanen Kernbereiche am Westrand Eurasiens. Einige Hauptstädte zählen mehrere hunderttausend Einwohner, so Konstantinopel, die letzte antike Hauptstadt mit einer intakten Stadtmauer, und Bagdad, Cordoba und Palermo, drei ausgedehnte Oasenstädte, die ihre Existenz persischer Bewässerungstechnik verdanken. Das christliche Abendland, unvergleichlich ärmer und politisch uneins, hat dergleichen nicht zu bieten, und eine Vereinigung seines relativ kleinen Territoriums gelingt weder Theoderich noch Karl dem Großen, noch auch den Ottonen. Es wird überdies technisch, wirtschaftlich und administrativ zunehmend schwieriger, so große Stadtorganismen wie Rom oder die Tetrarchenstädte Trier und Mailand funktionsfähig zu erhalten. Nur selten können sich einige wenige zehntausend Einwohner in den Stadtmauern behaupten.

Nun zwingen aber gerade diese Rückständigkeit und die politische Uneinigkeit zu besonderen Anstrengungen auf allen Gebieten, wodurch auf lange Sicht die materielle und geistige Basis für eine neue Zivilisation gelegt wird. Vom 7. bis 10. Jahrhundert, in den «finsteren Jahrhunderten» also, durchlebt das christliche Abendland im Verlauf von einem Dutzend Generationen einen grundlegenden Wandel. Aus der überlieferten Geographie des Mittelmeerraums erwächst ein neues historisches Subjekt, das sich Europa nennt.

In den bereits besiedelten Gebieten stellt sich zunächst das Problem, wie die aus der Antike übernommenen Bauten erhalten und nutzbar gemacht werden können. Denn die Infrastruktur im Reich ist zusammengebrochen, und an öffentlichen Anlagen wie Thermen, Theatern, Amphitheatern, Zirkussen und Güterdepots besteht kein Bedarf mehr. Da die Architektur dauerhafter als die Formen sozialen Zusammenlebens ist, ergibt sich die anachronistische Situation, daß eine Gesellschaft das Gewand einer versunkenen Vorgängerin trägt, die ihr technisch und intellektuell weit überlegen war. Fortan bleibt der Umgang mit den «Ruinen» des Altertums eine Konstante der europäischen Kultur. Ihre äußeren Formen spiegeln nicht nur eine Architektur auf höchstem Niveau wider, die für viele Jahrhunderte Maßstäbe setzt, sondern sie vermitteln auch das plastische Bild einer zugleich fremden und vertrauten Gesellschaft, der man sich verpflichtet fühlt. Sie lösen darüber hinaus auch Betrachtungen über das Walten höherer Mächte aus, über die Vergänglichkeit alles Irdischen oder über die Wankelmütigkeit des Glücks, denen sich das individuelle Lebensgefühl wie auch das Bewußtsein ganzer Völker in Europa lange Zeit nicht entziehen kann.

Der Verfall des gewaltigen Erbes an Monumenten schreitet langsam und schrittweise voran. Der bauliche Organismus Roms bleibt zwar bis zum Normannensturm des Jahres 1085 großenteils intakt, aber nach den ersten Invasionen werden die Wasserzufuhr über die Aquädukte im Osten und die Versorgung mit Nahrungsmitteln über Ostia und die Handelsstationen an den Flußläufen zunächst unsicher und brechen im Gotenkrieg 535–553 schließlich vollends zusammen. Die verbliebene Bevölkerung konzentriert sich in der Flußebene, dem einzigen bewohnten Vorland, aus dem sich das neue Rom heraus entwikkeln wird, während sich die nutzlos gewordenen Ruinen der antiken Großbauten die Hügel hinauf bis zum aurelianischen Mauerring hinziehen. Das Forum, dieses monumentale Zentrum der Großstadt, befindet sich zu der Zeit, als Rom Sitz des Papstes ist, in einer städtischen Randlage, woran sich auch bis zur zweiten Hälfte des 19. Jahrhunderts nichts ändern wird. Aufgrund der unbestrittenen Vorrangstellung in der Vergangenheit und nun wegen der Anwesenheit des Heiligen Stuhls ist und bleibt diese Stadt die bedeutendste von allen, und sie bleibt es selbst dann noch, als sie in Ruinen daliegt. Sie ist der Prototyp der unvollkommenen Stadt, die für die zukünftige europäische Entwicklung kennzeichnend sein wird.

Seit seiner Entstehung ist das Kolosseum ein beherrschendes Element im Stadtbild Roms. Es wurde einst von den Flaviern aus Anlaß der Feiern zur öffentlichen Wiederinbesitznahme der immensen Areale errichtet, die Nero hatte enteignen lassen. Nun aber, nachdem es seine ursprüngliche Bestimmung eingebüßt hat, ist es zum Träger ganz anderer, ja mystischer Bedeutungen geworden. Es ist das sichtbare Symbol des Untergangs der heidnischen Stadt, der Ort des Martyriums der ersten Christen, das «daemonum templum» (Tertullian). Aber gerade wegen seiner Unzerstörbarkeit ist es zugleich Sinnbild für das Überleben Roms in der Gegenwart und in der Zukunft.

Die Entwicklung anderer Städte verläuft je nach den militärischen, wirtschaftlichen und kulturellen Bedingungen unterschiedlich. In den Zentren Italiens, Spaniens, Südgalliens und der Rheinlande geht das urbane Leben nicht selten bis ins 8. Jahrhundert seinen gewohnten Gang, wodurch die Stadtorganismen einigermaßen bewahrt bleiben. Theoderich macht

Ravenna und Pavia zu seinen Residenzen; letzteres wird im weiteren Verlauf zur endgültigen Hauptstadt der Ostgotenkönige, welche die Thermen und das Amphitheater wiederaufbauen lassen. Barcelona, das nach dem Angriff der Franken im Jahre 260 stark befestigt wird und im 5. Jahrhundert unter Athaulf und Galla Placidia zur Hauptstadt aufsteigt, erlebt unter den wiedererstarkten Westgoten während des 7. Jahrhunderts eine Blütezeit und erliegt dann dem arabischen Ansturm. Von den merowingischen Königen ist es Chlodwig, der Paris zu seiner Residenz macht, während Chilperich die Arenen in Paris und Soissons wiederherstellen läßt. Die Langobardenkönige, die in Pavia residieren, erweitern die Stadt mit voller Absicht nach Osten und errichten dort einen neuen Palast. Andere Städte dagegen veröden. Ravenna, das bis zur Eroberung durch die Langobarden im Jahre 751 unter der Herrschaft Konstantinopels steht, verkommt allmählich zur Provinzstadt. Der Hafen verlandet, das viel zu große ummauerte Stadtgebiet entvölkert sich zu weiten Teilen, und die prächtigen Monumente der Vergangenheit, Symbole der Kaiserwürde, werden von Langobarden, Franken, Venezianern geplündert. Ihre Marmorwerke finden sich in all jenen europäischen Städten verstreut, die – bis hin zu Aachen – in den folgenden Jahrhunderten eine Vormachtstellung beanspruchen. So wird die Reiterstatue eines römischen Kaisers, genannt *il Regisole*, nach Pavia gebracht und 1796 von den Jakobinern eingeschmolzen. Das Schicksal Ravennas teilen die meisten Städte, die ihre einstige politische und wirtschaftliche Stellung einbüßen. Dazu zählen etwa Bologna, das sich von 70 auf 25 Hektar Fläche verkleinert: Trier, in dem sich innerhalb der enormen spätrömischen Stadtbefestigung nur einige bewohnte Kerne erhalten, die jedoch dem verheerenden Ansturm der Normannen im Jahre 882 nicht standhalten können; sowie die süditalienischen Städte, die unter der byzantinischen Herrschaft nur mit Mühe ihr Dasein fristen können. Andere wiederum, etwa Salona, das 614 von den Avaren zerstört wird, sowie die meisten afrikanischen Städte verschwinden im Zuge des Vordringens der Araber im 7. Jahrhundert völlig von der Landkarte.

Ein gewisser Ausgleich tritt ein, als sich germanische Stämme unter den Merowingern und Karolingern endgültig in den nördlichen Ebenen in abgelegenen Gebieten oder vor den antiken

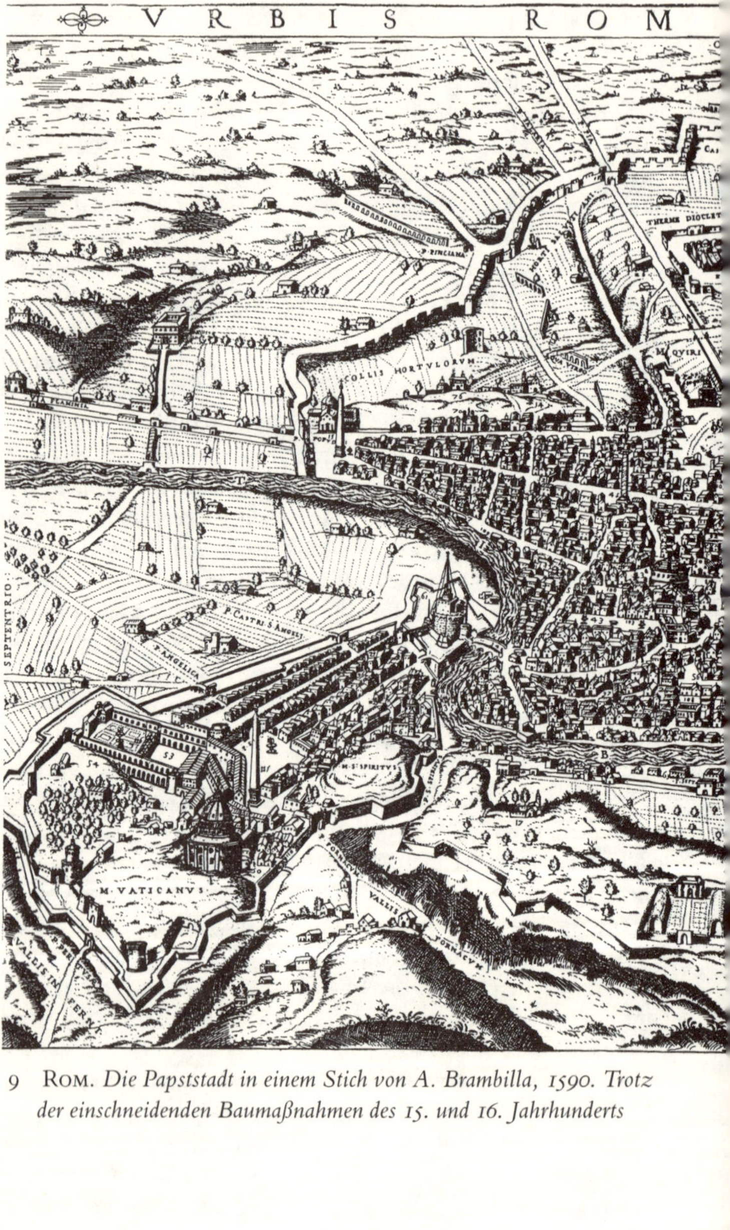

9 ROM. *Die Papststadt in einem Stich von A. Brambilla, 1590. Trotz der einschneidenden Baumaßnahmen des 15. und 16. Jahrhunderts*

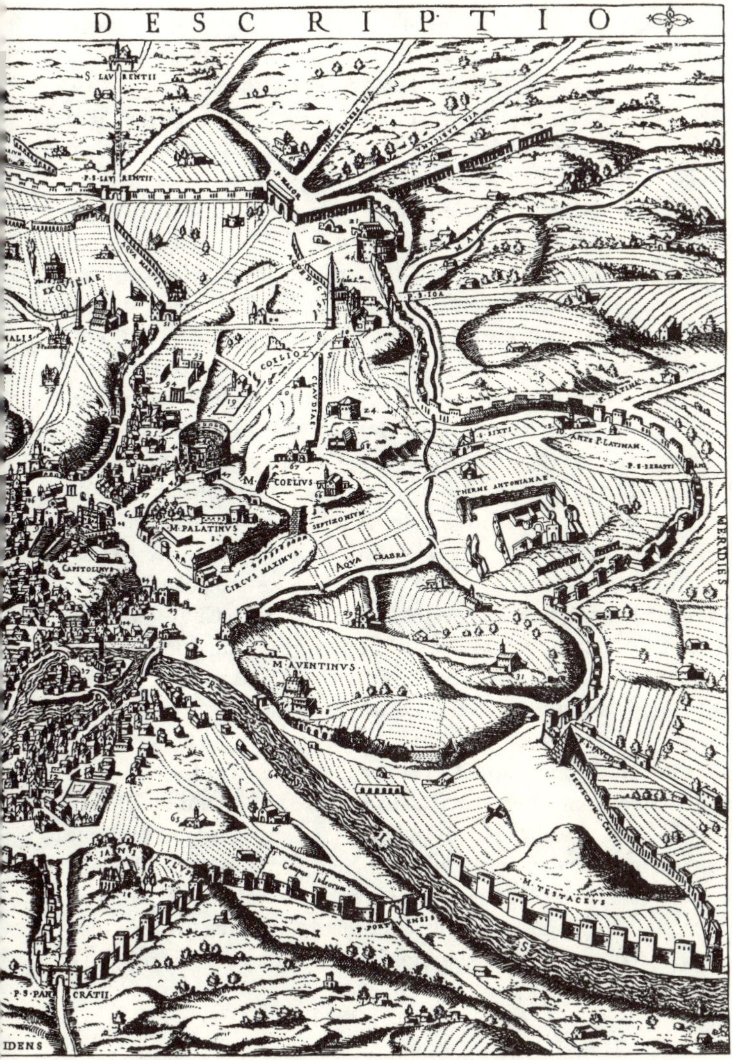

konzentriert sich der bewohnte Teil noch wie im frühen Mittelalter um den nordwestlichen Abschnitt der Aurelianischen Stadtmauer.

Reichsgrenzen ansiedeln. So bildet sich auch in diesen Regionen ein Netz militärischer und wirtschaftlicher Einrichtungen heraus, die die städtisch besiedelte Fläche des Kontinents vergrößern. Es handelt sich dabei um die Handelsplätze am Unterrhein und an der Nordsee, Quentovic, Duurstede, die skandinavischen *wike* Birka und Haithabu, um die sächsischen und fränkischen Kastelle zwischen Rhein und Elbe, um die beachtlichen Wehr- und Handelsstätten wie etwa Mikulcice in Mähren und Prag in Böhmen, um die englischen *burhs*, die von den angelsächsischen Königen gegründet werden, und um die *poblaciones*, die im Zuge der Reconquista der arabischen Teile Spaniens seit 718 entstehen. Überall wird die Kirche durch Bischofssitze repräsentiert. Sie bleiben lange Zeit die einzigen Kristallisationspunkte, und eigentlich sind sie es, die den neuen Ansiedlungen erst den Rang von Städten verleihen.

Der Niedergang der Städte in den romanisierten Gebieten und die Neuansiedlungen außerhalb derselben vollziehen sich vom Mittelmeer bis zur Nord- und Ostsee zwar in ähnlicher Weise, doch bilden sich auch zahlreiche regionale und lokale Unterschiede heraus. Soweit überregionale politische Gewalten überhaupt Einfluß darauf haben, ist dieser nur gering und allenfalls sporadisch. Das Gebiet insgesamt also, um das es hier geht, erstreckt sich von Regionen, in denen sich das System römischer Städte einigermaßen geschlossen erhalten hat – Italien, Südfrankreich, Spanien und Afrika vor der arabischen Eroberung –, über ein an den Rhein, den *Limes* in Germanien und die Donau grenzendes Areal, in dem in größeren Abständen römische Städte in einem vorwiegend ländlichen Territorium vorhanden sind, bis hin zu den fernen, grenzenlosen Gegenden, in denen sich ein neues System vereinzelter Siedlungskerne herausbildet. So entsteht eine neue, vielgestaltige Einheit, die für Europa charakteristisch bleibt.

4. Der Charakter der westlichen Städte

Erste Kennzeichen der nun entstehenden europäischen Stadt sind bereits durch die geschilderte Gesamtlage vorgegeben, durch die Veränderungen der bestehenden Ansiedlungen und durch die Absichten, von denen Neugründungen geleitet werden.

In erster Linie verliert der Begriff von der Stadt seine allgemeine und systematische Geltung. Statt dessen spielen die geographischen und landschaftlichen Gegebenheiten die ausschlaggebende Rolle. Eine bereits existierende und fortbestehende Stadt wird stets durch die natürliche Umgebung, in der sich der Mensch neu einzurichten beginnt, bestimmt. Als die acht Hektar der kleinen, befestigten *cité* von Paris auf der Seineinsel für das städtische Leben zu eng werden, liegt die römische Stadt am linken Flußufer bereits im Verfall. So wird die von einem alten, sumpfigen Flußarm begrenzte, halbkreisförmige Fläche am rechten Ufer, die schon in vorgeschichtlicher Zeit gallischen Stämmen als Kult- und Versammlungsort diente, wieder in Besitz genommen. Die Germanen pflegen, wie Edith Ennen feststellt, römische Stadtnamen mit dem Begriff Burg zu verknüpfen; so wird aus Augusta Augsburg, aus Colonia Kolnaburg. Die Sprache läßt Erinnerungen an vorrömische Siedlungen, an Keltisches, Illyrisches, Punisches wiederaufleben. In Rom zerfallen antike Großbauten zu künstlichen Hügeln, zu «monti» – Monte Savello, Monte Giordano –, die die natürlich geformte, hügelige Topographie bereichern.

In zweiter Linie verlagern sich in den städtischen Organismen die architektonischen und symbolischen Schwerpunkte und damit das Gleichgewicht zwischen den einzelnen Stadtteilen. Wie bereits erwähnt, entstehen die ersten christlichen Kirchen an der Peripherie und werden nicht selten in Kreuzesform entlang den Zugangsstraßen angeordnet. Solche «Kirchenkreuze» sind im 7. Jahrhundert für Lyon, Reims und später für viele mittelalterliche Städte belegt. Manchmal markiert ein bedeutendes Heiligtum vor den Toren der Stadt den Kreuzungspunkt. In Bonn wird aus der Grabeskirche St. Cassius außerhalb des *castrum* das Münster, um das sich bereits im 9. Jahrhundert der neue Stadtkern bildet. In Italien ist die nur begrenzt erfolgreiche Assimilierung der Langobarden durch die ortsansässige Bevölkerung hauptsächlicher Anlaß dafür, daß man sich nebeneinander in eigenen Stadterweiterungen ansiedelt. Pavia wurde als Beispiel schon genannt: in Bologna ist es der Bereich vor der Porta Ravegnana mit dem eigenen religiösen Zentrum S. Stefano und

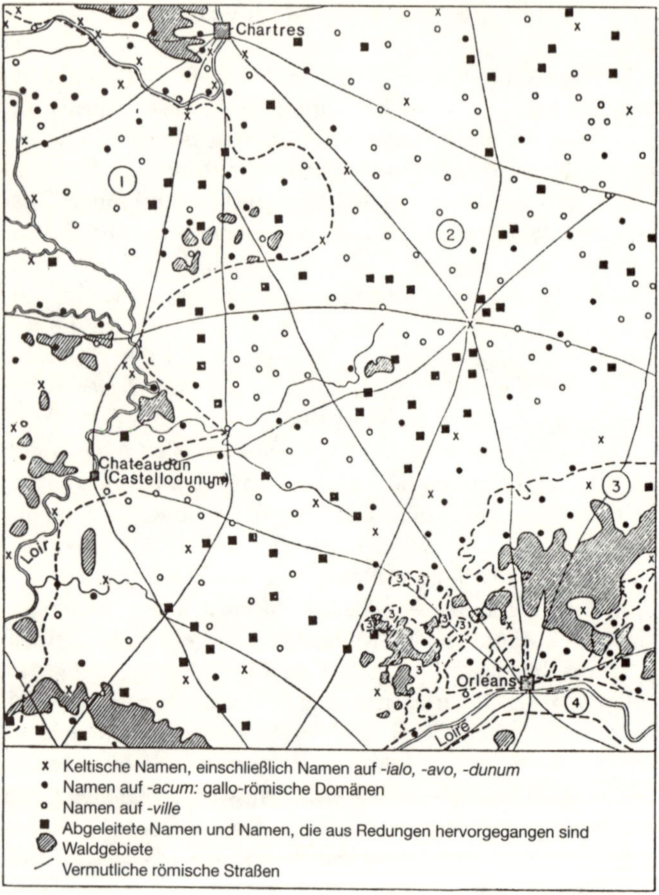

10 *Die Ortsnamen in der Landschaft Beauce spiegeln die aufeinanderfolgenden Besiedlungsphasen wider (aus: C. T. Smith, An Historical Geography of Western Europe before 1800, 1967: 1. Hochfläche aus rotem Sediment über der Wasserscheide, mit vermischten Formationen aus Ton und Kiesel an den Abhängen, 2. Hochfläche aus rotem Sediment über der Wasserscheide, mit Tonen und freiliegenden Kalken an den Abhängen, 3. Sand der Sologne und des Orléanais über Kalken, 4. das Loiretal, eine weite Schwemmebene, eingesäumt von niedrigen Terrassen.*

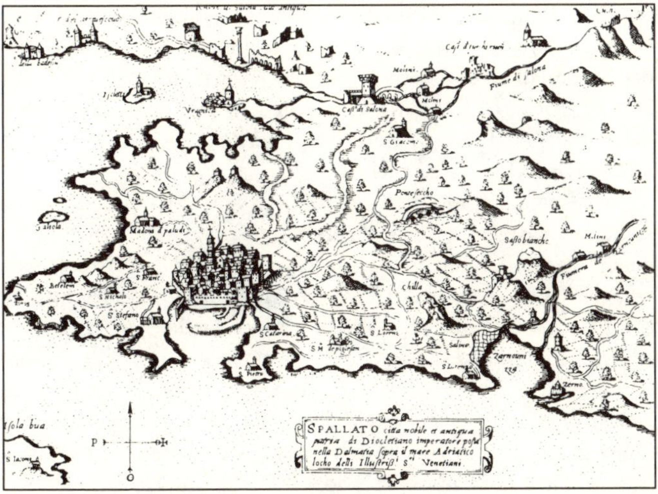

11 SPALATO, *die Stadt im Diokletianspalast, Stich aus dem 17. Jahrhundert.*

in Benevent der Bereich um die Kirche S. Sofia. Auch das Nebeneinander verschiedener christlicher Konfessionen, etwa in Ravenna zur Zeit der Goten, läßt mehrere religiöse Zentren entstehen, aus denen dann die verschiedenen Stadtviertel hervorgehen.

Unterdessen geht das innere Stadtgefüge tiefgreifenden Umgestaltungen entgegen. In den Städten römischen Ursprungs, und zwar den großen wie den kleinen, verliert die Formation der Häuserblocks, bestehend aus Einzelwohnungen, Mietshäusern oder öffentlichen Anlagen, weitgehend seine ursprüngliche Funktion. Die Blocks werden von neuen, oft verwinkelten Straßenzügen durchschnitten, so daß Teile davon als Ladengeschäfte oder als kleinere Wohnungen genutzt werden können. Mitunter werden prominentere Gebäude, etwa Tempelbauten, Theater, Amphitheater, Zirkusse, Aquädukte oder ungenutzte Warenspeicher, in Festungswerke einbezogen. Es kommt sogar vor, daß ein einziges großes antikes Bauwerk, etwa der Diokletianspalast in Split, den architektonischen Rahmen für eine ganze Stadt abgibt.

Werden neue Siedlungen unabhängig vom antiken Baubestand angelegt, so sind dafür vor allem Gesichtspunkte der Verteidigung und des Handels ausschlaggebend. Aus der Antike überlieferte Bauformen sind entweder ungeeignet, oder sie werden in einem emblematischen Sinne verwendet. Sie gelten als Hoheitszeichen, die den Bauten für den Kultus oder den privaten Gebrauch Würde verleihen und die Zugehörigkeit zum selben Kulturkreis ausdrücken.

Die Weite der Landschaft, in der sich vereinzelt und in großen Abständen Ansiedlungen vorfinden, ist wegen der neuentstandenen Verbindungen in den fernen Norden, der Zeitverluste und der Gefahren, die der Verkehr mit diesen Gebieten mit sich bringt, schier unendlich. Dagegen müssen alle Spuren, die der Mensch hinterläßt, verblassen und sich verlieren. In diesem undefinierten, gefahrvollen Raum, in dem die Ordnungsstrukturen aus römischer Zeit verschwunden und noch kaum neue an ihre Stelle getreten sind, sind Städte jeder Art zuallererst Zufluchtstätten. Unmittelbar an die Städte grenzen Wälder, Sümpfe, unwirtliche Landstriche oder das Gebirge. Sie sind nicht mehr die heilige Landschaft nach paganer Vorstellung, wohl aber Teil des Schöpfungsuniversums, auf das der Mensch stets zugreifen und das er sich untertan machen kann.

Der technische Aufwand, mit dem in diesen Lebensraum eingegriffen wird, geht erheblich zurück. Auch schwindet die Bereitschaft zu solchen Eingriffen, und der Mensch pflegt seine Aufmerksamkeit nur mehr auf seine allernächste Umgebung zu richten. Er verfügt nicht mehr über die Mittel, sich einen Begriff von ihrer Gesamtheit zu machen oder sie gar zu beherrschen. Die Baukunst ist nicht mehr in der Lage, große Zusammenhänge zu gestalten. Säulen und plastischer Schmuck werden aus paganen Bauten herausgebrochen und in Kirchen verbaut. Man betrachtet solche Spolien als selbständige Stücke, deren künstlerische Bearbeitung man schätzt. Der architektonische Kontext indessen geht dabei auf immer verloren.

Die neuen Gebäude, die im Westen errichtet werden, können sich lange Zeit nicht von ihren antiken und orientalischen Vorbildern lösen. In ihnen kommt oft der rührende Wunsch zum Ausdruck, sich der Anerkennung durch eine längst vergangene, ungleich überlegene Kultur zu versichern. Man spürt das bei der Pfalzkapelle Karls des Großen in Aachen, die ravennatischen Vorbildern verpflichtet ist: Bauten dieser Art zeichnen sich dadurch aus, daß sie nicht auf eine Gesamtkomposition abzielen, worin doch geradezu das Hauptanliegen der byzantinischen Kunst besteht. Darüber hinaus werden eigentlich körperhafte Elemente der Mauer flach vorgesetzt, als handle es sich um Dekorformen, die in den engen Verhältnissen der kleineren Städte aus der Nähe betrachtet werden wollen und das Spiel von Licht und Schatten auf der Wand bereichern.

Die Unfähigkeit, großräumige Anlagen wie Straßen und Brücken, Aquädukte, Speicher und Hafenanlagen zu unterhalten, führt dazu, daß solchen antiken Bauwerken ein anderer als menschlicher Ursprung zugeschrieben wird. Man hält sie entweder für Teile der natürlichen Landschaft oder schreibt sie dem Wirken übernatürlicher Kräfte zu. Wenn Frontin im ersten nachchristlichen Jahrhundert die großen Ingenieurbauten den «unnützen» hellenistischen «Weltwundern» gegenüberstellt und sie noch als Produkte einer überlegenen Baukultur preist, die sich auf Vernunft und Zweckmäßigkeit gründet, so geraten diese nun in der allgemeinen Vorstellung zu «Teufelsbrücken», deren Zweck einzig darin bestehe, den Menschen mitsamt seinen himmlischen Fürsprechern zu bedrohen.

Ausschlaggebend für die Zukunft ist gerade die neue Lebenswelt, die sich in den ersten Jahrhunderten des Mittelalters zwischen den Ruinen einer untergegangenen Kultur herausbildet. Die geistigen Horizonte sind zwar beengt, schließen sich aber zu einem homogenen System zusammen, in dem die kritiklose Bewunderung der antiken Stadt allmählich in den Hintergrund tritt. Die Stadtresidenzen der Barbarenkönige in Ravenna, Verona, Pavia, Bordeaux, Toulouse, Barcelona, Toledo, Aachen und Worms sind umschlossene Königshöfe in der Nachfolge der antiken Paläste. Zuweilen wird auch deren Material verwendet, wie etwa beim Palast des Statthalters in Köln, dem nachmaligen Sitz der Merowingerkönige. Doch angesichts der beschränkten technischen und organisatorischen Mittel sind derartige Bauten in vielerlei Hinsicht von den speziellen Umständen diktiert. Bei den Kirchenbauten verlangt die Liturgie eine enge Kommunikation zwischen Innen- und Außenraum. Aus diesen Gründen sind alle Räume der Stadt aufeinander bezogen. Kleine Räume werden von kräftig modellierten Mauern umschlossen, und der Bauschmuck ist nicht Selbstzweck, sondern soll das Gebäude

12 *Europa und seine Verkehrswege im 11. bis 13. Jahrhundert (aus: R. Lopez, The Birth of Europe, London 1966).*

nach außen hin kennzeichnen. Allmählich werden gleichsam die Innenmauern nach außen gekehrt, und so entsteht ein einheitliches Ganzes, das aus der Vielfalt der Einzelformen heraus wirkt.

Die Auflösung der antiken Strukturen und ihre Einbeziehung in ein neues geographisches System, das sich in die Räume des Nordens hinein öffnet, leiten einen qualitativen Wandel ein, mit dem sich das neue Szenarium der folgenden Jahrhunderte ankündigt.

Zweites Kapitel

Die Bildung eines neuen Städtesystems

Seit der Mitte des 10. Jahrhunderts ist die arabische, skandinavische und ungarische Invasionsgefahr in den Räumen des christianisierten Europas gebannt. Nur das byzantinische Reich, die arabische Welt und auch das chinesische Reich bleiben weiterhin gefährdet.

Europa formiert sich vor dem Hintergrund dieser Ereignisse. In der Landwirtschaft setzen sich neue Methoden der Bodenkultivierung durch; mit der Dreifelderwirtschaft, dem Einspannen von Zugtieren beim Pflügen und der Kombination aus Ackerbau und Viehzucht können nun alle Flurformen, flache Äcker und Hanglagen, effektiv bewirtschaftet werden. Zur Energiegewinnung stehen Wasser- und Windmühlen zur Verfügung, und in der Schiffahrt auf den nördlichen Meeren sind Navigationsinstrumente entwickelt worden und allgemein in Gebrauch. Der Kontinent ist relativ befriedet, die klimatischen Verhältnisse sind günstig, kultivierbare Landflächen sind in Europa und in den östlichen Randgebieten im Überfluß vorhanden, und so wachsen die Bevölkerung und die wirtschaftliche Produktivität. Dieser Aufschwung hält bis zur Mitte des 14. Jahrhunderts an.

Im Laufe dieser Entwicklung werden die Städte zu spezialisierten Zentren des sekundären und des tertiären Wirtschaftssektors. Anders als etwa in China und während der Antike sind sie keiner politischen Zentralgewalt unterworfen. Meist sind sie von den agrarischen Ressourcen aus dem *contado* (Territorium) abhängig, aber zuweilen kommen sie, wie es beispielsweise in Venedig der Fall ist, auch ganz ohne Hinterland aus. Sie betätigen sich zunehmend in Handel, Industrie und Finanzwesen sowie auf kulturellem Gebiet und stehen dabei untereinander in einem kontinentalen und später auch globalen Wettbewerb.

Die polyzentrische, differenzierte Struktur der Städte erweist sich als überaus günstig. Sie treibt die Entwicklung voran. Seit dem 11. Jahrhundert können sich die Städte gegenüber schwachen und aus der Ferne agierenden Staatsgewalten vorteilhaft durchsetzen und auf vielen Gebieten Autonomie erlangen. Diese Tendenz zur Selbstorganisation, die sich in der arabischen und der orientalischen Welt so nicht findet, ist der Grund für die Vitalität der europäischen Städte. Sie wird auch zum Kennzeichen der europäischen Zivilisation überhaupt und bildet die Grundlage ihres weltweiten Erfolges.

Währenddessen sind die Zeugnisse der antiken Kultur großenteils untergegangen. Die Antike gerät in Vergessenheit. Gemälde und Skulpturen aus kostbarem Material, die weniger dauerhaften Werke also, sind schon lange verschwunden. Selbst die Kunstgegenstände, die nach Konstantinopel verbracht worden waren, die Athena Parthenos des Phidias und die Gemälde der Pinakothek in Athen zum Beispiel, sind entweder zerstört oder wurden während des Aufstands von 532 in den darauffolgenden Wirren verschleppt. Der größte Teil der künstlerischen Hinterlassenschaft Roms wurde im Gotenkrieg, bei den Sarazeneneinfällen im 9. und 10. Jahrhundert und während des Normannensturms 1085 vernichtet oder verstreut.

Die enorme Menge an Skulpturen steckt noch überwiegend in der Erde. Die erhaltenen Stücke, die man im 16. Jahrhundert auszugraben beginnt, befinden sich heute in den Museen. Im Stadtbild und in der Landschaft ragen die Ruinen großer Bauwerke sichtbar hervor, lassen aber den Siedlungszusammenhang, zu dem sie einst gehörten, kaum noch erkennen. Was wir an Schriftzeugnissen besitzen, ist vorwiegend über die arabische Welt vermittelt worden. Erst seit dem 13. und 14. Jahrhundert werden die Texte dem Westen bekannt, sofern sie nicht in den Klöstern ruhen, aus denen sie erst durch die Humanisten des 15. Jahrhunderts wieder hervorgeholt werden. Man schätzt die klassischen Zivilisationsformen und schmückt sie mit erfundenem, phantastischem Beiwerk aus.

Der schwindende Einfluß des Altertums ist eine der Bedingungen für die Entstehung Europas. Man muß sich erst von den antiken Vorbildern lösen, um Neues schaffen, um den eigenen Lebensraum mit anderen Augen sehen und sich aus den Fesseln der Traditionen befreien zu können. Das Interesse an der architektonischen Perfektionierung einer Ansiedlung, die aus dem Zusammenwirken aller Beteiligten hervorgegangen ist, geht zurück. Man gewöhnt sich an Unzulänglichkeiten und stört sich nicht mehr an unregelmäßigen Formen, an Unvollkommenheiten, am Kontrast. Dies sind auf lange Zeit hinaus geradezu die Kennzeichen der europäischen Stadt.

Nur so kann sich die enorme Vielfalt und Originalität der Stadtlandschaften entwickeln, die vom 11. bis 14. Jahrhundert geplant und realisiert werden. Da die mittelalterlichen Städte nicht auf weite Landstriche zurückgreifen können, erreichen sie längst nicht die Größe der antiken, islamischen oder orientalischen Metropolen. Aber sie besitzen von ihrer Anlage her einen jeweils unverwechselbaren Charakter, der auch dann nicht verlorengeht, als sie an Größe zunehmen. Diesen Charakter spüren wir als Bewohner der Städte sehr deutlich. Es sind kleine, aber weltoffene Gebilde. Zentren größerer wirtschaftlicher und kultureller Einheiten ganz unterschiedlichen, ja gegensätzlichen Charakters. Eine ganze Welt im kleinen, überschaubaren Rahmen zu sein gehört zum Wesen der europäischen Stadt.

Eine solche Vielfalt läßt sich weder verallgemeinernd beschreiben noch in Typen klassifizieren. Diese wären doch nur Modelle, die von den konkreten kulturellen Verhältnissen abstrahieren. Also müssen einige Beispiele ausgewählt und ihre Gemeinsamkeiten beschrieben werden, um so die Mechanismen zu erklären, die diese Vielfalt hervorgebracht haben.

1. Die italienischen Seestädte

Im 9. und 10. Jahrhundert ist der Seehandel mit dem Orient so spärlich, daß er vorwiegend über das kleine Amalfi abgewickelt wird. Amalfi ist ein befestigter Landungsplatz in einer rauhen Gebirgsgegend, den ein arabischer Reisender des Jahres 977 «die reichste, vornehmste und berühmteste Stadt der Langobarden» nennt. Die Stadt unterhält Kolonien im gesamten Mittelmeerraum, während die großen antiken Häfen Ostia, Pozzuoli und Brindisi längst aufgegeben sind. Mit dem Sieg Ottos I. über die Ungarn (955), der Rückeroberung Kretas durch Byzanz (960) und der Vertreibung der Sarazenen aus der Basis Frassineto (973) wird ein neuer Handelsraum erschlossen. Davon profitieren vornehmlich Venedig, das seinen Einfluß auf die Adria und das östliche Mittelmeer ausdehnt, sowie Pisa und Genua, die beiden Städte Oberetruriens, die Korsika und Sardinien unter ihre Kontrolle bringen. Amalfi aber wird Ende des 11. Jahrhunderts durch die Normannen und das mit ihnen verbündete Pisa niedergeworfen.

Venedig, Pisa und Genua nehmen nun einen raschen Aufschwung. Schon im Verlauf des 12. Jahrhunderts bilden diese Städte ihre endgültige Struktur und ihren eigenen Charakter in dem Bewußtsein aus, Erbe der Antike und des gesamten Mittelmeerraums zu sein.

Venedig, das von Anfang an als merkantiler Stadtstaat politisch am Rande der westlichen Welt gelegen ist, bleibt zunächst völlig unberührt von den feudalen Strukturen des übrigen Kontinents. Die *Chronologia magna ab origine mundi ad annum millesimum quadragesimum sextum* enthält einen Stadtplan des 14. Jahrhunderts, der im Gegensatz zu den symbolischen Darstellungen, die sich in den Stadtbeschreibungen bis ins 15. Jahrhundert hinein finden, ein realistisches Abbild ist. Die Form der Stadt ist direkt abhängig von der Topographie, die durchaus nicht so einförmig ist, wie der Wasserspiegel dem Auge vortäuscht. Es handelt sich vielmehr um ein komplexes, dem unbewaffneten Auge verborgenes System von Bodenerhebungen. Das Netz der befahrbaren Kanäle ist auf der Karte dunkel von der umgebenden Lagune abgesetzt. Das Stadtgefüge mit den dichtbebauten Inseln und den einzelnen Pfarrkirchen gruppiert sich höchst zweckmäßig um den Zusammenfluß des Canal Grande mit dem Canale della Giudecca unweit der gemeinsamen Einmündung ins offene Meer. Die Anlage ist bewußt gewählt. Sie nützt die natürlichen Gegebenheiten aus, befestigt das labile Strömungssystem und sichert der befestigten Baufläche einen angemessenen Umfang. Der bekannte Umriß in Form eines Delphins schneidet die Wasserläufe in den gewünschten Punkten, und genau bis dorthin erstrecken sich die Befestigungen des Untergrunds. Die bebaute Fläche ist groß genug für den S-förmigen Canal Grande, der gerade aufgrund seiner Windungen jeden Punkt der Stadt leicht erreichbar macht. Den östlichen Abschluß bildet das Wasserbecken des Arsenals. Der Rialto, das wirtschaftliche Zentrum auf halber Höhe des Canal Grande,

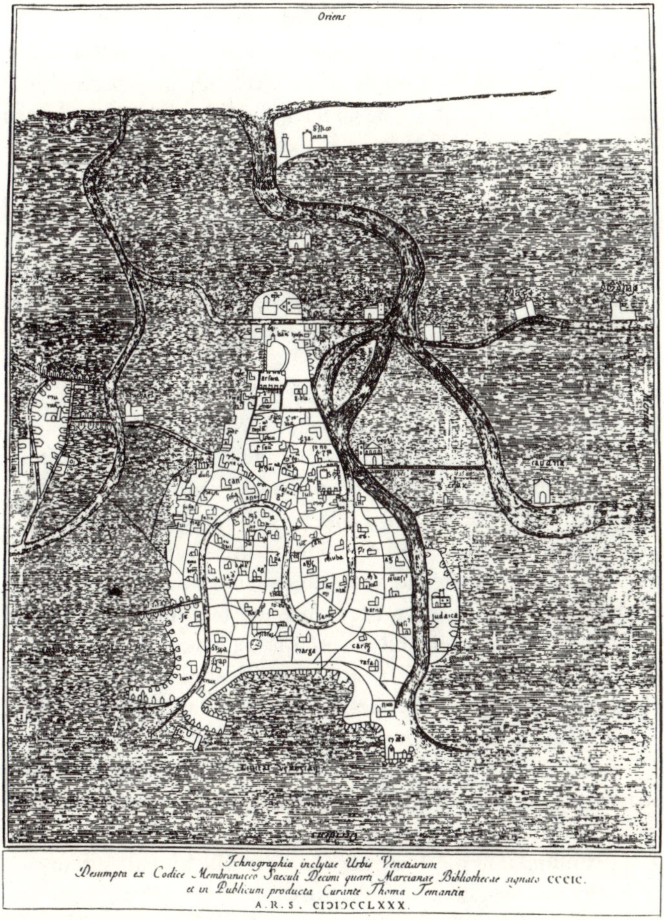

13 VENEDIG. *Der Stadtplan des Kodex aus dem 13. Jahrhundert in der Biblioteca Marciana nach einem Stich von 1780.*

und S. Marco, das politische Zentrum an der Mündung des Canal, liegen wegen der ersten scharfen Kanalbiegung recht nahe beieinander. Beide Punkte legen die kurze Mittelachse der Stadt fest, ohne daß dadurch das verästelte Werk der Verkehrswege zerschnitten wird.

Dieser organische Grundriß wird zwischen dem 9. Jahrhundert, als der Doge seinen Sitz von Malamocco an den Rialto verlegt, und dem 11. Jahrhundert, als die Stadt in «confini» und «contrade» eingeteilt wird, angelegt und in den wesentlichen Zügen realisiert; im Jahrhundert darauf erreicht er fast die endgültige Gestalt. Von 1060 bis 1094 wird der Markusdom nach dem Vorbild des Apostoleion in Konstantinopel errichtet und um 1175 die Zitadelle des Dogen umgebaut. Dadurch wird ein L-förmiger Platz vor der Kirche erschlossen, auf den sich nun die Loggien des Palastes öffnen und der 1177 die Kulisse für die Begegnung Friedrichs I. mit Papst Alexander III. abgibt. Schon jetzt verhandelt Venedig als gleichrangiger Partner mit Konstantinopel und betrachtet sich nach dessen Eroberung im Jahre 1204 als Nachfolgerin der Hauptstadt des Orients. Aufgrund dieser direkten Verbindungen durchbricht die venezianische Kunst die stilistische Scheidelinie zwischen dem Orient und dem Okzident und nimmt damit eine Sonderstellung in Italien ein, Ravenna eingeschlossen. Es bringt einige stilistische Mischformen hervor, die nur dieser Stadt eigentümlich sind, darunter vor allem die konstruktive Eigenart, Mauern in die Tiefe der Grundstücke zu ziehen und untereinander durch Fassaden zu verbinden, die in reichen Formen geöffnet sind. Diese Besonderheit findet sich zwar schon in Konstantinopel, aber in etwas anderer Form; hier in Venedig laufen die Umfassungsmauern geschlossen um die Ufer der Kanäle. Die Fassaden nehmen nacheinander romanische, gotische und Renaissanceelemente sowie Barockformen auf, ohne dabei ihre ursprüngliche Funktion zu verlieren, nämlich Öffnungen in die Tiefe der Grundstücke hinein zu sein.

Aufgrund der Sicherheit der topographischen Lage, der Stabilität der politischen Verhältnisse und der Effizienz der kollektiven Regierungsform kommt es nicht zur Anlage einer Stadtmauer und zur Befestigung einzelner Gebäude; sie erlauben nun eine prächtige Ausstattung der öffentlichen und privaten Bereiche entlang der sie verbindenden Fassadenreihen. Die Grundlinie bildet die überall gleiche Höhe des mittleren Wasserstands mit seinen geringen Gezeitenbewegungen. Das Verkehrsnetz aus Fuß- und Wasserwegen ist ein doppeltes, wobei die Überschneidungen mit größtmöglicher Raumökonomie angelegt sind: zu Fuß steigt man die Brücken hinauf, während man sich in der Barke unter der Brücke duckt. Über diese Grundlinie, die fest an das Wasserniveau gebunden ist, erheben sich die steilen Glockentürme, die schon von weitem die Mittelpunkte der Stadtviertel markieren. Die goldverzierte Spitze des wichtigsten aller Türme, des Campanile di San Marco, ist von See her 200 Stadien, etwa 40 Kilometer, weit zu sehen (Sabellico).

Um das Gleichgewicht zwischen Land und Wasser zu erhalten, von dem das Leben der Stadt Venedig abhängt, greift man ab einem bestimmten Zeitpunkt in die Lagunenlandschaft ein. Venezianische Ingenieure leiten die Brenta und die Piave um, damit die Lagune, in die sie bislang einmünden, nicht verlandet. Sie ziehen neue Kanalrinnen für den Schiffsverkehr, wodurch der Wasseraustausch aufrechterhalten wird, und sichern die schmalen Sandbänke der Lidos gegen die Adria. Darüber hinaus werden strenge Gesetze zur Wasserwirtschaft erlassen.

Weitsicht und Kühnheit sind auch für die politische Verfassung und die Stadtplanung Venedigs charakteristisch. Der ganze Westen, der doch so gänzlich andere Städte hervorgebracht hat, spricht von der «auf dem Unmöglichen gegründeten» (Sansovino) Lagunenstadt mit höchster Bewunderung. Venedig ist der einzige Stadtstaat in Europa, der sich erfolgreich gegen die Nationalstaaten des 16. Jahrhunderts behaupten kann. Mit einer Verfassung, die sich seit der Serrata des Großen Rates (1297) bis zum Vertrag von Campoformio (1797) nicht geändert hat, bleibt es bis ins 18. Jahrhundert hinein eine Weltmacht. Die weltweiten klassizistischen Strömungen nimmt es nur zögernd und in ganz eigener Art auf und revanchiert sich dafür mit der venezianischen Malerei des 16. Jahrhunderts und den Werken Palladios, die in den beiden folgenden Jahrhunderten den allergrößten Einfluß ausüben.

Mit der politischen Autonomie verliert Venedig auch seinen inneren Zusammenhalt und – in unseren Tagen – die Fähigkeit, sich der Welt von heute anzupassen und dadurch zu überleben. Vielleicht kann diese einzigartige Stadt trotz der Hilfe aus allen Teilen der Welt nicht mehr gerettet werden.

Im Gegensatz zu Venedig war *Pisa* bereits in etruskischer und römischer Zeit besiedelt. Im Mündungsgebiet des Arno gelegen, gewinnt diese Stadt in dem Augenblick an Bedeutung, als Augustus den Hafen am Südrand des *sinus pisanus* ausbaut. Der Hafen bleibt auch nach dem Untergang des Römischen Reiches

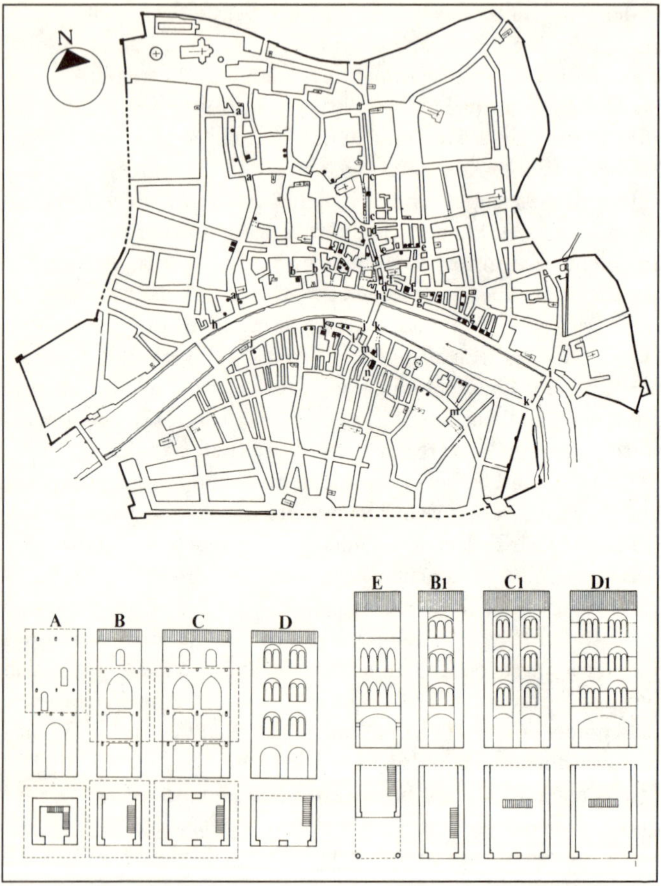

14 Pisa. *Plan der mittelalterlichen Stadt mit den noch erhaltenen Turmhäusern (aus: G. Fanelli und F. Trivisonno, Città antica in Toscana, Florenz 1982).*

in Funktion und spielt bereits in karolingischer und ottonischer Zeit eine große Rolle. Die mittelalterliche Stadtanlage hält sich zwar teilweise an den antiken Grundriß, kann aber dennoch als eine neue Anlage betrachtet werden. Sie ist ähnlich schachbrettartig wie die antike Stadt, schmiegt sich aber dem Flußlauf und dem übrigen Gelände an.

Die eigentliche Entwicklung der Stadt beginnt mit der Bildung der kommunalen Verwaltung Anfang des 11. Jahrhunderts und reicht bis in die zweite Hälfte des 12. Jahrhunderts. Dies ist zugleich die Phase des größten Wohlstands, während der die 114 Hektar umschließende Stadtmauer errichtet wird. Damit hat die Stadt ihre größte Ausdehnung erreicht, bevor sie dann im 13. Jahrhundert in eine politische Krise gerät.

Ähnlich wie in Venedig ist eine kontinuierliche Bautätigkeit die Ursache dafür, daß sich das Stadtbild einheitlich entwickeln kann. Der homogene Baubestand setzt sich aus rhythmisch wiederholten Einzelelementen an Privat- und Kirchenbauten zusammen. Die Reihen von turmhohen Häusern mit den vertikalen Hausteinpartien und den gedrückten Bögen aus Ziegelmauerwerk sind in der römischen Mauertechnik der monumentalen Nutzbauten – Brücken, Aquädukte und Amphitheater – ausgeführt und durch eine komplizierte geometrische Steinsetzung modifiziert, die eine offene Komposition begünstigt. Die Säulen- und Bogenstellungen in den Kirchen orientieren sich an den feierlichen, frühchristlichen Raumgebilden, werden aber, nicht selten in ein und demselben Kirchenbau, teils durch Wiederholungen verlängert, teils unterbrochen oder mit anderen Motiven, die aus dem gesamten Mittelmeerraum entlehnt sind, ausgeschmückt.

Es sind dennoch nichts weniger als eklektische Bauten. Das *Liber maiolichinus,* das im Jahre 1135 aus Anlaß der Expedition auf die Balearen gegen die Sarazenen entsteht, nennt Pisa *altera Roma* und bekräftigt damit den hohen Anspruch, den die Stadt erhebt. In der Tat werden die Stilelemente, die auf Handels- und Staatsmissionen vom Orient bis an den Rhein aufgelesen werden, mit einem Einfühlungsvermögen verwendet, das im Westen bislang unbekannt ist. Es wird an die intellektuellen Normen des griechisch-römischen Raumes angeknüpft – was andernorts bis zur Renaissance undenkbar ist – und das Schema antiker Provenienz von Konstruktion und Raumdisposition aufgegriffen: Aneinanderreihung immer gleicher Elemente unter Beachtung pythagoreischer Zahlenverhältnisse, mit denen sich Leonardo Fibonacci 1202 besonders beschäftigt. Welche weitreichende Wirkung dieser Ansatz entfaltet, zeigt sich daran, daß man dergleichen auf Sizilien und Sardinien, in Apulien und in der Toskana wiederfindet, ja, die florentinische «Renaissance» basiert geradezu darauf.

Gleichzeitig mit der Stadt entsteht an ihrer nordwestlichen Ecke ein bewundernswertes Ensemble von Kirchenbauten. Der Dom wird 1063 durch Buschetto begonnen, während man gerade den Normannen bei der Eroberung Siziliens zu Hilfe eilt, wie die Inschrift an der Domfassade mitteilt. 1118, zwanzig Jahre nach dem ersten Kreuzzug, findet die Weihe des Domes statt. Unmittelbar darauf wird er durch Rainaldo erweitert und bekommt 1180 die Bronzeportale aus der Werkstatt des Bonanno. Die Bauphasen spiegeln sich in dem tragenden Gerüst wider, das in geradezu verwirrender Weise ineinander verschränkt ist – jedenfalls in den Augen eines Betrachters, der mit den konstruktiven Zusammenhängen nicht vertraut ist.

1162, auf dem Höhepunkt seiner politischen Macht, wird Pisa durch Friedrich I. mit dem gesamten tyrrhenischen Küstenstreifen zwischen Portovenere und Civitavecchia belehnt und bekommt 1165 Sardinien dazu. In diese Zeit fallen der Baubeginn des Baptisteriums (1152) und des Campanile (1173). So entsteht um den Dom ein lockeres Ensemble von einzelstehenden Bauten, das im mittelalterlichen Italien einzigartig ist. Der Gruppierung liegt dasselbe additive Konzept zugrunde wie den einzelnen Gebäuden selbst, ein Konzept, das die Komplettierung durch weitere freistehende Baumassen, etwa durch den 1278 begonnenen Camposanto, gestattet. Eine Verordnung aus dem Jahre 1286 bestimmt ausdrücklich, daß die umgebenden Flächen von Baukörpern freizuhalten sind.

Möglicherweise handelt es sich bei diesem Baukomplex am Rande der Stadt um den ersten Ansatz eines umfangreichen Bauvorhabens, das aber nicht zur Ausführung gelangt. Vielleicht war es als Mittelpunkt einer neuen Stadt vorgesehen, die von so großartigem Zuschnitt hätte sein sollen, daß wir uns nur schwer eine Vorstellung davon machen können. Charakteristisch für den heutigen Gesamteindruck dieses Ensembles von vier Baukörpern auf einer offenen Grünfläche ist die schnelle Aufeinanderfolge immer gleicher Bauglieder auf flächigen und gewölbten Bauvolumen, die sich, aus verschiedenen Blickwinkeln betrachtet, überlagern und durchdringen (Le Corbusier spricht 1934 von «unité dans le détail, tumulte dans l'ensemble»).

Der schräge Turm, der nach der Annahme von De Angelis d'Ossat von Anfang an als solcher geplant war, schafft gleichsam einen gewissen Freiheitsspielraum in dem ansonsten streng vertikalen Gesamtgerüst, dem kosmische Vorstellungen zugrunde liegen mögen, von denen wir nichts wissen.

Diese isoliert gelegene Baugruppe bildet das religiöse Zentrum, während sich die eigentliche Stadt südöstlich davon an den befestigten Ufern des Arno erstreckt. Eingefaßt von den beiden Wehranlagen der Zitadelle und des Arsenals, ziehen sich zwei Reihen gleichhoher Paläste und breite Ufertreppen in einem einzigen Schwung dahin «wie der Bogen einer Armbrust», der sich dem «Auge auf einen Blick darbietet» (Rustici). Noch in der Renaissance ist diese Stadt einmalig unter den europäischen Flußstädten, und erst die massigen Ergänzungen von 1870 beeinträchtigen das Stadtbild.

Am Vorabend der Krise, die sich mit der entscheidenden Niederlage bei Meloria im Jahre 1284 anbahnt, betritt mit Nicola Pisano, vielleicht «de Apulia», eine höchst rätselhafte Persönlichkeit die Bühne. Ob seine bewußte Hinwendung zur antiken Plastik als eine eigenständige Weiterentwicklung des staufischen Klassizismus zu werten oder im Zusammenhang mit der Rolle von Pisa als Erbin der Antike zu sehen ist, wollen wir offenlassen und weisen in diesem Zusammenhang nur auf die archäologische Sammlung in den Arkadengängen des Camposanto hin, die aus dieser Zeit stammen. Sein Wirken hat jedenfalls entscheidenden Einfluß auf die italienische Kunstentwicklung. Die Schule, die hier ihren Ausgang nimmt und zu der mit Arnolfo da Cambio und Giovanni Pisano die Hauptmeister der florentinischen und sienesischen Plastik gehören, ist in der Folgezeit überall auf der italienischen Halbinsel präsent.

Pisa selbst hat allerdings keinen Einfluß mehr auf die weiteren Ereignisse. Zwar wird in den ersten Jahren des 14. Jahrhunderts das Quartier Kinsica südlich des Arno mit einer Mauer umgeben, womit sich die Fläche der Stadt noch einmal auf 185 Hektar vergrößert. Aber die Pest in der Mitte des 14. Jahrhunderts entvölkert die Stadt, im Umland wütet die Malaria, und der Hafen verlandet. 1406 fällt die Stadt an Florenz, unter dessen Herrschaft weiter südlich der neue Hafen Livorno entsteht. Im 16. Jahrhundert schließlich geht die Einwohnerzahl auf 8600 zurück.

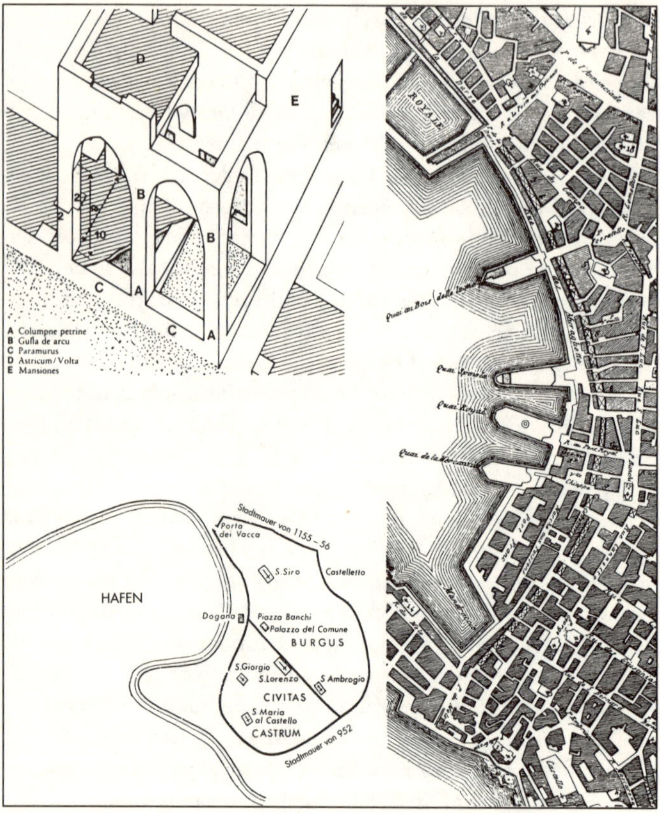

15 GENUA, *die «Ripa Maris». Rekonstruktion der Elemente, die im 12. Jahrhundert gesetzlich festgelegt wurden (aus: L. Grossi-Bianchi und E. Poleggi, Una città portuale del Medioevo, Genua 1980); der Hafen in einem Plan von 1883; Planschema der Stadt (aus: E. Ennen, Die europäische Stadt des Mittelalters, Göttingen 1972).*

Diese außergewöhnliche mittelalterliche Stadt, die sich eine Zeitlang als die eigentliche Hauptstadt der mediterranen Welt versteht, eine Synthese aus Orient und Okzident, ist seither eine ruhige Provinzstadt und teilt insofern das Schicksal Ravennas. Die kostbaren und zugleich rätselhaften Bauten innerhalb der

Stadt und in den Außenbezirken, wo sie in Kontakt mit der offenen Landschaft stehen, sind bleibende Zeugnisse einer hochentwickelten Kunstauffassung. Der «moderne» Klassizismus wird indessen darüber hinweggehen.

Genua, erst Rivale und dann Sieger über Pisa, befindet sich mit seinem Hafen in einer beengten Topographie, die einen Austausch mit dem Hinterland unterbindet. Die römischen Ursprünge der Stadt liegen im dunkeln. Erst als die Stadt in karolingischer Zeit Bedeutung erlangt hat, nimmt sie greifbare Formen an. Die Stadtmauern aus dem Jahre 864 umfassen einschließlich des Hügels von Castello und eines Teils der nördlichen Ebene ein Gelände von 22 Hektar. Im 10. Jahrhundert wird der Bischofssitz nebst Kathedrale endgültig in die Stadt verlegt. Lediglich drei Stadttore, und zwar Porta S. Pietro im Norden, Porta Castello im Süden und Porta Soprana im Osten, wo nach der Seeschlacht bei der Insel Meloria (1284) die von Pisa erbeuteten Hafenketten aufgehängt werden, geben den Weg ins Gebirge frei, während die Seeseite im Westen den Hafenanlagen vorbehalten ist. Wie in Pisa beruht der orthogonale Grundriß in der flachen Ebene nur teilweise auf antiken Straßenzügen. Er ist im Grunde eine neue Anlage.

Die Mauern von 1155–1161, die das Mittelalter hindurch die äußere Grenze bilden, vergrößern die Stadtfläche auf etwa 65 Hektar. Sie umfassen die ganze Ebene einschließlich der Ortschaft S. Siro und reichen bis an den Fuß der umliegenden Gebirgsausläufer heran. Die wichtigsten Teile der Stadt, darunter der Palazzo Pubblico von 1260, befinden sich an der Hafenbucht, die mit besonderem Aufwand ausgebaut wird. Der Hafen ist «eine Infrastruktur von internationalem Anspruch, die das Verbindungsglied zweier verschiedener Funktionsbereiche darstellt, nämlich des Lebens in der Stadt und des Seehandels, der sich auf den gesamten Raum des Tyrrhenischen Meeres und des Mittelmeeres erstreckt». Der Uferbereich ist seit 1139 Eigentum der Stadt. Die Mole und die beiden Leuchttürme aus dem 12. Jahrhundert, die Portiken und Lagerhallen der Ripa, der Palazzo Pubblico von 1260, der sich vor die geschlossene Häuserreihe schiebt, sowie jenseits der Mauern das Arsenal aus dem ausgehenden 13. Jahrhundert vervollständigen die langgestreckten Anlagen dieser Hafenstadt. So ausgestattet steigt Genua zu einer mächtigen Handels- und Militärmacht auf, die sich bis zum Jahre 1380 gegen Venedig behaupten kann.

Die außerordentlich dichte städtische Bebauung erlaubt nur wenige kleine Freiflächen wie den kleinen Domplatz und die *curiae*. Dort stehen die Häuser der *consorterie*, der führenden Familienclans, darunter das der Doria neben der Kirche S. Matteo (wiedererrichtet 1278). Die acht Stadtteile, genannt «compagnie», sind auf die Linie der Hafenbucht ausgerichtet. Die Reede, die durch die alte Mole nur schlecht geschützt ist, erstreckt sich in westlicher Richtung zum Bergstock S. Benigno, der später, 1543, mit der hochragenden Torre della Lanterna bekrönt wird. Die umliegenden Berghänge werden in der Renaissance und im Barock bis hoch zur Kammlinie mit Villen und modernen Verteidigungsanlagen bebaut.

Dieses prächtige architektonische Panorama, eine Gemeinschaftsleistung aller, die am Leben der Stadt teilhaben, ist wegen des sparsamen materiellen und stilistischen Aufwands von ganz eigentümlichem Reiz. Genua erfreut sich lange eines günstigen Schicksals. Im 16. Jahrhundert verliert es zwar seine politische Unabhängigkeit, nicht aber seinen Reichtum. Es wird in die Staatengemeinschaft des Festlands integriert. Erst die wirtschaftliche Entwicklung der Stadt in der jüngsten Zeit gerät in Widerspruch zur Stadtgeschichte. Das alte Stadtbild hat schwer gelitten und droht unterzugehen. Der moderne Hafen mit den gigantischen Maschinen ist von einer Mauer umgeben, die die Stadt dahinter abschneidet. Hochstraßen und Wolkenkratzer erdrücken fast die historisch so ruhmreiche Ripa.

Während Pisa ähnlich wie Athen, Rom und Brügge eine Großstadt ist, deren Hafen in einer gewissen Entfernung liegt, sind die Hafenanlagen von Genua, Venedig und später Amsterdam in die Stadt integriert. Die Hafenanlagen und die städtische Bebauung haben sich parallel und entsprechend den jeweiligen Erfordernissen entwickelt. Sie bilden einen zusammenhängenden Organismus. Die heutige Zivilisation, die auf der Spezialisierung sämtlicher Lebensbereiche beruht, scheint von solchen Einheiten nur – wie in Venedig – die äußere bauliche Hülle bewahren zu können und im Falle Genuas nicht einmal diese.

2. Die Städte in den verschiedenen europäischen Regionen

Anhand der drei herausragenden frühen Beispiele Venedig, Pisa und Genua wurde gezeigt, zu welchen funktionalen und formalen Lösungen die Verknüpfung von politischer Unabhängigkeit und räumlichem Gestaltungsvermögen führt, die den europäischen Städten des Mittelalters eigen ist. Die Beschreibung dieser Städte wurde deshalb vorangestellt, weil der umgekehrte Weg vom Allgemeinen zum Besonderen nicht dieselbe Klarheit herbeigeführt hätte. Wir, denen die historischen Vorgänge so fern sind, wären wohl nicht in der Lage zu würdigen, wie hoch diese neuen, einzigartigen architektonischen Leistungen einzuschätzen sind.

Nun sind die allgemeinen Bedingungen zu untersuchen, die zu ähnlichen Resultaten bei vielen hundert anderen Städten überall in Europa geführt haben.

Die Einwohnerzahlen beginnen zu steigen, als Teile der arbeitslosen Landbevölkerung in die Städte ziehen und dort zu den Handwerkern und Händlern stoßen, die am Rande der feudalen Gesellschaftsordnung stehen. Die mittelalterliche befestigte Stadt, meist *borgo* genannt, ist schnell überfüllt. Es bilden sich neue Siedlungen vor den Toren der Stadt, die rasch zur Größe des eigentlichen Stadtkerns anwachsen und immer umfangreichere Stadtmauern erfordern. Die Bevölkerung der so entstehenden Städte, seit jeher mehrheitlich Händler und Handwerker, versucht sich dem feudalen System zu entziehen und geeignete Bedingungen für eine wirtschaftliche Existenz herbeizuführen. Das sind im wesentlichen Selbstverwaltung und eigene Rechtshoheit sowie ein progressives Steuersystem, mit dem die öffentlichen Ausgaben, vornehmlich für Befestigungsanlagen und Waffen, bestritten werden können.

Bischof und Fürst gegenüber wird die Stadt zu einer privaten Vereinigung mit öffentlicher Macht, also eine den Rechten der Einzelperson und der Gruppen übergeordnete «Kommune», wenngleich die wirtschaftlichen Privilegien weiterhin respektiert werden. Die Organe der Stadtregierung, eine Vorform des modernen Rechtsstaats, setzen sich fast stets zusammen aus einem Großen Rat, der die vorrangigen Privatinteressen vertritt, einem Kleinen Rat in Form eines Ausschusses sowie aus einer bestimmten Anzahl gewählter oder ausgeloster Ratsmitglieder, den *consoli* in Italien, den *jurés* in Frankreich oder den *échevins* in Flandern. Diesen gegenüber stehen Zusammenschlüsse von Bürgern, die *arti* in Italien, die *Zünfte* in Deutschland oder die *gilds* in England, sowie die Kompanien der unter Waffen stehenden Männer, die einen Hauptmann ernennen (in Italien den *capitano del popolo*). Neben die zivilen Funktionsträger treten die kirchlichen: der Bischof und, nach dem 13. Jahrhundert, die in der Stadt vertretenen Klosterorden. Als Schlichter bei Konflikten zwischen den politischen Körperschaften und den unterschiedlichen sozialen Schichten wird in Italien häufig ein fremder Magistrat eingesetzt, der *podestà*.

Diese autonome Verwaltung erstreckt sich nur auf den Bereich der Stadt, nicht auf das Land. Zwar ist die Stadt auf das Land angewiesen, weil sie von dort die landwirtschaftlichen Güter bezieht, und in der Tat steht ein mehr oder weniger großes Landgebiet unter ihrer Kontrolle. Aber im Unterschied zur griechischen *polis* ist sie eine «geschlossene Stadt», die den Landbewohnern keine Rechtsgleichheit zugesteht. Ihre wirtschaftlichen oder politischen Beziehungen können weltweit sein, werden aber nach den engeren Interessen der städtischen Bevölkerung geregelt. Auch diese wiederum ist keine in sich geschlossene Körperschaft, die sich wie die griechische Stadtversammlung einheitlich äußert. Die im Rat vertretene herrschende Schicht verbreitert sich zwar immer mehr, umfaßt aber niemals die Schicht der Lohnarbeiter. Als diese während der Wirtschaftskrise in der Mitte des 14. Jahrhunderts nach der Macht greifen, werden sie allerorts unterworfen, und in der Folge konzentriert sich die Macht in den Händen einiger oder auch nur einer einzigen Familie. Sichtbare Auswirkungen zeitigt der soziale Kontrast beim Kampf um Vorteile im Immobilienhandel oder gar der Immobilienspekulation, die sich nur noch sehr bedingt unter verfassungsmäßigen Regeln vollzieht.

Die sind die groben Zusammenhänge. Die Wirklichkeit setzt sich aus einer Vielzahl konkreter Einzelausformungen zusammen, die in ihrer Gesamtheit nicht auf allgemeine Modelle zurückgeführt werden können. Die mittelalterlichen Städte kennen nicht *die* Freiheit, sondern Freiheiten, keine institutionalisierten, abstrakt definierten Kategorien, sondern Institutionen, die immer auf einen bestimmten Einzelfall zugeschnitten sind. Die politische Organisation bestimmt die Gestalt der Stadt und funktioniert wiederum nur in dieser Gestalt, die der Vielzahl der widerstreitenden Interessen die Möglichkeit zur Entfaltung gibt und zugleich Abbild eines allgemeinen Interesses ist, in dem man sich vertreten sieht. Bei aller Vielfalt der äußeren Erscheinungsbilder der Städte lassen sich jedoch grundsätzlich vier verschiedene Aspekte der Entwicklung unterscheiden:

a) Öffentliche und private Gebäude sind zweckmäßig positioniert. Sie bilden einen komplexen, höchst individuellen Organismus, dessen Funktionen klar ablesbar sind. Wenn wir ihn «unregelmäßig» nennen, so deshalb, weil die Einheit nicht einer geometrischen Regel im monumentalen Maßstab gehorcht, wie es bei den Städten der Antike oder der Renaissance der Fall ist, sondern weil die Elemente, die in größeren Zeiträumen nacheinander hinzugefügt werden, höchst zweckmäßig angeordnet sind. Straßen und Plätze bilden einen zusammenhängenden öffentlichen Raum, der individuell gestaltet ist und in dem sich die Gemeinschaft wiedererkennt. Die Straßen sind unterschiedlich ausgebildet, um eine ganze Reihe von kollektiven, nicht spezialisierten Aufgaben zu erfüllen. Sie sind Bewegungsraum für Fußgänger und Transportmittel und bieten Möglichkeit zum Verweilen, Platz für Märkte, Versammlungen und Umzüge. Die Plätze stellen größere Flächen bereit, die aber nicht grundsätzlich anders genutzt werden als die Straßen. Die Gebäude sind in der Regel mehrstöckig und öffnen sich zu diesem komplexen Raumsystem hin; ihre Fassaden sind gleichsam die «Außenwände» des öffentlichen Raumes. In Venedig sind es übrigens die Kanäle, die den öffentlichen Raum bilden, während die Fußwege ausschließlich der Bewegung zu Fuß dienen; erst im 19. Jahrhundert werden auch sie in ein zusammenhängendes Verkehrsnetz einbezogen.

In einem solchen System fühlt sich der einzelne veranlaßt, an der Ausgestaltung des öffentlichen Raumes mitzuwirken. Die Fassade, mit der sich das Haus zu erkennen gibt, wird so zu *«a gift to the street»*, ein Beitrag zur Funktion und zur Schönheit der Stadt. Und in der Tat sind es die Fassaden, diese Übergänge vom öffentlichen zum privaten Raum, auf die sich die mittelalterlichen Verordnungen beziehen, die den Ausgleich zwischen diesen beiden sich überlagernden Interessenssphären bis ins Detail regeln. Sie bestimmen etwa, wie weit eine Fassade in den Straßenraum vorkragen darf, sie legen die Art der Eingänge und der Außentreppen fest und dergleichen mehr.

b) Ein weiteres gemeinsames Kennzeichen der sozialen und städtischen Ordnung ist ihre Komplexität. Die Struktur des öffentlichen Raumes der Stadt resultiert aus dem Gleichgewicht zwischen den verschiedenen Machtträgern. Dies sind etwa der Bischof, die zivile Stadtregierung, die religiösen Orden, die Korporationen und die verschiedenen Bevölkerungsschichten. Hat eine Stadt erst eine gewisse Größe erreicht, besitzt sie nicht nur ein einziges Zentrum, sondern ein religiöses, ein politisches und eines oder mehrere wirtschaftliche Zentren. Diese grenzen nicht selten aneinander, gehen aber nicht ineinander über. Jede Stadt ist unterteilt in Stadtteile mit eigener Organisation, mit eigenen Symbolen und oft mit einer eigenen politischen Verwaltung. In den Stadterweiterungen des 13. Jahrhunderts bilden die Klöster der Bettelorden, der Franziskaner, Dominikaner, Augustiner, Serviten, sekundäre Zentren.

c) Für die mittelalterliche Stadt als ein geschlossener, privilegierter Bezirk ist folglich typisch, daß sie räumlich konzentriert ist. Die Stadt bedeckt eine möglichst geringe Fläche, wobei die Mitte die höchste Anziehungskraft besitzt. Dort sind die Gebäude am höchsten, und das Weichbild, das sich daraus ergibt, wird beherrscht von hochaufragenden Kirchen und öffentlichen Bauten. Die unverzichtbaren Verteidigungsmauern – Venedig ist hier eine Ausnahme – sind die aufwendigsten öffentlichen Bauwerke und werden deshalb so kurz wie möglich gehalten, um eine gegebene Fläche mit dem geringstmöglichen Aufwand zu umschließen. Der Bau einer neuen Mauer wird so lange zurückgestellt, bis in den alten Mauern wirklich kein Platz mehr ist. Nur die späten Erweiterungen aus der Zeit kurz vor der Krise im 14. Jahrhundert, beispielsweise in Florenz, Siena, Bologna, Verona, Padua, Gent, Löwen oder Köln, werden nie geschlossen bebaut und statt dessen viele Jahrhunderte lang landwirtschaftlich genutzt. Dieses neuartige Verhältnis zwischen der Ausdehnung in der Fläche und in der Höhe fördert die Vorstellung von der Stadt als einem dreidimensional proportionierten Objekt. Es fördert auch die kollektive Identifikation, denn die

Stadt besitzt einen konkreten, geschlossenen Umriß. Sie ist in die Natur eingebettet, bietet aber dennoch ein klar erkennbares Bild. Betrachtet man Stadtdarstellungen aus dem 14. Jahrhundert, so spürt man das innere Verhältnis, das die Künstler mit der Stadt verband.

d) Die Dynamik der Entwicklung ist der Grund dafür, daß die Stadt immer unvollendet bleibt. Das zu verstehen fällt uns nicht ganz leicht, weil wir die Städte nur in ihrer endgültigen Gestalt kennen, wie sie sich im Zeitpunkt der größten Entfaltung zwischen dem 15. und 18. Jahrhundert stabil herausgebildet hatte. Im Mittelalter aber befinden sich Kirchen und Paläste meist im Zustand eingerüsteter Baustellen in bunter Folge mitten zwischen bereits fertigen Bauten, und jedes neue Gebäude stellt irgendeine Besonderheit dar, die das Interesse der Bevölkerung auf sich zieht. Die Einheitlichkeit wird durch einen kohärenten Stil geschaffen, das heißt, durch Regeln für die Zukunft, nicht durch den Rückblick auf eine vergangene Epoche. Die Suche nach rationalen, zugleich allgemeingültigen und flexiblen Regeln setzt im 12. Jahrhundert ein, und zwar durch die Bauherren und Baumeister der Ile-de-France. Das Ergebnis sind neue Konstruktionsweisen und Dekorationsformen, ein internationaler Stil, der erst später «Gotik» genannt wird.

Die Untersuchung der Konstruktion von Steingewölben führt letztendlich zur Unterscheidung zwischen räumlichem Traggerüst und den Ausfüllungen, wodurch eine durchgehende Mauerhülle entbehrlich wird. In dieses Gerüst sind verschiedene Konstruktionselemente eingespannt, die sich stets auf das Ganze beziehen. Jedes Element hat seinen Ort in diesem Ganzen, dem es stets untergeordnet ist. Notwendig dafür ist die Verwendung des Spitzbogens. Er ermöglicht die freie Wahl der Scheitelhöhe des Bogens unabhängig von der Bogenweite. Auf diese Weise bilden bei den Kirchen Sequenzen verschiedener Bogenweiten einen kontinuierlichen Raum, und die Einwölbungshöhen nehmen zu, um ein angemessenes Verhältnis zu den Ausmaßen des Grundrisses der ganzen Kirche, nicht nur der einzelnen Bogenweiten, herzustellen. Jedes Element kann unabhängig vom anderen dekorativ ausgestaltet werden, was bedeutet, daß das Streben nach Perfektion vergeblich bleiben muß. Perfektion verspricht einzig die Regularisierung der Einzelformen, wie sie die Renaissance durchführt, die sich dabei auf antike Vorbilder stützt.

Die Ausbreitung der Gotik in der ersten Hälfte des 13. Jahrhunderts ermöglicht es, die immer schnelleren und umfangreicheren Veränderungen der Stadt zu steuern. Zum ersten Mal bildet sich ein einheitliches, europäisches Niveau in der Baukunst, wie es in vergleichbarer Weise die scholastische Theologie mit ihrer Systematik der lateinischen Sprache vermag. Die europäischen Städte, so sehr sie sich auch voneinander unterscheiden, erscheinen als das Produkt einer einheitlichen Zivilisation, die sich ihrer selbst bewußt ist.

Diese Zusammenhänge können, soll der Umfang dieses Buches nicht ins Uferlose gehen, nur an wenigen Beispielen erläutert werden. Dazu wollen wir folgende Fälle unterscheiden:

I. Die Gebiete im Mittelmeerraum, die in klassischer Zeit städtisch besiedelt wurden – Nord- und Mittelitalien sowie Südfrankreich –, wo sich die Städte fast ausschließlich über einem vorhandenen römischen Grundriß entwickeln (aber auch andere, eigentümliche Stadtorganismen hervorbringen wie, neben Venedig, Ferrara);

II. Süditalien und Spanien, wo die Rückeroberung arabisch und byzantinisch besetzter Gebiete zu einer näheren Auseinandersetzung mit den zuvor entwickelten Stadtmodellen zwingt;

III. die Gebiete zwischen Loire und Rhein, Deutschland, England, die skandinavischen und slawischen Länder, wo Spuren römischer Siedlungen wenig ausgeprägt sind oder gänzlich fehlen, so daß Städte mit römischen Grundrissen nur selten vorkommen und die meisten Städte aus dieser Periode nach einem eigenen Plan entwickelt werden.

Die Gebiete im Mittelmeerraum

In den Städten mit römischem Ursprung ist der ehemalige Grundriß durch die spätere Bebauung und notwendige Veränderungen zwischenzeitlich bereits verunklärt. Dennoch steht im allgemeinen das neutrale geometrische Raster der Häuserblocks zur Verfügung, das sich für neue Funktionen anbietet. Das wirtschaftliche Zentrum wird gewöhnlich durch das antike Forum zwingend vorgegeben (Lucca, Florenz, Bologna, Padua, Lyon).

16 Bologna. *Stich von C. Duchet, 1592.*

In den Randzonen siedeln sich oft nahe den antiken Stadtmauern, wo es leichter ist, Flächen zu finden, die eine dynamische Entwicklung gestatten, die politischen und religiösen Zentren an. Der Verlauf der Straßen, die radial aus den Stadttoren hinausführen, prägt zunächst die Vorstädte, dann die folgenden Stadterweiterungen. Daraus resultieren eigene, komplexe Bebauungsstrukturen mit recht- und schiefwinkligen Eckausbildungen und verschlungenen Wegenetzen.

Am Grundriß von *Bologna* ist diese Entwicklung mit geradezu diagrammhafter Klarheit abzulesen. Die Stadt befindet sich in einer Ebene ohne einen bedeutenden Flußlauf, der das Gelände bestimmen würde. Der Ort ist schon in der Vorzeit besiedelt und wird zu einer der größten Kolonialstädte in Norditalien. In der Antike umfaßt die Stadt eine Fläche von 70 Hektar und beherbergt mehrere tausend Einwohner. Die mittelalterliche Stadt besteht nur aus dem südöstlichen Teil des römischen Festungsvierecks. Im 6. Jahrhundert wird sie mit einer Stadtmauer umgeben und in langobardischer Zeit über die Porta Ravegnana hinaus erweitert. Diese Erweiterung ist mit einer halbkreisförmigen Mauer umschlossen, die das Straßennetz in

Richtung der östlichen Ebene schützt. 1019 wird die Kathedrale *extra moenia* an den Nordrand der Stadt verlegt, wo sie sich bis heute befindet. 1088 erfolgt die Gründung der bedeutenden Universität, die damit die älteste in Europa ist; ihr wird der ravennatische Rechtskodex Justinians zur Aufbewahrung anvertraut. Nach dem Tode der Gräfin Mathilde (1115) bildet sich die Kommune, in die die lateinische und die langobardische Ansiedlung aufgehen. Gegen Ende des Jahrhunderts umfaßt die Stadt 120 Hektar, ist also auf die dreifache Größe angewachsen. Sie besitzt nun eine neue Stadtmauer (1055–1070), die die ganze römische Anlage sowie eine östliche Erweiterung umgrenzt. 1201 wird der Sitz der Stadtverwaltung endgültig ins Zentrum der antiken Stadtanlage verlegt, worauf in der zweiten Hälfte des 13. Jahrhunderts mit dem Bau einer dritten großen Stadtbefestigung begonnen wird, die 1380 vollendet ist. Diese erweitert nun die Stadt ringsum und umschließt dazu im Osten einen neuen Stadtteil jenseits der Porta S. Felice (ca. 450 Hektar). Der Mauerring umfängt zwei verschiedene Straßensysteme, die sich entsprechend der Bautätigkeit mehr oder weniger weit von der ursprünglichen Gestalt entfernt haben. An ihnen läßt sich nachvollziehen, wie sich die Funktion des Verkehrsnetzes geändert hat, nämlich dahingehend, den Austausch zwischen Stadtgebiet und Umland zu ermöglichen. Seit 1211 wird die Gestaltung der Bogengänge entlang der Straßen, die insgesamt ungefähr 38 Kilometer lang sind, per Verordnung geregelt.

Florenz mag als Beispiel dafür gelten, daß ein ursprünglicher Stadtgrundriß auch in anderer Weise nutzbar gemacht werden kann. Florentia ist eine römische Stadt von zweitrangiger Bedeutung. Entscheidenden Einfluß auf die Stadtentwicklung hat das Wegenetz, das zwar auf die kardinalen Himmelsrichtungen ausgerichtet, aber weder an das System der Landstraßen noch an den Arno angebunden ist. In karolingischer Zeit umfaßt die Stadt den südlichen Teil des rechteckigen römischen Grundrisses zuzüglich einer dreieckigen Zone in Richtung auf den Fluß. Im 11. Jahrhundert beginnt die Stadt sich auszuweiten, umgreift bald auch den nördlichen Teil jenseits des *forum vetus,* das sich seit je auf dem Schnittpunkt der beiden Hauptachsen befindet, und expandiert schließlich auch über die vier Tore hinaus. Zwischen 1173 und 1175 errichtet die Stadt, die ebenso wie andere

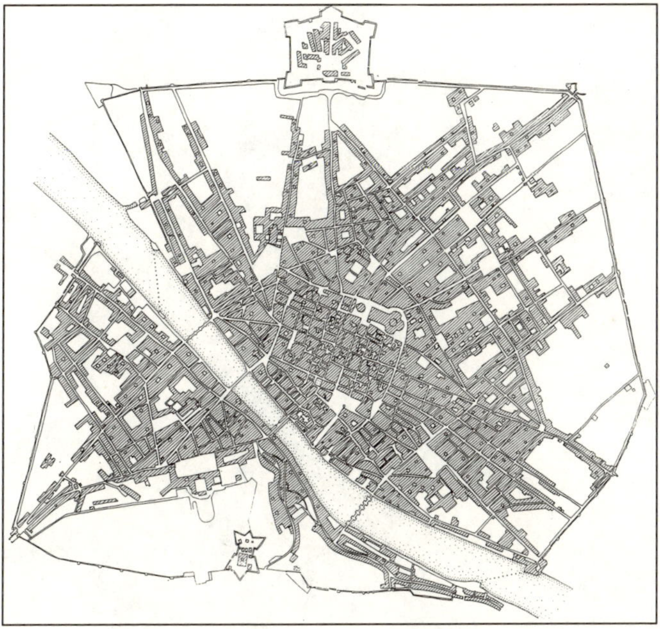

17 FLORENZ. *Umzeichnung des Stadtplans von 1783.*

Ortschaften 1115 die Stadtrechte erhält, die *cerchia antica,* wie wir sie von Dante her kennen, einen Mauerring, der im Verhältnis zum vorhergehenden aus der Richtung gedreht ist, damit auch die Vororte diesseits und jenseits des Arno umschlossen werden können. Schon im folgenden Jahrhundert reicht auch diese Fläche nicht mehr aus, so daß Florenz, das bereits jetzt ungefähr 100 000 Einwohner zählt und eines der bedeutendsten Manufaktur- und Finanzzentren Europas ist, erstmals planmäßig verändert wird. Die Planungsaufsicht übt Arnolfo da Cambio aus, der zugleich die Neuplanung des Stadtkerns und der Randzonen übernimmt. Abgerückt vom ursprünglichen römischen Kern, wird mit dem neuen Dom S. Maria del Fiore das religiöse Zentrum, mit dem Palazzo Vecchio und der Piazza della Signoria das politische installiert. In der Erwartung, daß sich die Stadt weiter ausdehnen wird, errichtet man eine neue, gewaltige Stadtmauer – auch diese wiederum im Verhältnis zur vorhergehenden Mauer aus

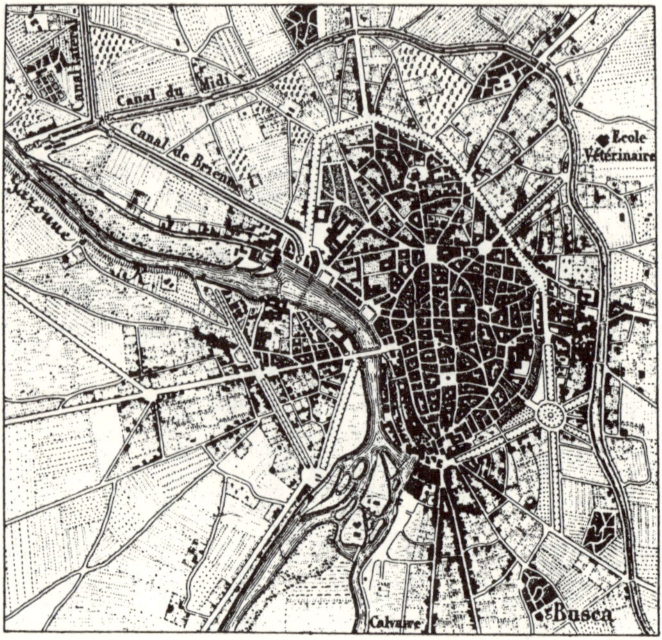

18 TOULOUSE. *Stadtplan von 1841 (aus: Duclos).*

der Richtung gedreht –, die nun 480 Hektar umschließt. Dies also ist der Zustand der Stadt, wie ihn die Künstler des 15. und 16. Jahrhunderts antreffen und weiter ausgestalten.

Auch in vielen anderen Fällen ist es ein Flußlauf, der die weitere Entwicklung der schachbrettartigen römischen Stadtanlage bestimmt und diese schließlich ganz obsolet werden läßt. *Toulouse* an der Garonne ist bereits 419 Hauptstadt des Westgotenreiches. Die Stadt entwickelt sich zur bedeutendsten in ganz Südfrankreich und ist durchaus mit den großen italienischen Kommunen zu vergleichen, bevor der Kreuzzug gegen die Albigenser (1226–1228) ihrer Autonomie ein Ende setzt. Der römische Kern und die Randsiedlungen, der Bourg im Westen mit dem berühmten Heiligtum Saint-Sernin sowie das Quartier Saint-Cyprien am anderen Flußufer, werden um 1140 mit einer Mauer umgeben, worauf dann zwischen 1152 und 1284 vier Brücken über die Garonne geschlagen werden. Das Mauerwerk ist durchweg aus Ziegel mit Hausteinfassungen ausgeführt und verleiht dem ganzen Stadtgefüge zu beiden Seiten des Flusses einen einheitlichen Charakter. Aus diesem ragen als urbane Kerne die Kirchen Saint-Etienne und Saint-Sernin sowie der Jakobinerkonvent hervor.

Eine solche Entwicklung vom rechteckigen Grundriß zu einem am Flußlauf angelehnten Halbkreis läßt sich bei zahlreichen anderen Flußstädten, wie etwa Bordeaux, Tours oder Köln, beobachten. In anderen Fällen, wenn es sich um Siedlungen am Zusammenfluß zweier Wasserläufe – Koblenz, Lyon – oder um solche an einer ausgeprägten Flußbiegung – Verona – handelt, wird das römische Raster getreu beibehalten, während die Stadtranderweiterungen oder solche auf dem jenseitigen Flußufer eine eigene, deutlich unterscheidbare Gestalt annehmen.

Anders verhält es sich in Gebirgsgegenden. Dort bringen die topographischen Gegebenheiten bald nicht nur die regelmäßigen Strukturen einer älteren Anlage zum Verschwinden, sondern setzen auch dem Umfang einer Stadt natürliche Grenzen. In Gegenden des Apennin, in den Alpen und im französischen Zentralmassiv bilden sich auf gut zu verteidigenden Hochflächen viele mittelgroße Städte, doch zumindest in einem Fall hat die Topographie nicht die Entstehung einer Großstadt verhindert, die den zuvor angeführten Städten an Umfang und Bedeutung ebenbürtig ist. Die Rede ist von *Siena.*

Der Ort ist etruskischen und römischen Ursprungs. Nicht etwa günstige geographische oder topographische Umstände, sondern äußere Ereignisse verleihen Siena im Hochmittelalter zunehmende Bedeutung. Zum einen unterbricht der Langobardeneinfall die Via Flaminia, zum anderen beginnen die römischen Küstenstraßen sowie die Via Cassia durch das Val di Chiana zu versumpfen. Die erste mittelalterliche Stadt, die sich unter Ruothar im 6. Jahrhundert festigt, erstreckt sich über die beiden Hügel von Castelvecchio und S. Maria; auf letzterem wird die Kathedrale errichtet. Auf den Hügelkämmen östlich dieses Kerns verläuft die Via Romea, die in beiden Richtungen verschiedene kleine Ansiedlungen miteinander verbindet. Aus dieser Gesamtanlage entwickelt sich gegen Ende des 11. Jahrhunderts die große Stadt, die die ursprüngliche Unterteilung in «Stadtdrittel» beibehält: den alten Kern, den Stadtteil Camollia

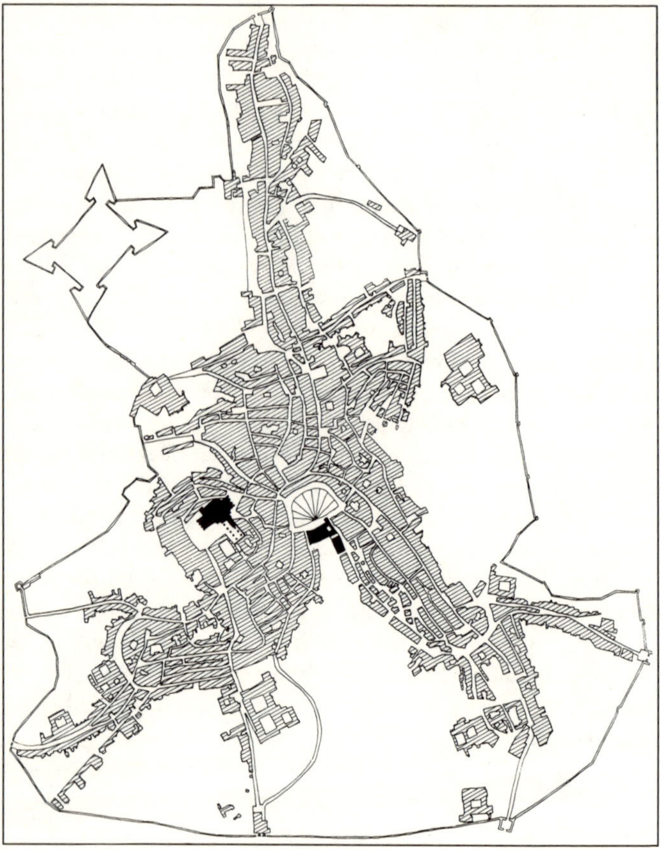

19 SIENA. *Umzeichnung des Stadtplans von 1848.*

an der nördlichen sowie S. Martino an der südlichen Bergstraße. Diese *terzi* werden später in 17 *contrade* unterteilt.

Die Hügelspitze von S. Maria erhält Substruktionen, um dort die Kathedrale errichten zu können, die mit ihren steilen Türmen das Stadtbild beherrscht. Die Verkleidung mit Streifen aus weißen und schwarzen Steinen verleiht dem mächtigen Gebäude ein unverwechselbares Gesicht und hebt es dominierend aus der gesamten bebauten Hügellandschaft hervor. Südlich der Kreuzung der Kammstraßen wird der Palazzo Pubblico errichtet und gegen den Hang eine Senke freigelassen; dies ist der «Campo», an dem, architektonisch meisterhaft gelöst, der öffentliche Freiraum und das Rathaus in einen Dialog treten.

Hier gelingt durch eine bewußte Gestaltung des Terrains eine großartige Inszenierung. Der weite Halbkreis der Hangbauten und der streng rechteckige, nur wenig gebrochene Umriß des Palazzo darunter umfangen die Platzfläche mit dem Bodenmuster aus neun Segmenten, die sich vor dem Palast vereinigen. Dem hohen Turm aus dem Jahre 1325 östlich des Palazzo mit der Kapelle daneben kommt eine besondere Aufgabe zu. Er bindet optisch den etwas nach Westen gerückten Palazzo an, antwortet aus der leeren Platzfläche heraus auf den fernen Dom und wirkt so wie ein verbindendes Scharnier zwischen dem Innern der Stadt und der Umgebung. Mit seiner feinteiligen Spitze aus grauem Stein, die mit dem Sockel aus glattem Ziegel harmoniert, verbindet er die Einzelbauten zu einem Ensemble und kündigt es dem Auge schon aus weiter Ferne an.

Eine so qualitätvolle architektonische Leistung kommt freilich nur zustande, wenn hervorragende Köpfe daran mitwirken. Man nimmt an, daß Giovanni Pisano, von 1284 bis 1295 Bauleiter der Dombauhütte, beteiligt war, und man weiß, daß er sich für jenes Projekt auch mit Duccio beriet, der als Hauptmeister der sienesischen Malerschule bis 1319 aktiv war. Die Statuten von 1262 und 1297 legen bis in alle Einzelheiten hinein fest, wie die Gebäude an der Piazza auszusehen haben und wie der Platz genutzt bzw. nicht genutzt werden darf – und das mit einem feinen Gefühl für das Verhältnis von öffentlichen und privaten Belangen an diesem für die Stadt so entscheidenden Ort.

Die Stadtmauer, die den gegabelten Kammweg mit seiner Randbebauung miteinschließt, wird um 1150 erbaut, ein erstes Mal 1220 erweitert, ein zweites Mal 1260 und ein drittes Mal 1326, wonach sie einschließlich eines Teils der umgebenden Berghänge eine Fläche von 180 Hektar umgrenzt; kaum mehr sind es bei den großen Städten in der Ebene. Im 14. Jahrhundert wird Siena von der Pest besonders schwer heimgesucht, muß sich dann gegen Florenz verteidigen und wird 1555 von diesem endlich erobert. Im weiteren Verlauf der Geschichte bis auf unsere Tage erweist sich die grandiose Anlage – gemessen an der Größe und an den Möglichkeiten der Stadt – als überdimensioniert. Hier wollten Menschen ihre Umwelt nur gestalten, aber herausgekommen ist eine völlig neue Welt.

Die aus byzantinischer und arabischer Hand zurückeroberten Gebiete

In den Küstengebieten Süditaliens und auf dem Balkan, in den Ländern also, die lange dem byzantinischen Reich angehören, ist das Leben in der Stadt beschwerlich. Es handelt sich wie schon in den ersten Jahrhunderten um Verteidigungsposten, und das wird lange Zeit so bleiben. Unter byzantinischer Provinzverwaltung werden nacheinander einige größere griechisch-römische Städte wie Brindisi, Tarent, Syrakus, Agrigent, Athen und Korinth geschleift, und das besiedelte Gebiet wird auf den kleinen, leicht zu verteidigenden Bereich der Insel bei Tarent, der Zone von Ortigia bei Syrakus und der Akropolis von Agrigent und Athen reduziert. Mit Matera in Unteritalien, Enna auf Sizilien und Mistra auf dem Peloponnes erlangen dagegen Städte in besonders unwegsamen Gebirgsregionen Bedeutung. Syrakus wird 878 von den Arabern erobert; der Mönch Theodosius beschreibt in einem bewegenden Brief das Ereignis, das eine der Metropolen der antiken Welt von der europäischen Landkarte tilgt.

Die Araber halten anderthalb Jahrhunderte lang Sizilien besetzt und stellen lange Zeit eine Bedrohung für die Küstenstädte in Unteritalien dar. 927 erobern sie Sipontum (Manfredonia), 976 Tarent, und 846 plündern sie sogar Rom. Byzanz kann dagegen bis zum Ende des 11. Jahrhunderts Kalabrien und Apulien halten, während Bari 1071 von den Normannen eingenommen wird. Die lange griechische Fremdherrschaft über die apulischen Küstenstädte hinterläßt bleibende Spuren und bestimmt auch die späteren Stadtentwicklungen unter den Normannen und Staufern. Die Altavilla und Hohenstaufen dagegen, die eine Reiseherrschaft ausüben, nehmen keine städtebaulichen Veränderungen vor, sondern hinterlassen nur einzelne Kirchen und Profanbauten.

Während die byzantinischen Städte nach der Rückeroberung durchweg zweitrangig bleiben, gelangen nun einige Hafenstädte Kampaniens, etwa Salerno und Neapel, zu politischer und wirtschaftlicher Bedeutung, was sich sogleich in einer entsprechenden Bautätigkeit niederschlägt. Einen besonderen Auf-

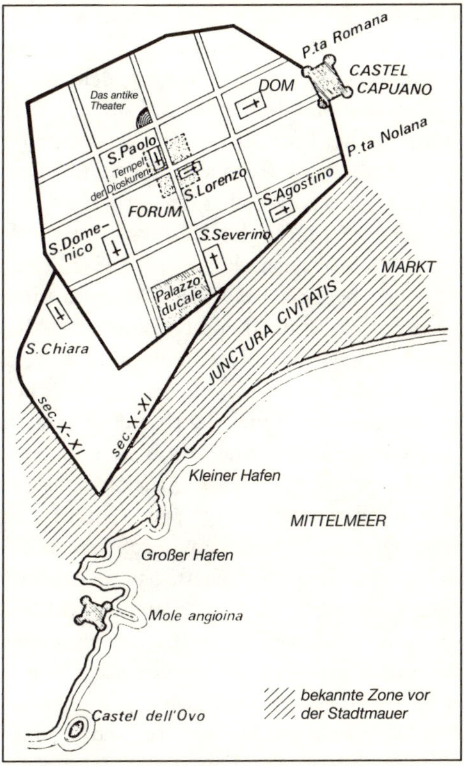

20 NEAPEL. *Rekonstruktion des Plans von etwa 1300 (aus: E. Ennen).*

schwung aber nimmt *Neapel*, fortan die Hauptstadt des Königreiches beider Sizilien. Die Stadt liegt inmitten eines seit je dichtbesiedelten Gebietes und verfügt über einen Grundriß, der bereits in der Antike sehr ausgedehnt ist.

Während des ganzen Hochmittelalters bleibt Neapel in den Händen von Landbesitzern. Die Stadt bedeckt nur einen Teil der griechisch-römischen Anlage; sie wird im 10. und 11. Jahrhundert mit einer Stadtmauer umgeben. Später dehnt sie sich allmählich über die *junctura civitatis* zwischen dieser Mauer und dem Meer aus, ein Bereich, in dem sich das hufeisenförmig angeordnete, regelmäßige Straßennetz mit einer unregelmäßigen, zerstückelten Struktur überlagert, die der vormaligen arabischen nicht unähnlich ist. Karl von Anjou, der Neapel im Jahre

1266 zur Hauptstadt seines Reiches erhebt, bereichert die Stadt mit einer Reihe bedeutender Anlagen, und zwar dem Kastell westlich der Reede, dem Markt, der südlichen Stadtmauer, der Hafenmole und der Kirche S. Lorenzo mit ihrem Chorumgang französischer Provenienz. Der Verwaltung gesteht er eine Autonomie zu, die auf den «sedili» basiert und die für die Länder nördlich der Alpen charakteristisch ist. So «wandelt sich eine der ältesten Städte des Westens zu einer der frühesten Hauptstädte im monarchischen Europa, das sich am Ende des 13. Jahrhunderts herauskristallisiert. Wenn sie auch vieles Friedrich II. verdankt, so ist doch nun Paris ihr Vorbild». Das Grundrißraster aus drei nivellierten Decumani und zahlreichen schrägen Quertrassen, das die Ausbildung unterschiedlicher Gebäudeformen begünstigt, bleibt viele Jahrhunderte lang bestimmend.

Die italienischen und spanischen Städte, die aus den Händen der Araber befreit werden, bieten selbst dann, wenn sie einen griechisch-römischen Ursprung haben, ein ganz anderes Erscheinungsbild, denn sie wurden während ihrer Blütezeit unter der maurischen Herrschaft grundlegend umgestaltet. Strukturell gesehen handelt es sich um aneinandergereihte Einfriedungen mit zum Innenhof ausgerichteten, untereinander verbundenen Gebäuden. Sie bestehen also aus einem Ineinander aus Wohnteilen und kultivierten Flächen und können auf diese Weise eine beträchtliche Ausdehnung erreichen. So hat etwa Palermo mehrere hunderttausend Einwohner, Cordoba vielleicht eine halbe Million, und das auf einer außerordentlich großen Fläche.

Solche Stadtorganismen also sind es, die die christlichen Eroberer von einer Gesellschaft übernehmen, die reicher und höher entwickelt ist als die ihre. Sie gestalten sie mit den bescheidenen Mitteln, die ihnen zur Verfügung stehen, entsprechend ihren Bedürfnissen um, während sie sich immer weiter aus der antiken Tradition in der Weise lösen, von der im vorigen Kapitel die Rede war. Nicht das Ausgreifen der Stadt in die Landschaft ist das Ziel, sondern die Kernbildung, die Konzentration, die Abkapselung von der Landschaft. Nun kommt erstmals die eigentliche Stärke der westlichen Zivilisation zum Zuge, und es entstehen einige der eindrucksvollsten europäischen Stadtlandschaften, die aus der Synthese zweier ganz unterschiedlicher Kulturkreise ganz verblüffende Lösungen hervorbringen. Andererseits aber wird hier erstmals auch im großen Stil fremdes kulturelles Potential vergeudet, indem diese Kultur aufgesaugt wird und dabei drastisch verarmt. Die christlichen Eroberer müssen sich dessen wohl bewußt gewesen sein, denn sie versuchen doch einige wichtige Bauten zu erhalten. Dazu zählen die arabischen Gebäude in den Gärten Wilhelms II. in Palermo sowie die große Moschee in Cordoba, die erst im 16. Jahrhundert teilweise umgebaut wird.

Palermo, die große Metropole in der Conca d'Oro, wird 1072 aus normannischer Herrschaft befreit. Die etwas überhöht gelegene antike Stadt mit dem Hafen, der in die städtische Bebauung hineinragt, ist von Ansiedlungen umgeben, die sich über das weite Hinterland mit seinen natürlichen und künstlichen Wasserläufen verstreuen. Die nicht eben zahlreichen neuen Herren besetzen die strategischen Punkte der Stadt, während die Könige in der Zitadelle am Hang, die mit der Kathedrale durch die «via coperta» in Verbindung steht, Residenz beziehen und dadurch bekräftigen, wie wichtig ihnen dieser prächtige, fremdartige Organismus ist, auf den sich der Reichtum des Staates gründet. In den folgenden Jahrhunderten vollzieht sich die allmähliche Angleichung an europäische Lebensformen. Die städtische Bebauung wird durch die Nutzung der Freiflächen innerhalb der Häuserblocks verdichtet, eine – mehrfach erneuerte – Stadtmauer wird um die Stadt gezogen und die niedrige Randbebauung selbst mit ihrer Hinwendung zu den Innenhöfen durch neue, mehrstöckige Bauten ersetzt, die sich nun dem Straßenraum zuwenden. Allmählich werden auch die Grünflächen zugebaut, aber es verbleiben doch noch einige offene Stellen, etwa die Esplanade vor dem Palazzo, die Piazza Marina oder der Papireto, die Palermo jenen wahrhaft königlichen Charakter verleihen, der selbst noch hinter dem heutigen baufälligen Zustand zu verspüren ist.

Wodurch sich Palermo von allen anderen italienischen Städten vorteilhaft unterscheidet, nämlich durch diese Mischung aus zwei Kulturen, das ist für die Mehrzahl der spanischen Städte selbstverständlich. Barcelona, 713 von den Arabern eingenommen, jedoch schon sehr früh, 801, durch die Franken zurückerobert, wird nach einer letzten Belagerung durch die Araber im Jahre 985 zu einem der Hauptstützpunkte für den Handel mit dem östlichen

Mittelmeerraum und nimmt eine ähnliche Entwicklung wie die italienischen Seestädte und wie Marseille. Die Stadtfläche beträgt etwa 100 Hektar und läßt noch die in arabischer Zeit leicht veränderte römische Struktur erkennen. Unter aragonesischer Herrschaft wird sie 1350 erweitert, aber die neue Fläche wird nur zögernd bebaut und dabei das Straßennetz ähnlich unregelmäßig verändert wie in vielen anderen europäischen Städten.

Bleiben die Städte längere Zeit islamisch, dann sind die Veränderungen vor und nach der Rückeroberung um so gravierender. *Toledo,* schon unter den Westgoten Hauptstadt und im Jahre 712 von den Arabern erobert, wird von den Christen 1085 eingenommen und zur Hauptstadt des Königreiches Kastilien und Leon ernannt. Die gebirgige Gegend verbietet sowohl die Regularisierung als auch die Erweiterung des Straßennetzes, wie man es von anderen Städten, etwa Valencia oder Almeria, her kennt. So nimmt der Rückgang an öffentlichen Freiflächen, den die mehrgeschossige Neubebauung mit Blick auf die Straße zur Folge hat, geradezu beängstigende Ausmaße an. Laut Bauvorschrift dürfen die Häuser um nicht mehr als ein Drittel der lich-

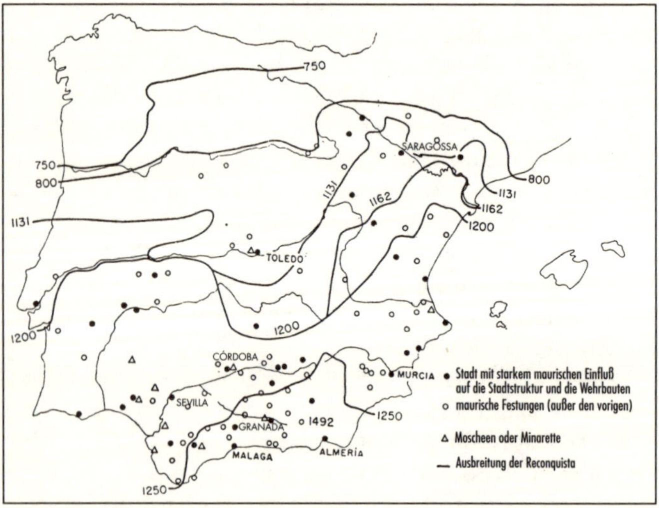

21 *Die Phasen der Reconquista in Spanien und die Spuren der arabischen Städte (aus: C. T. Smith).*

22 Toledo. *Stadtplan mit den beiden aufeinanderfolgenden Stadtbefestigungen (aus: O. Jürgens und W. Giese, Spanische Städte, Hamburg 1926).*

ten Straßenbreite vorkragen, damit das verbleibende Drittel noch genügend Zutritt von Licht, Luft und Regen erlaubt. Die wichtigsten öffentlichen Bauten wie etwa der Alkazar aus der Zeit unmittelbar nach der Reconquista oder die gotische Kathedrale, deren Bau 1227 beginnt, sind zwar hochaufragende Gebäude, aber man kann sie aufgrund der Enge der Verhältnisse nur aus der Distanz erkennen. Wegen der kompakten Bebauung einerseits und der hohen Gebäude andererseits bekommt die Stadt ein zerklüftetes, suggestiv wirkendes Bild.

Noch später werden die Städte Andalusiens zurückerobert – so Cordoba 1236, Sevilla 1248 und Granada sogar erst 1492 –, die deshalb ihren maurischen Charakter um so stärker bewahren können. Hier bleiben ganze Stadtviertel niedriger Häuser mit Höfen erhalten, die dem Klima der Region besonders entgegenkommen: «Die ganze Architektur befindet sich im Innern der Häuser, denen am Äußeren nichts liegt.» Die Christen respektieren und erhalten die maurischen Bauten – die Moschee von Cordoba, den Turm der Giralda in Sevilla oder das Schloß in Granada –, und so bleibt das Nebeneinander verschiedener kultureller Ausdrucksformen ein dauerndes Kennzeichen der Stadtbilder. Nachdem die Spanier ihr Kolonialreich errichtet haben, wobei bezeichnenderweise Sevilla als logistische Basis dient, werden diese zusammengesetzten Stadtbilder in Übersee aufgegriffen. Auch dort, in den fernen Gegenden Mexikos und Perus, sind die Ergebnisse beeindruckend.

Die nördlichen Gebiete

In den Gebieten des Nordens ist die Unterscheidung zwischen Städten auf antikem Grundriß – Trier, Köln, Mainz, Augsburg, London – und solchen auf eigenem Grundriß wenig sinnvoll. Hier sind die Umweltverhältnisse und die neuen Konstruktionstechniken, namentlich der Holzbau, entscheidend für die variationsreiche Grundrißgestaltung.

Für *Paris* bedeutet die römische Siedlung auf der Erhöhung am linken Ufer der Seine nur ein Element unter vielen. Die Stadt wächst in der ersten Hälfte des 12. Jahrhunderts heran, nachdem auf der rechten Seineseite die beiden Siedlungen Grève und Saint-Germain-l'Auxerroix und der Marktflecken Champeaux entstanden sind. Die *cité* auf der Insel sowie die Geschäftsstadt auf der rechten und die Universitätsstadt auf der linken Flußseite bilden einen zusammenhängenden Organismus. Philipp August fügt die Markthallen (1186), die Stadtmauer (1180–1210) und den Louvre am Fluß hinzu, bevor Karl V. um 1370 die runde Stadtmauer auf der rechten Flußseite erweitert und dabei bereits den größten Teil des halbmondförmigen Geländes zwischen der Seine und den Sumpfgebieten einbezieht, das schon in vorrömischer Zeit besiedelt war. Die Befestigungswerke des 16. und die *grands boulevards* des 17. Jahrhunderts halten sich ebenfalls an diese Struktur, und sie ist auch heute noch leicht zu erkennen.

Das komplexe Stadtgebilde, dem eine neue Rolle in Kultur und Politik zugedacht ist, kommt damit auf eine Grundfläche von 440 Hektar. Die großen profanen und kirchlichen Bauten, allen voran Notre-Dame aus der Zeit von 1163 bis 1250, sind aus regelmäßigen Blöcken aus dem schönen weißen Stein der Brüche links der Seine oder im Tal der Oise erbaut. Paris hat die intellektuelle Führungsrolle; hier machen sich natürlich vornehm-

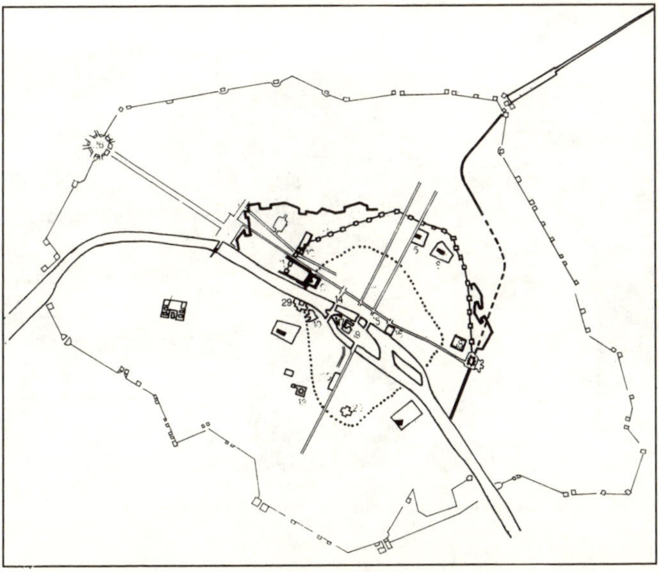

23 PARIS. *Die nacheinander folgenden Stadtgrenzen (aus: Paris, hrsg. v. L. Bergeron, Bari 1989). Punktiert die Mauer von Philipp Augustus (1180–1210), dann rechts der Seine die Befestigungen von Karl V. (1370) und Ludwig XIII. und außen die Mauer der Fermiers Généraux (1784–1791).*

lich die Universität, an der Peter Abälard und Bernhard über die letzten Dinge diskutieren, daneben aber auch viele Teile des religiösen und öffentlichen Lebens geltend. Was unser Thema betrifft, ist insbesondere an das auf Abt Suger und die Baumeister der Ile-de-France zurückgehende Strukturgerüst hinzuweisen, das in technischer und formaler Hinsicht richtungweisend für das ganze übrige Europa wird.

London ist zu dieser Zeit noch von untergeordneter Bedeutung. Die mittelalterliche Stadt prägt ein großflächiger, schachbrettartiger römischer Grundriß. Die Vorstadtsiedlungen Bishopsgate und Southwark sind an die Straßenverbindung von Süd nach Nord gebunden, die die Themse auf der bislang einzigen vorhandenen Brücke überquert. Die Mauern umziehen auch nach dem Rückzug der Römer noch die Stadt. Nach Osten

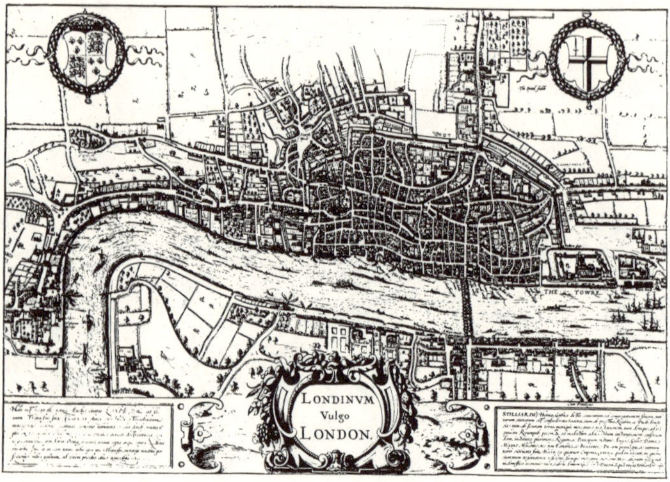

24 LONDON. *Stich aus Braun und Hogenberg, 1582.*

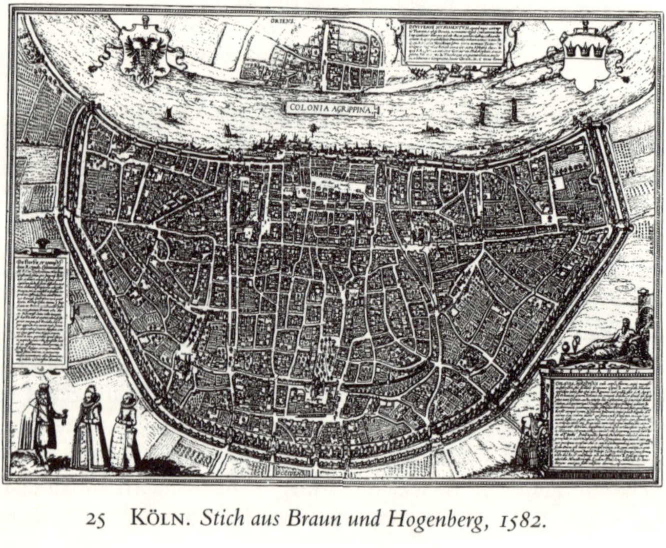

25 KÖLN. *Stich aus Braun und Hogenberg, 1582.*

schließt sich das Areal des Tower of London, der Sitz der Könige, an, im Westen in einiger Entfernung das Kloster Westminster mit der Krönungskirche. Dazwischen entfaltet sich die kleinteilige mittelalterliche Stadt in der bis heute gültigen Unterteilung in *boroughs*.

Bereits im 12. und 13. Jahrhundert bildet sich so der Charakter der beiden Städte heraus, die einmal die größten in Europa werden sollen. Die Polarität zwischen *city* und *Westminster* bzw. die Dreiteilung in *ville, cité* und *université* sind die Antriebskräfte für den enormen Aufstieg.

Als erstrangiges Handelszentrum am Rhein entsteht *Köln*, das sich für eine gewisse Zeit aus der Bischofsgewalt lösen kann und Autonomie erlangt. Doch zunächst handelt es sich um eine bedeutende römische Stadt von fast 100 Hektar Fläche, die zu einer bäuerlichen fränkischen Siedlung schrumpft und im Jahre 881 von den Normannen zerstört wird. Die Entwicklung zur Handelsstadt bringt die Verlängerung der Stadtmauern bis zum Fluß mit sich, worauf 1106 und 1180 zwei weitere Mauern errichtet werden, mit denen die umliegenden Ortschaften einbezogen werden und sich die Grundfläche erst auf 200, dann auf 450 Hektar vergrößert. Die ottonischen und nachottonisch-romanischen Kirchen mit ihren komplexen Grundrissen – St. Pantaleon, St. Maria im Kapitol, St. Gereon, St. Aposteln, Groß St. Martin – ragen über den Umriß der Stadt heraus. Der Dom, begonnen 1248 als Gehäuse für die Reliquien der Hl. Drei Könige, die Barbarossa aus Mailand hierher überführte, steht auf einer leichten Bodenerhebung und beherrscht den Anblick der Stadt von der anderen Seite des Stromes aus, der so breit ist, daß er noch nicht überbrückt werden kann.

Im Norden mit seiner Tuchherstellung und den Umschlagplätzen – Flandern bildet das nördliche Randgebiet des deutschen Kulturkreises und steht nicht unter direktem Einfluß der Fürstenhöfe – erlangen die Städte ähnlich wie in Italien politische Autonomie und eine wirtschaftliche Stellung von internationalem Gewicht. Es sind die im vorigen Kapitel erwähnten Handelsplätze und Wehrstädte, die zu großen Städten heranwachsen. Ihre Namen sind bezeichnend für das offene Land: Brügge bedeutet «Brücke», Löwen leitet sich ab vom einheimischen Wort für «Heidehügel», und Brüssel meint «Dorf im

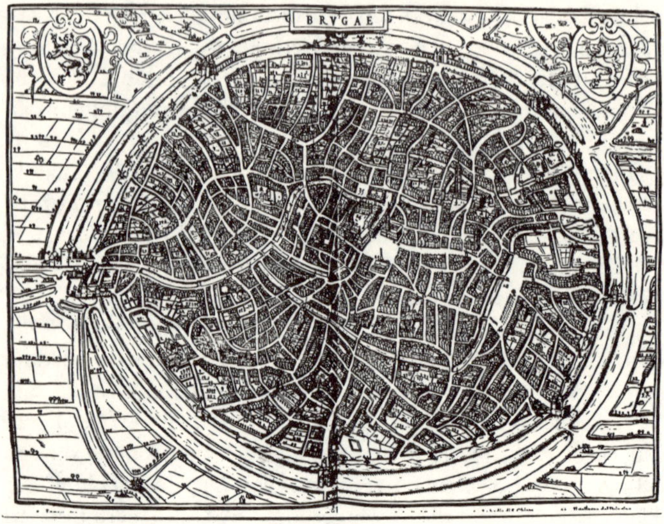

26 Brügge. *Stich aus L. Guicciardini, Descrizione di tutti i Paesi Bassi, 1567.*

Sumpf». Ihr Wegenetz folgt den Wasserläufen und ist ganz unabhängig von einem orthogonalen antiken Raster.

Brügge, die größte Handelsstadt nördlich der Alpen, entwikkelt sich gegen Ende des 9. Jahrhunderts rund um eine Burg der Grafen von Flandern. Wo das nahe Flüßchen Reye in eine Scheldebucht einmündet, wächst ein Handelsplatz *(portus)* heran, der 957 die erste Messe ausrichtet. Andere Flecken bilden sich um die Kirchen, die auf den höchsten Punkten des sumpfigen Flachlandes stehen. Im 11. Jahrhundert erhält Brügge die Stadtrechte und errichtet eine erste Stadtmauer, die eine Fläche von 86 Hektar mit etwa 10000 Einwohnern umschließt.

Im Jahre 1134 verändert ein Unwetter die Küstenlinie. Die See schafft eine tiefe Bucht, den Zwin, den die Brügger Kaufleute sofort als neue Anlegestelle eine Meile vor der Stadt nutzen. Dazu wird der neue Vorhafen Damme angelegt und ein Kanal zur Reye gezogen, um die Stadt anzubinden. Im Verlauf des folgenden Jahrhunderts entwickelt sich Brügge zum Haupthandelshafen an der Nordseeküste. Die Verbindungen mit der Hanse werden

1252 geregelt, der Vertrag von Montreuil, der 1274 mit England abgeschlossen wird, garantiert die Belieferung der flämischen Tuchmacher mit englischer Wolle, und Eduard I. legt die Wollstraße fest, die vorgeschriebene Route, auf der der Wollexport auf den Kontinent abzuwickeln ist. 1277 legen die ersten genuesischen Handelsschiffe im Zwin an, wenig später die venezianischen, und im 14. Jahrhundert hält Brügge durch einen täglichen Kurierdienst auf dem Landweg mit Venedig Verbindung.

1297 wird eine neue Stadtmauer gebaut, die eine Fläche von 430 Hektar umschließt und nach mehreren Unterbrechungen Mitte des 14. Jahrhunderts fertiggestellt ist. Der Stadtrat tagt in der Alten Halle in der Burg, während das eigentliche Stadtzentrum im *portus* der große Platz ist, an dem zwischen 1377 und 1420 das neue Rathaus mit dem riesigen Belfried errichtet wird. Ende des 13. Jahrhunderts entsteht am Flußufer die Waterhalle (Ende des 18. Jahrhunderts abgetragen), in der die Schiffe unter Dach be- und entladen werden können. Westlich verbleibt ein großes Messegelände. Die Einwohnerzahl reicht in der ersten Hälfte des 14. Jahrhunderts vermutlich an die 80000 heran.

Auch hier entsteht eine stilistische Einheit aus dem Prinzip der fortgesetzten Aneinanderreihung von Bauten, das der venezianischen Anordnung zwar entgegengesetzt ist, aber dem geschwungenen Verlauf der Kanäle und Straßen gleichermaßen geschmeidig zu folgen vermag: giebelständige Fassaden und steile Satteldächer, die eine Beleuchtung der von der Fassade abgesetzten Räume durch Oberlicht gestatten und der Dachlandschaft die charakteristisch gezackten Umrisse verleihen. In den letzten Jahrzehnten des 13. Jahrhunderts wendet die Stadt für öffentliche Bauvorhaben wie Stadtbefestigungen, Straßenpflasterung und Wasserversorgung ein Drittel des Etats auf und erläßt eine detaillierte Bauverordnung für Privatbauten. Danach müssen die Dächer wegen Feuergefahr eine Ziegeldeckung erhalten, für deren Kosten die Stadt zu einem Drittel aufkommt. Müssen zur Straßenverbreiterung Häuser abgerissen werden, so haben die Eigentümer Anspruch auf Entschädigung, dürfen aber nicht von sich aus abreißen; andernfalls müssen sie das Haus binnen vier Monaten wieder aufbauen.

Im späten 14. Jahrhundert zehren die Wirtschaftskrise und der Bürgerkrieg die Stadt aus. Der Zwin verlandet; 1378 muß der Vorhafen von Damme nach Sluis verlegt werden, hat aber 1460 auch dort nicht mehr die nötige Wassertiefe für große Schiffe. Der Brügger Handel, der nicht über eine stadteigene Handelsflotte verfügt und darüber hinaus auf Privilegien fremder Mächte angewiesen ist, wird durch andere Städte bedroht, die ebenfalls Handelsfreiheiten gewähren. 1488 veranlaßt Kaiser Maximilian die ausländischen Kaufleute, ihre Kontore von Brüssel nach Antwerpen zu verlegen. Das große internationale Handelszentrum bildet sich von da an zu einer abseits gelegenen Provinzstadt zurück.

Ganz ähnlich verläuft zur selben Zeit die Entwicklung anderer Industrie- und Handelsstädte in Flandern wie Gent, Löwen, Mecheln, Brüssel, Ypern und Tournai. Gent, das wichtigste Zentrum des Tuchgewerbes und im Krieg gegen Frankreich mit England verbündet, wird mit seinen 570 Hektar innerhalb der Mauern des 14. Jahrhunderts zu einer der flächengrößten Städte Europas.

Die deutschen Hafenstädte am «Mittelmeer des Nordens», die sich ausschließlich auf den Handel konzentrieren, sind zwar recht klein, haben aber, zu dem Handels- und Militärbündnis der Hanse zusammengeschlossen, größte Bedeutung. Ausgangspunkt der deutschen Hanse ist der Vertrag von 1241 zwischen Hamburg und Lübeck, dem in der Folge Bremen, Rostock, Stralsund, Wismar und Lüneburg beitreten. Zur Blütezeit besteht die Hanse aus 90 Küstenstädten und Städten im Landesinnern vieler Nationen, zu denen unter anderem Dinant, Göttingen, Halle, Breslau, Krakau, Kalmar und Reval gehören.

Lübeck ist das führende Mitglied der Hanse und zugleich auch die größte und architektonisch reichste Hansestadt. Eine erste Ansiedlung am Zusammenfluß von Trave und Wakenitz wird 1173 durch Heinrich den Löwen erweitert und erstreckt sich nun über den gesamten Hügel zwischen den Flüssen, eine Lage, die der Stadt den Stempel aufdrückt. Zwei Straßen laufen nebenher über den Hügelkamm und verbinden die wichtigsten Kirchen und Profanbauten miteinander; mehrere Abzweigungen gehen zu beiden Seiten den Hügel hinunter, wobei sie sich an den Flußläufen orientieren. Die Reihen der giebelständigen Kaufmannshäuser auf schmalen, aber tiefen Grundstücken bilden eine konvexe Kulisse, die vom aufstrebenden Dom und verschiedenen Profanbauten bekrönt und durch das einheitliche Baumaterial, den roten Ziegel der Gegend, optisch zusammengebunden

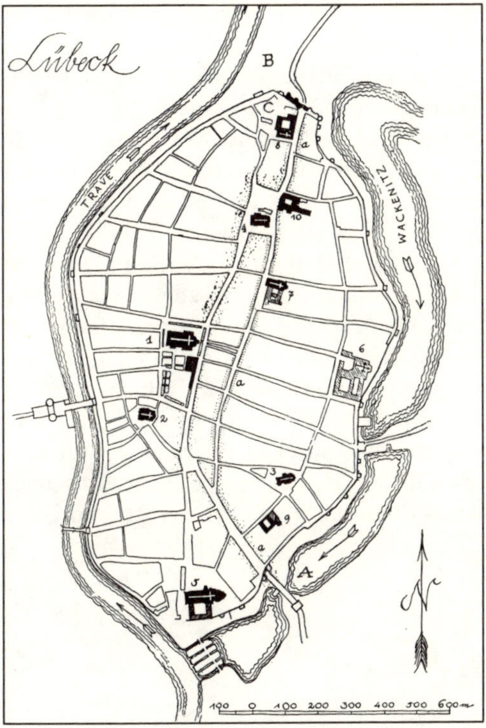

27 LÜBECK. *Plan aus K. Gruber, Die Gestalt der deutschen Stadt, München 1983.*

wird. Die Handelshäuser mit ihren dekorierten Fassaden geben sich auch nach außen als solche zu erkennen: in dem hohen, schmalen Baukörper sind der Wohnbereich, das Kontor, die Werkstätten und die Lagerräume organisch verteilt. Bereits am Ende des 13. Jahrhunderts ist die Stadt baulich komplett und behält ihre Struktur in der Folge bei. Auf einer Fläche von 110 Hektar beherbergt sie zwischen 20000 und 30000 Einwohner.

Lübeck ist eine der frühesten Neugründungen an der Ostsee; 1201 folgt Riga, 1218 Rostock und um 1230 Stralsund und Danzig. Doch die Ostsee wurde schon vier Jahrhunderte zuvor von Normannen befahren, und es waren die Waräger, skandinavische Krieger und Kaufleute, die den Flüssen ins Landesinnere Rußlands folgten. So gründete in der ersten Hälfte des 9. Jahrhunderts der legendäre Rurik die Stadt Nowgorod am Wolchow. Die Geographie dieses riesigen Landes mit den beiden Flußsystemen, die in die Ostsee und ins Schwarze Meer münden, ermöglicht die Weiterfahrt nach Süden, wo Konstantinopel lockt. In der Tat dringt bereits 860 eine Expedition über den Dnjepr bis zum Bosporus vor. 880 gründet Ruriks Nachfolger Oleg das erste russische Reich, die «Kiewer Rus», worauf 912 eine Flotte von 2000 Schiffen vor Konstantinopel erscheint und einen Handelsvertrag erwirkt.

Die Hauptstädte dieses Reiches – zunächst *Kiew*, dann seit 1125 Susdal und ab 1157 Wladimir – entstehen aus dem Zusammenschluß mehrerer Wehranlagen, die dem Geländeprofil gehorchen und von Glacis und Palisaden umgeben sind. Diese Vorposten der europäischen Welt am Rand der asiatischen Weiten schließen den Ring der Handelsverbindungen zwischen den südlichen und nördlichen Meeren und unterhalten Beziehungen sowohl mit den Reichen des Ostens als auch mit dem ottonischen Reich im Westen. Die erhaltenen Bauten – die Sophien-

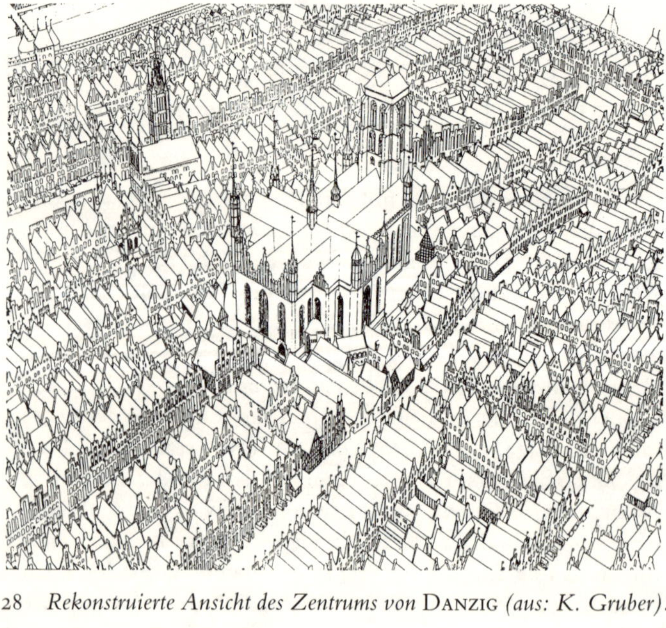

28 *Rekonstruierte Ansicht des Zentrums von* DANZIG *(aus: K. Gruber).*

kathedrale in Kiew, die beiden Kirchen des *Kreml* in Wladimir und die Kathedrale in Susdal – verbinden das Motiv des einbeschriebenen Kreuzes im Grundriß mit romanischen Motiven im Aufriß und romanischer Ornamentik aus Haustein.

Die Beziehungen zu Europa werden mit dem Auftauchen der Mongolen unterbrochen, die zwischen 1237 und 1240 die russischen Städte niederwerfen und bis nach Polen vordringen, wo sie 1241 Breslau und Krakau zerstören. Während der langen mongolischen Besatzung im 13. und 14. Jahrhundert, der Zeit also, in der sich die europäischen Städte entscheidend weiterentwickeln, stagniert die Entfaltung der russischen Städte. Hier liegt eine wichtige Ursache für die so gänzlich vom übrigen Europa abweichende Entwicklung Rußlands. Seine Isolation geht erst zu Beginn des 18. Jahrhunderts mit Peter dem Großen zu Ende.

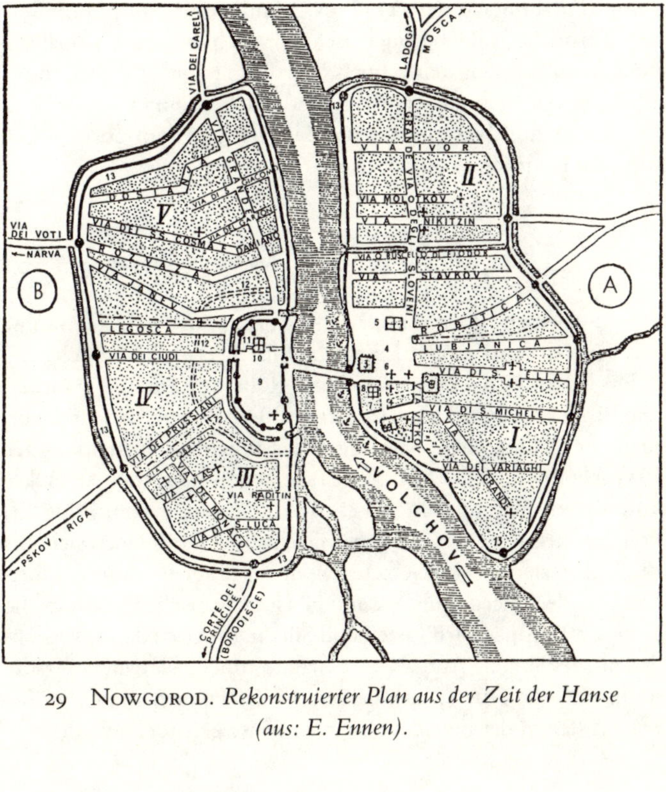

29 NOWGOROD. *Rekonstruierter Plan aus der Zeit der Hanse (aus: E. Ennen).*

Allein *Nowgorod* bildet eine Ausnahme. 1238 kann es einem Mongolenangriff widerstehen und sich in den folgenden Jahrhunderten zur wichtigsten Handelsmetropole zwischen Ost und West entwickeln. Am Fuß des *Kreml* auf der linken Flußseite entsteht eine Stadt von beträchtlicher Größe – sie hat 150 Hektar Fläche und 20000 Einwohner – mit einem Kaufmannsviertel auf dem anderen Ufer, das mit den notwendigen Einrichtungen für den Verkehr zu Lande und zu Wasser ausgestattet wird. Hier trifft der Landweg nach Karelien auf die preußische Verbindung mit Riga und zur Ostsee, wozu noch die Routen zum Ladogasee und nach Moskau stoßen. Eine mächtige, 1383 fertiggestellte Mauer umgrenzt das geschlossene Rund der Stadt.

Die Hauptstadt des russischen Prinzipats, das sich nach 1380 von den Mongolen lösen kann, ist Moskau. Es wächst jedoch erst im 15. und 16. Jahrhundert zu einer eigentlichen Stadt heran. Dieser Staat, der 1478 Nowgorod erobert und damit dessen Vermittlerrolle beendet, schließt sich gegen Europa ab. Nach dem Fall Konstantinopels im Jahre 1453 sieht er sich sogar als Erbe der orthodoxen Zivilisation und in einem bewußten Gegensatz zum Westen, was die Beziehungen zum übrigen Europa auf lange Zeit behindert.

3. Die Kolonisierung und die neuen Städte

Die geschlossene Stadt, das Gegenstück zum offenen Land, nimmt seit dem 12. Jahrhundert Einfluß auf ihre gesamte Umwelt.

Die Stadt führt Lebensmittel und Rohstoffe ein und verarbeitete Produkte sowie Handelsgüter aus. Um diesen Austausch aufrechtzuerhalten, aber auch wegen des allgemeinen Anstiegs der Bevölkerung muß das Land seine Produktion steigern, neue Äcker kultivieren und aus dem Acker, der schon unter dem Pflug ist, höheren Ertrag erwirtschaften. Gleichzeitig verschieben sich mit der Kolonisierung der Gebiete jenseits der Elbe und mit der fortschreitenden Reconquista der arabisch-spanischen Räume die Grenzen Europas nach Osten und Süden. Um den damit verbundenen vielfältigen Aufgaben nachzukommen, sind neue Städte nötig, die von Fürsten, Feudalherren, Kirchenorden oder größeren Städten in der bereits bewährten Weise gefördert werden.

Sie reproduzieren in kleinerem Maßstab die munizipalen Organisationen der Stadtstaaten und sind politisch und juristisch Objekte einer feudalen oder städtischen Obrigkeit. Im Innern garantieren sie persönliche Freiheit, besitzen eine meist aus dem Kreis der Einwohner heraus gewählte Verwaltung und haben dieselben Organisationsformen.

So entsteht während des 14. Jahrhunderts jene verästelte polyzentrische Struktur, die noch heute für Europa kennzeichnend ist: 130000 Kirchtürme, die die französische Forschung auf dem Kontinent zwischen dem Mittelmeer und dem hohen Norden zählt, häufig in enger Nachbarschaft, das heißt, in den Gegenden mit der größten Bevölkerungsdichte fünf oder zehn Kilometer auseinander gelegen, dabei aber mit zahlreichen Unterschieden in

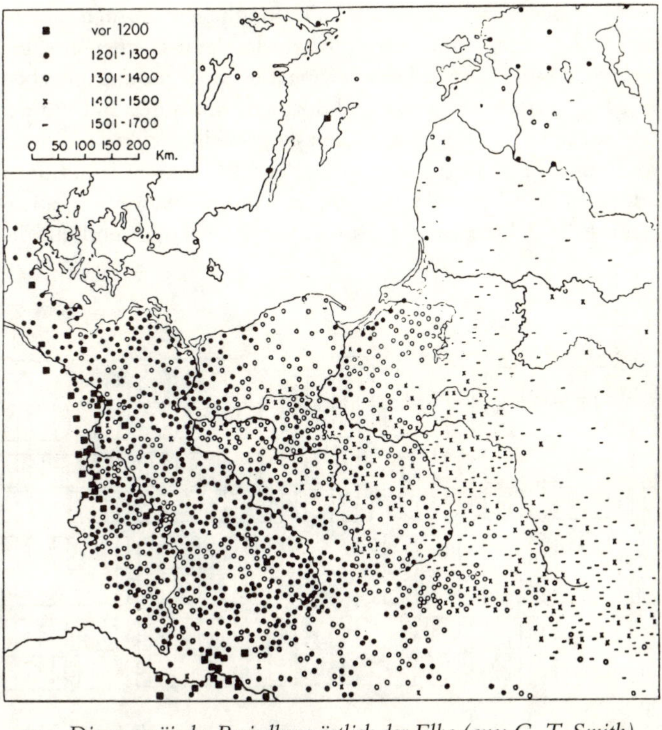

30 *Die europäische Besiedlung östlich der Elbe (aus: C. T. Smith).*

der Sprache, in der Architektur, in Sitten und Gebräuchen, Wünschen und Zielen. Das führt zu genau den Auseinandersetzungen, die den Unternehmungsgeist und die Dynamik in Europa befördern und es auf wieder andere Auseinandersetzungen, nämlich diejenigen mit dem Rest der Welt, vorbereiten.

Was nun das von uns gewählte Thema betrifft, so sind es gerade die kleinen, *ex novo* gegründeten Städte, welche die Leistungen bei der Konzeption und der planmäßigen Ausführung der urbanen Organismen besonders deutlich machen. Die Form wird in der ersten Planungsphase festgelegt und ändert sich in aller Regel nicht mehr. Der Stadtgründer ist auch Eigentümer des Bodens, kann also die Stadt in allen Einzelheiten so planen, wie er es für richtig hält. Er legt Straßen, Plätze und Befestigungsanlagen fest, parzelliert aber auch die Grundstücke, wobei er sich an bewährten Gebäudetypen orientiert, und weist sie den Einwohnern zu.

Diese neuen Städte können alle möglichen Formen annehmen, und wenn bisher versucht wurde, daraus Typen abzuleiten, so konnte jedoch keine zwingende Begründung gegeben werden, warum hier diese und dort jene Form gewählt wurde. Die spezifischen Umstände, die es zu beachten gilt, sind praktisch unüberschaubar: das Geländeprofil, lokale Traditionen oder entfernte Vorbilder, sakrale oder profane Symbolik, nüchterne Rücksichten auf die Funktion des Gebäudes und auf die

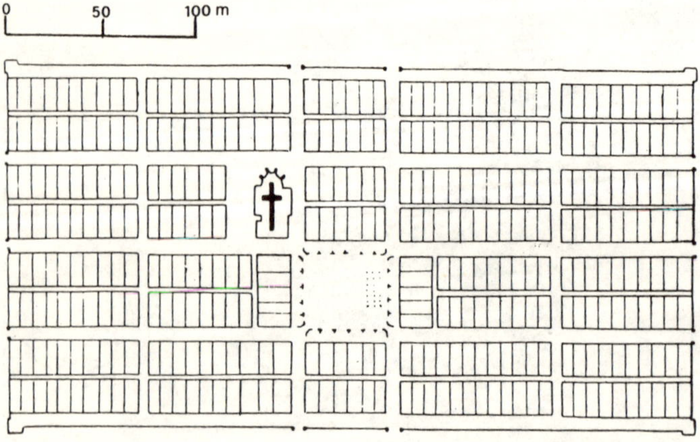

31 MONTPAZIER, *gegründet 1284. Stadtplan (aus: P. Lavedan).*

verfügbaren finanziellen Mittel – und jeder Umstand für sich kann *ceteris paribus* bereits den Ausschlag geben.

Die Unterscheidung, die wir für gewöhnlich zwischen Stadtplanung und Bauentwurf treffen, ist wenig erhellend. Viele Gebäude sind ebenso wie die Städte selbst im Laufe der Zeit allmählich verändert worden, und viele Städte sind geradeso wie Einzelbauten *ex novo* entstanden, und zwar nicht selten durch dieselben Personen, beispielsweise durch Arnolfo, der die Entwürfe für die florentinischen Kolonien S. Giovanni Valdarno und Castelfranco di Sopra lieferte. Es scheint, als ob die Fähigkeit zur Stadtplanung nur ein Sonderfall der Fähigkeit ist, sichtbare Formen im Ablauf der Zeit zu bearbeiten. Denn in der Tat vollzieht sich derselbe Wechsel in den Entwurfsmethoden für Einzelbauten, der in der zweiten Hälfte des 12. Jahrhunderts zu beobachten ist, auch bei der Planung neuer Städte. Die ersten dieser neuen Städte – noch vor Montauban (1144) – besitzen einen nichtregulären und nichtrepetierbaren Grundriß, während sich in der Folge und gleichzeitig mit der Ausbreitung der gotischen Formensprache ein orthogonaler Grundriß durchsetzt, der an viele verschiedene Situationen angepaßt werden kann und der häufig eine vollkommen regelmäßige Gestalt annimmt, wie es bei den hufeisenförmigen Städten und bei den antiken römischen Kolonien der Fall ist (Lavedan).

Man betrachte einmal folgende Neugründungen des 13. Jahrhunderts: die südfranzösischen *bastides* beider Parteien im Hundertjährigen Krieg (Aigues Mortes 1246, St. Foy-la-Grande 1255, Monsegur 1263, Villeneuve-sur-Lot 1264, Beaumont 1272, Montpazier 1284), die englischen *new towns* (Liverpool 1207, New Salisbury 1219, Flint 1272, New Winchelsea 1292), die norditalienischen Freistädte (Orzinuovi 1198, Cittadella 1210, Gattinara 1242, Cherasco 1248, Massalombarda 1251, Montagnana 1257), die mittelitalienischen Freistädte (Buonconvento 1242, Pietrasanta 1255, S. Giovanni Valdarno 1296), die südspanischen *poblaciones* (Briviesca 1208, Villacarrillo 1212, Salvatierro 1256, Villareal 1272), die Gründungen des Deutschen Ordens im Osten (Thorn 1231, Königsberg 1255) und die Neugründungen Karls von Anjou im Süden (L'Aquila 1266, Cittaducale 1309). Sie sind technisch und formal vergleichbar mit den planmäßigen Stadterweiterungen einiger italienischer Städte (Brescia

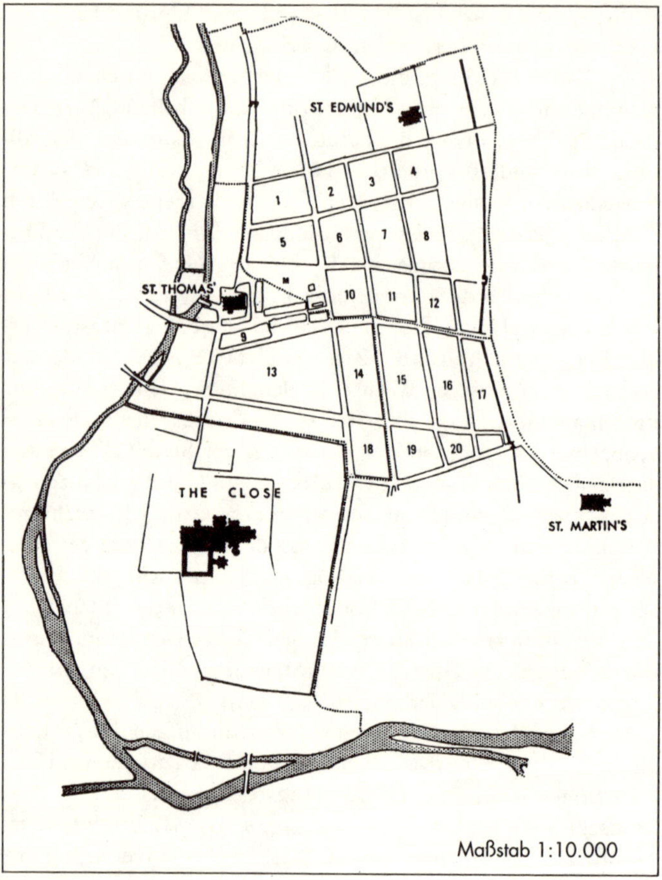

32 New Salisbury, *gegründet 1219. Stadtplan (aus: M. Beresford, New Towns of the Middle Ages, London 1967). Innerhalb der Mauer von 1327 sind die zwanzig Häuserblocks numeriert: 1. Weißes Pferd, 2. Zu den Blutflecken, 3. Zum Pfarrer, 4. Zu Vanner, 5. Blauer Eber, 6. Drei Schwäne, 7. Drei Tassen, 8. Greif, 9. Marktplatz, 10. Gekreuzte Schlüssel, 11. Schwarzes Pferd, 12. Zu Swayne, 13. Neue Straße, 14. Antilope, 15. Dreifaltigkeit, 16. Zu Rolfe, 17. Kreuz des Hl. Bernhard, 18. Weißer Hirsch, 19. Sumpf, 20. Zinn.*

1235, Florenz 1293), die jeweils auf einen römischen Schachbrettgrundriß aufsetzen und sich aus großen geradlinigen Zügen zusammenfügen; dazu gehören etwa polygone Mauerzüge, Straßen mit konstanter Breite, wie die Via Matteotti in Brescia und die Via Maggio in Florenz, sowie die gleichmäßige, kammartige Parzellierung der angrenzenden Grundstücke.

Diese Stadtentwürfe nehmen, wie es bei den Kathedralen der Fall ist, Bezug auf die drei orthogonalen Dimensionen, wobei einige sinnvolle Abweichungen durchaus im System bleiben. Das stellt die Kontinuität der Erfindung sicher und vereinheitlicht zum großen Teil etwaige Störungen durch den distributiven Aufbau. So gesehen läßt sich die Gotik als eine Methode zur Organisation des Raumes – und zwar jeder Art von Raum – betrachten, die auf ein universelles Raster zurückgreift, das jede beliebige Größe annehmen kann, jedoch noch nicht im Sinne der perspektivischen Regeln der Renaissance intellektuell durchdrungen ist. Der Mensch ergreift Besitz vom bewohnbaren Raum, indem er diesem in allen drei Dimensionen ein gleichmäßiges Raster überzieht.

Stadtplanung und Bauentwurf begegnen sich nicht wieder, weil die Periode von Stadtneugründungen so kurz ist – sie beginnt in der Mitte des 12. und endet bereits in der Mitte des 14. Jahrhunderts. Sie bricht ab, weil die demographische und wirtschaftliche Krise nach der großen Pest von 1348 den Neubau von Städten in Europa verbietet und allenfalls einige nicht innovative Gründungen im äußersten Osten und Süden erlaubt. Die Kunst des Bauentwurfs verändert sich vom 14. bis zum 15. Jahrhundert und wird mit allen Hilfsmitteln aus Theorie und Praxis perfektioniert. Die Kunst des Stadtentwurfs dagegen wird nicht mehr ausgeübt und gerät in Vergessenheit, bevor sie theoretisch – in Wort und Bild – durchdrungen werden kann.

Es existiert das Protokoll eines *colloquium,* das Eduard I. von England 1297 nach Harwich anberaumt, um mit den Notabeln von zwanzig Städten seines Reiches darüber zu beraten, wie die neuen Städte am besten zu verwalten wären. Auch die aktuellen Erfahrungen in den 120 bereits in Frankreich und den französischen Besitzungen gegründeten Städten sollten berücksichtigt werden; weitere 70 sollten bis zur ersten Hälfte des 14. Jahrhunderts folgen. Das Protokoll ist eine der wenigen bekannten

Quellen dafür, daß über das Thema Stadtgründung wirklich je gesprochen wurde, seitdem man sich überhaupt damit beschäftigte, und das deutet darauf hin, daß man an einer allgemeinen theoretischen Systematisierung einfach nicht interessiert war. Nur einmal noch wird das Thema behandelt, und zwar in dem verspäteten Traktat von Eximenics, verfaßt in Spanien in der zweiten Hälfte des 14. Jahrhunderts, als die praktischen Erfahrungen nahezu vergessen waren und das Thema in die Sphäre wissenschaftlich-philosophischer Erörterungen abgeschoben werden konnte.

So wird, was diesen Aspekt betrifft, die europäische Kultur im Augenblick ihrer überseeischen Expansion unbeachtet bleiben.

4. Das Erbe mittelalterlicher Städte

Die Entstehung der europäischen Städte, die wir heute als einen Prozeß ansehen, der mit dem Bevölkerungs- und Wirtschaftswachstum im 11. Jahrhundert einsetzt und mit der Krise im 14. Jahrhundert ausläuft, wurde damals als ein Schritt in eine ungewisse Zukunft empfunden. Ob Dante die Stadt «im Bannkreis der Antike» besang und die Metropolen der eigenen Zeit mit ihren «neuen Menschen und dem schnell verdienten Geld» beklagte, oder ob mancher Reisende und Chronist das unerhört Neue der Städte mit Bewunderung beschrieb – alle spürten auf irgendeine Weise, daß sich hier etwas Unerwartetes und Überraschendes ereignete. Aus diesem Gefühl entwickelte sich ein Bewußtsein der Zugehörigkeit zur Stadt, eine persönliche Bindung, die für die Zukunft Bestand haben sollte und noch heute zur europäischen Identität gehört.

Das Verhältnis zwischen den europäischen Städten und jenen anderer Kulturkreise kehrt sich um: Konstantinopel nach der Eroberung im Kreuzzug von 1204, Cordoba nach der Reconquista des Jahres 1236, Bagdad nach der mongolischen Invasion im Jahre 1258 und Palermo nach der Belagerung von 1266 durch Karl von Anjou sind Stätten des Ruins, während sich die zahlreichen europäischen Städte eines lebhaften Wachstums erfreuen und erwartungsvoll in die Zukunft blicken. In den Jahren 1274–1291 besucht Marco Polo die chinesischen Riesenstädte des Yuan-Reiches, die die europäischen Maßstäbe geradezu sprengen, aber ihm fallen dennoch rasch passende Vergleiche mit Venedig und anderen europäischen Städten ein. Am Vorabend der Begegnung mit der Welt gelten die europäischen Städte also bereits als weltstädtisch.

Die Zeit der Urbanisierung Europas von 1050 bis 1350 ist für unser Thema entscheidend. Es entstehen zahlreiche und sehr unterschiedliche Zentren, über die sich bereits weitgehend die Besiedlungsstrukturen gelegt haben, in denen wir leben. Ein guter Teil der mittelalterlichen Kerne konnte sich – namentlich in Frankreich mit seinen 32000 *communes* gegenüber den 8000 italienischen *comuni* – als lokale Verwaltungssitze erhalten. Sie besitzen eine zwar begrenzte, nicht aber künstlich aufrechterhaltene Autonomie und sind im täglichen Leben und im allgemeinen Bewußtsein präsent.

Die im Mittelalter gewachsene urbane Realität ist auch noch in den Städten lebendig, die in darauffolgender Zeit überall neu entstehen. Ihr verdanken wir das, was wir unter einer Stadt verstehen, nämlich ein individuelles Gebilde mit einem eigenen Leben, ein Gebilde, das nicht in moderne, abstrakte Kategorien – wie etwa die Nation – eingeordnet werden kann. Nicht solchen Kategorien fühlen wir uns zugehörig, sondern wir fühlen uns als Einwohner von Paris oder London, als Venezianer oder gar als Bewohner eines bestimmten Stadtteils. Wir fühlen uns durch die menschliche Erfahrung, die wir durch den Ort sammeln konnten, qualifiziert und nicht etwa auf den Ort beschränkt. So unscheinbar die Vaterstadt auch sein mag, so begrenzt sie doch nicht den Horizont, sondern macht den Weg frei zu den größeren Horizonten unserer Zeit, zu Europa, vielleicht zu einer Weltgemeinschaft, und hilft so die nationalstaatlichen Grenzen, die erst in jüngster Zeit errichtet wurden, zu überwinden.

«Die Stadt ist eine geistige Verfassung», schreibt E. Park 1925, «ein Behältnis für Brauchtum und Tradition, für Gebärden und Gefühle, die sich in diesem Brauchtum ausdrücken und die über die Tradition weitergereicht werden.» Viele theoretische Beiträge zur Geschichte der Stadt idealisieren die schöpferische Zeit des Mittelalters. Nur wenn wir die historischen Ursprünge neu betrachten, können wir der Überheblichkeit, die aus solchen Ansätzen spricht, aus dem Wege gehen und einen objektiven Ansatz für eine neue, weltweite Kultur gewinnen.

Drittes Kapitel

Der Augenblick der Vervollkommnung

1. Stabilisierung und letzte Stadtplanungen des 13. Jahrhunderts

Der drastische ökonomische Einbruch vom ersten Drittel des 14. bis zur Mitte des 15. Jahrhunderts verhindert, daß sich die europäischen Städte weiterentwickeln. Die Bevölkerungszahl stagniert nicht nur, sondern geht – namentlich während der Pest 1347–1348 – sogar zurück. So schätzt man etwa, daß sich die Einwohnerzahl von Florenz, in dem zu Beginn des Jahrhunderts noch 90000 Menschen leben, um drei Viertel verringert und erst im folgenden Jahrhundert wieder auf 70000 erhöht. Der Baubestand wächst nicht weiter und reicht, beispielsweise in Siena, Gent und Köln, kaum bis zur äußeren Stadtmauer. Die Preise für Grundnahrungsmittel sinken, andere Handelsgüter werden teurer, und infolge des geringen Angebots an Arbeitskräften steigen die Löhne. Diese Konstellation sowie zahlreiche wirtschaftliche Ungleichgewichte führen zu einer Spezialisierung von Industrie und Handel, die sich günstig auf den Zustand der Verkehrswege auswirkt. So wird 1338 der erste befahrbare Alpenübergang von Coira nach Chiavenna eröffnet und gegen Ende des 14. Jahrhunderts ein regelmäßiger Kurierdienst zwischen Venedig und Brügge aufgenommen. Auch das Finanzwesen verzeichnet wesentliche Fortschritte. Die im Jahrhundert zuvor in Genua erfundene doppelte Buchführung verbreitet sich, in Barcelona (1401), Valenza (1407) und Genf (Bankhaus S. Giorgio, 1408) werden nach den Vorbildern des Rialto Bankhäuser eröffnet, und um die Mitte des 15. Jahrhunderts entsteht in Brügge unter der Leitung der Familie van der Beurs die erste Kaufmannsgilde. Die Technik wird weiterentwickelt, und es kommt zu zahlreichen wichtigen Erfindungen. In technischen Lehrbüchern aus dem Beginn des 15. Jahrhunderts, etwa von Kyeser, vom Anonymus der Hussitenkriege und von Mariano Fontana, werden Schleusen und Kanalbagger, wasserkraftgetriebene Blasebälge, Schlag- und Federuhren und dergleichen beschrieben.

Die instabile Wirtschaftslage verschärft die sozialen Konflikte und löst Aufstände der Unterschichten aus. 1348 erheben sich in Nürnberg die Handwerker, 1378 in Florenz die Ciompi. 1379 die flämischen Weber, 1380 die *Tuchins* im Languedoc, 1381 die Einwohner im englischen Mile's End und 1382 die Pariser Bevölkerung. Diese Unruhen werden zugunsten der Herrschenden, des Patriziats oder des Staates, niedergeschlagen und in der Folge die Freiheiten der Städte eingeschränkt. Sie verlieren zwar nicht gänzlich an Einfluß, geraten aber unter «Kuratel» (F. Braudel).

Auch die universalen Institutionen des Mittelalters verlieren ganz allgemein an Boden. Die übernationalen Herrschaftsgebilde werden in lokale Konflikte hineingezogen. Das ist beim Heiligen Stuhl, der sich von 1309 bis 1378 im französischen Exil befindet, nicht anders der Fall als beim Heiligen Römischen Reich, das sich mit den Territorialdynastien auf deutschem Boden zu identifizieren beginnt. Das geistige und kulturelle Leben

33 AVIGNON. *Stadtplan aus dem 16. Jahrhundert.*

gliedert sich zunehmend in Teilbereiche auf. In vielen Ländern werden neue Universitäten nationalen Charakters gegründet, und in Philosophie und Naturwissenschaft wird der Nominalismus vorherrschend.

Nur wenige Städte können von dieser Gesamtlage in der Mitte des 14. Jahrhunderts profitieren: Avignon als Sitz des Papstes, Prag als Mittelpunkt des Kaiserreiches unter Karl IV. (1354–1378) und Nürnberg als Verkehrsknotenpunkt Mitteleuropas und internationales Zentrum der Metallindustrie. Im Bereich des Städtebaus bringt das ausgehende Mittelalter nur wenig, dafür aber um so Interessanteres hervor.

Avignon mit seinen etwa 15 000 Einwohnern ist bereits eine Stadt mittlerer Größe, als Klemens V. sich entschließt, den Heiligen Stuhl dorthin zu verlegen. In den folgenden 70 Jahren des Exils lösen sich acht Päpste ab. Ihre finanziellen Mittel bleiben begrenzt, und so wird die Stadt nur langsam und schrittweise ausgebaut. Der Bischofspalast wird zum Papstpalast erweitert (1335 und 1345), die Rhonebrücke vergrößert und eine neue Stadtmauer (1355–1370) sowie am Stadtrand die Forts St. André und Sourgues errichtet. Die Einwohnerzahl beläuft sich in der Mitte des Jahrhunderts vermutlich auf etwa 35 000, geht aber durch die Pest auf die Hälfte zurück. Es ist eine allgemeine Stimmung des Nachdenkens und der Besinnung und nicht allein die

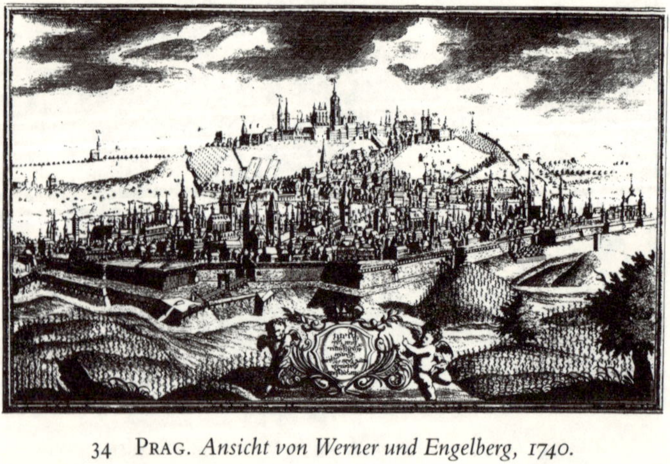

34 PRAG. *Ansicht von Werner und Engelberg, 1740.*

35 NÜRNBERG. *Ansicht von 1493.*

wirtschaftlich schwierige Lage, die das Stadtbild nur sehr zögernd sich entwickeln läßt. Die Bauten aus dem schönen provenzalischen Haustein sind in strenge gotische Formen gekleidet. Die Innenausstattungen freilich haben in den letzten beiden Jahrhunderten sehr gelitten. Die Fresken von Simone Martini im päpstlichen Palast, zuletzt auch noch unsachgemäß restauriert, geben noch eine schwache Ahnung von der ehemaligen Pracht. Ein warmer Farbton liegt über den Bauten aus dieser Zeit und ruft eine alles vereinigende, feierliche Stimmung hervor.

Karl IV. von Luxemburg, seit 1341 König von Böhmen, bemüht sich unablässig um die Entwicklung von *Prag.* Auf sein Betreiben hin wird die Stadt 1344 Sitz des Erzbischofs. 1348 gründet er die Universität, die erste im östlichen Europa, und beginnt mit dem Bau der «Neustadt». Damit vergrößert er das Stadtgebiet, das zuvor aus der Altstadt (1232) und der deutschen Kolonie Malá Strana (1257) bestand, um mehr als 200 Hektar. Prag ist nun eine 320 Hektar große Stadt von europäischer Bedeutung, in der 50 000 Einwohner leben.

Nach der Wahl Karls zum deutschen Kaiser im Jahre 1355 wird Prag zur Hauptstadt des Heiligen Römischen Reiches erhoben und um eine Reihe ganz hervorragender Bauten bereichert. 1357 wird die mächtige, 24bogige Karlsbrücke über die Moldau gebaut, in der Altstadt entstehen großzügige Plätze, und überhaupt bekommt diese Altstadt mit dem Rathausturm von 1364 und der Teynkirche von 1365 ein neues Gesicht. Der Hradschin wird mit dem großen, erst 1392 vollendeten gotischen Dom bekrönt. Am rechten Flußufer unterhalb des Burgbergs entsteht seit 1360 ein neues Stadtviertel. Diese Stadtanlage aus dem 14. Jahrhundert, die in Europa ihresgleichen sucht, vermag auch die Erweiterungen der Spätgotik, der Renaissance und des Barock zu integrieren. Das Prager Stadtbild setzt sich aus mehreren Epochen zusammen, aber es ist nicht schwer, unterhalb der langen, klassizistischen Fassade des Schlosses das strenge, additive Straßennetz aus dem Mittelalter wiederzuerkennen. Wie durch ein Wunder ist diese prächtige Stadt ohne große Eingriffe oder Zerstörungen erhalten geblieben. Sie gibt uns heute eine Idee davon, zu welchen planerischen Großtaten die Spätgotik fähig ist, was sie aber nur zu selten unter Beweis stellen kann.

Das andere herausragende Beispiel aus dieser Epoche ist *Nürnberg*. Diese Stadt gehört nicht der höfischen Sphäre an, sondern dem Bürgertum und der Industrie. Sie besteht aus zwei Siedlungskernen aus der Zeit Heinrichs III. und Friedrichs I. beiderseits der Pegnitz am Kreuzungspunkt der Verkehrswege zwischen Bayern, Franken, Schwaben und Böhmen. Erst 1320 werden die beiden Teile zu einer Stadt vereinigt und mit einer annähernd kreisrunden Stadtmauer umgeben. Schon sehr bald bilden sich südlich und östlich davon in der Flußniederung weitere größere Vorstädte, die in der zweiten Hälfte des 14. Jahrhunderts durch eine erweiterte Stadtmauer in die Stadt eingegliedert werden. Mit seinem doppelten Mauerzug, den Wehrtürmen und dem breiten Graben stellt dieses Befestigungswerk eine der besten Militäranlagen der Zeit dar. Hinter diesen Mauern erreicht die Stadt, die nun 20000 Einwohner zählt, auf einer Fläche von ungefähr 160 Hektar ihre größte Ausdehnung.

Der Stadtkern wird seit 1348 umgebaut. Um Platz für den Markt zu schaffen, reißt man dort die ältesten Häuser nieder und errichtet daraufhin so bekannte Bauten wie die Marienkirche (1355), den neuen Chor der Sebalduskirche (1361), den berühmten Marktbrunnen (1385) und den neuen Chor der Lorenzkirche (1439) mit dem Sakramentshaus, Werke, die zu den bedeutendsten der deutschen Spätgotik zählen. Das Rathaus aus dem 14. Jahrhundert wird im 16. und erneut im 17. Jahrhundert erweitert, wobei es gelingt, eine einzigartige stilistische Einheitlichkeit zu wahren.

Nürnberg mit seinem gedrängten, eng umrissenen Grundriß hat lange Zeit in weiten Teilen Mitteleuropas einen wirtschaftlich und kulturell bestimmenden Einfluß. Die Regierung der Stadt liegt in den Händen der großen Kaufmannsfamilien, die später, ähnlich wie die Welser, weltumspannende Bankhäuser unterhalten. Hier wirken mit Veit Stoß und den Vischer Hauptmeister der deutschen Plastik, dazu Albrecht Dürer, Hans Sachs sowie die Drucker und Kartographen des frühen 16. Jahrhunderts. Die Zerstörungen des Zweiten Weltkriegs und der überstürzte Wiederaufbau der Altstadt haben das traditionelle Stadtbild zu großen Teilen ausgelöscht. Nur noch die bis ins Detail getreu wiedererrichteten Baudenkmäler erinnern daran.

2. Die Regierung der etablierten Städte

Die Entwicklungen dieser drei Städte – Avignon, Prag und Nürnberg – sind Ausnahmen. Im europäischen Städtebau überwiegen in dieser Zeit Stabilisierung und Stagnation nach einer Phase des Aufschwungs. Die Städte behalten die Größe und den baulichen Zustand bei, den sie gegen Ende des 13. und zu Beginn des 14. Jahrhunderts erreicht haben. Das urbane Profil jener Epoche ist es vor allem, das sich dem Bewußtsein des einzelnen Bewohners einprägt und auch im kollektiven Bewußtsein verankert. Der kreative Elan, der die neuen Stadtgebilde hervorgebracht hat, weicht nun einer liebevollen Hinwendung zum Erreichten, seiner Vervollkommnung im Detail. Die Literatur nimmt sich seiner an, auch die Malerei und die Bildhauerei, und nur noch im begrenzten Umfang werden neue Gebäude dem Bestehenden hinzugefügt.

Die äußere Welt gerät ins Blickfeld der Literatur. Zuerst ist es Petrarca, der die Städte, die er auf seinen Reisen besucht, ganz realistisch und aus eigenem Erleben heraus beschreibt. 1358 schreibt er über Genua: «Am Fuß der Alpen erblickst Du eine prächtige Stadt, deren Bauten so anmutig sind wie die Menschen würdevoll. Schon beim Anblick allein kann es keinen Zweifel geben: diese Stadt ist die Herrin der Meere.» 1356 ist er in Prag und notiert sich seine Eindrücke über die Schönheiten der Stadt und die Umgänglichkeit des Kaisers. Lange hält er sich in Avignon auf – zwischen 1330 und 1340, dann wieder nach 1347 – und hinterläßt in seinen Schriften ein überaus genaues Porträt der Papststadt. Seine Neugier bewegt ihn, den Monte Ventoux zu besteigen, «einzig aus dem Wunsch, die ungewöhnliche Höhe dieses Flecks Erde durch den Augenschein kennenzulernen». Das Ergebnis ist die erste objektive Beschreibung des Anblicks einer weiten Landschaft von oben. Im selben Jahr erreicht er zum ersten Mal Rom, und während er erzählt, was dabei in ihm vorgeht, beschreibt er die große Ruinenstadt auf das genaueste. In den *Seniles* berichtet er über die Feste des Jahres 1363 in Venedig «auf jener Piazza, von der ich nicht sagen kann, ob es auf der Welt eine gibt, die ihr gleichkommt, vor der Fassade des Domes aus Gold und Marmor. Der große Platz, die Kirche selbst, die Türme, die Dächer, Türen und Fenster, jeder Punkt, von dem aus man etwas sehen konnte, war voller Menschen. Am schönsten aber war die Freude auf allen Gesichtern.» Niemand hatte je mit solcher Anteilnahme und mit solcher Genauigkeit Europa, seine Städte und seine Landschaften beschrieben.

Die humanistischen Schriftsteller der beiden folgenden Generationen – unter ihnen Enea Silvio Piccolomini, vor und nach seiner Wahl zum Papst im Jahre 1458 «multa videndi cupidus» – wechseln unvermittelt von der Beschreibung der realen Landschaft in die Beschreibung einer inneren Vorstellung von Landschaft und zurück. Zu den Werken dieser literarischen Gattung zählen die *laudationes*, das Städtelob, meist geschrieben in polemischer, diplomatischer oder rhetorischer Absicht, aber die Individualität einer Stadt treffend darstellend; man denke nur an die Streitschriften von Salutati und Loschi während der Auseinandersetzungen zwischen Florenz und Mailand unter Gian Galeazzo Visconti, an die *Laudatio* des Bruni auf Florenz oder an jene des Anonymus von 1430 auf Genua.

Auch die Malerei, die durch die großen florentinischen und sienesischen Meister des ausgehenden 13. Jahrhunderts erneuert wurde, versucht sich nun an Darstellungen der Welt. Was man in den gebauten Stadtlandschaften findet, nämlich das ganze Universum der natürlichen und der künstlichen, vom Menschen hervorgebrachten Formenwelt, das findet sich nun – deskriptiv oder normativ – auch in der Buch-, Tafel- und Wandmalerei. All die theologischen und philosophischen, zeremoniellen und höfischen Inhalte werden in eine bildliche Ordnung gebracht. Um die Mitte des 14. Jahrhunderts kommen auch die ersten Stadtdarstellungen nichtsymbolischen Inhalts auf, etwa der bereits erwähnte Venedig-Plan von 1348, und dazu die ersten Landschaftsdarstellungen, die nicht erzählerisch sind, wie etwa die sienesischen Täfelchen der Lorenzetti-Schule. Der Zusammenhang zwischen Wort und Bild, dem Huizinga das drittletzte und das vorletzte Kapitel seines Buches *Herbst des Mittelalters* gewidmet hat, kehrt sich in dieser Zeit um. Die visuellen Vorstellungen des Menschen der ersten Hälfte des 15. Jahrhunderts bereiten auf die stilistische Revolution der Renaissance vor.

Die entscheidende Phase in der Entwicklung der Städte, auf die das vorige Kapitel einging, wird geprägt von Künstlern wie Giotto, Arnolfo und Ghiberti in Florenz, von Duccio, Simone Martini und den Lorenzetti in Siena, von Jan van Eyck und Memling in Brügge und von Stoß und Dürer in Nürnberg. Schon die Zeitgenossen erkennen die Bedeutung dieser Meister: unvergeßlich ist die lange Prozession, in der 1311 die *Maestà* des Duccio von der Werkstatt des Malers zum Altar des Doms geleitet wird.

Bis zur Mitte des 15. Jahrhunderts sind Maler und Bildhauer in Zünften organisiert: die Maler in Florenz in der Zunft der Ärzte und Apotheker, von denen sie die Farben beziehen; die Steinbildhauer in der Zunft der Steinmetze und Zimmerleute; die Goldschmiede und die Skulpteure, die in Metall arbeiten, in der Zunft der Seidenmacher, die auch sonst allerlei Luxuswaren herstellen. Dennoch arbeiten sie nicht nur mit einem bestimmten Material, sondern ganz allgemein auf dem Gebiet der darstellenden Künste, und sie betätigen sich auch leitend oder beratend in der Baukunst und der Stadtplanung. Von Arnolfo wurde bereits gesagt, daß er im letzten Jahrzehnt des 13. Jahrhunderts den Plan zur Erneuerung von Florenz entwirft, und Giotto liefert 1334 die Pläne für den Campanile.

Aus solchen Aufgaben auf hoher verantwortlicher Ebene, nicht aus der Tätigkeit als Bauleiter wie noch zuvor, erwachsen die Erfahrung der Künstler der Renaissance und der stilistische Umbruch, der in den beiden kommenden Jahrhunderten die Formenwelt der Vergangenheit verdrängt.

3. Die neue künstlerische Kultur

In Europa geht es also vornehmlich darum, das urbane Gefüge, dessen Größe und Struktur nun festliegen, zu vollenden. Man erweitert und verschönert die bedeutenden Gebäude, reorganisiert Straßen und Plätze und errichtet zusätzlich neue öffentliche und private Bauten. Oft sind das Dekorum, die angemessene Zierde, aber auch die Dauerhaftigkeit und die Bequemlichkeit *(comodità)* sowie die regelmäßige Anordnung eines Gebäudes Motive für solche Eingriffe. Auch öffentliche Verordnungen, beispielsweise die Statuten von Florenz aus dem Jahre 1415, lassen sich hierzu vernehmen. Gab es zuvor nur in wenigen Städten wie etwa Lübeck stein- oder ziegelgepflasterte Straßen, die zudem – wie beim Markusplatz in Venedig – den wichtigsten Stellen der Stadt vorbehalten waren, so finden sie sich nun allenthalben. Gewisse Baumaterialien und wiederkehrende Stilelemente werden kennzeichnend für bestimmte Städte. Wie ein großes Bauvorhaben wie der Dom in Florenz (begonnen Ende des 13. Jahrhunderts) oder derjenige in Mailand (begonnen Ende des 14. Jahrhunderts) im einzelnen auszuführen sei, wird wieder und wieder bis in die letzten Einzelheiten diskutiert; man denke etwa an den Wettbewerb des Jahres 1367 für die Architektur von S. Maria del Fiore.

Die Gotik betrachtet jede Einzelform als gleichermaßen selbständig und gleichrangig. Das läuft am Ende auf eine unhaltbare Zerstreuung der formalen Spannungen und Energien hinaus. Zwar entstehen daraus manchmal so glückliche Schöpfungen wie die Domfassade in Orvieto, die zwischen 1310 und 1425 ausgeführt wird, oder das Reliquiar am gleichen Ort von Ugolino di Vieri und Schülern aus den Jahren 1337 und 1338, Werke von schöner Ausgewogenheit, in sich abgeschlossen und nicht weiter zu vervollkommnen. Viel häufiger aber werden die Einzelformen ohne Not verkompliziert und in monotoner Folge aneinandergereiht. Ähnliches ist in der höfischen Literatur und der polyphonen Musik der Zeit zu beobachten.

Der Umbruch ereignet sich in einer kurzen Zeitspanne und auf engbegrenztem Raum, genauer: zwischen dem Jahr des Wettbewerbs für die Florentiner Domkuppel (1418) und dem ihrer Fertigstellung (1436). Künstler wie Ghiberti, Brunelleschi, Donatello, Paolo Uccello, Nanni di Banco und Masaccio, Wissenschaftler wie Toscanelli und Pelacani, sie alle stellen die traditionelle Kultur zur Diskussion. Soweit bekannt gehen die wichtigsten Gedanken von einer einzigen Person aus, von Filippo Brunelleschi, und sie betreffen sowohl Fragen der Architektur wie der anderen bildenden Künste.

Der Wille, die Welt der sichtbaren Formen zu verstehen und zu beherrschen, verlangt eine wissenschaftliche Antwort von allgemeiner Gültigkeit: die Linearperspektive, die eine exakte Verbindung zwischen dem repräsentierenden Kunstwerk – sei es eine Skulptur oder ein Gemälde – und der dreidimensionalen Form des repräsentierten Objekts herstellt. Sie bringt die sichtbaren Erscheinungen in eine geordnete Reihenfolge, gliedert zunächst nach den Proportionen, dann nach äußeren Eigenschaften wie etwa der Oberflächenbeschaffenheit und der Farbe, und leitet daraus den Entwurf für das jeweilige Projekt ab, sei es nun ein einzelnes Gebäude oder eine ganze Stadt. Besonders wenn große Objekte gestaltet werden sollen, ist es aber wichtig, daß die einzelnen Teile eine vertraute, wiedererkennbare Form besitzen. Es müssen bekannte, formale Kürzel existieren, die im Einzelfall je nach den besonderen Umständen variiert werden können, aber doch stets als solche erkennbar bleiben. Gemälde und plastische Kunstwerke haben dabei eine eigene, vom Gesamtzusammenhang unabhängige Realität. Sie sind eingebettet in die Welt, die uns sichtbar umgibt, in die natürliche Landschaft, die Architektur und die Menschen, die darin wohnen. Die einzelnen typisierten Formen werden aus der klassischen Antike entliehen. Sie stehen das ganze Mittelalter über, ganz besonders in der Toskana, zur Verfügung, werden aber nun an den antiken Monumenten selbst noch einmal überprüft, damit sie ihre neue Aufgabe ganz erfüllen können.

36 Florenz. *Stich von C. Duchet (um 1580), der die Ansicht «della catena» vom Ende des 15. Jahrhunderts wiedergibt.*

Beide Komponenten der neuen Darstellungsweise, die geometrische Theorie der Perspektive und der Rückgriff auf die normierten Einzelformen aus der Antike, sind für sich genommen nicht neu. Entscheidend aber ist ihre Verbindung. Das Ergebnis ist überraschend, und es hat weitreichende Konsequenzen.

Es ist kein Zufall, daß sich der Umbruch in der Darstellungsart gerade bei Gelegenheit des Kuppelbaus ereignet, mit dem der Dom von Florenz nach einer Bauzeit von einem Jahrhundert vollendet wird. Leonardo Bruni beschreibt in seiner *Laudatio* die Stadt Florenz als ein System aus konzentrischen Kreisen, in deren Mittelpunkt symbolisch der Palazzo della Signoria steht. Dasselbe Bild wird in der *Istoria* des Gregorio Dati aus den Jahren 1407/08 aufgegriffen. Als Ende des 14. Jahrhunderts der Entschluß gefaßt wird, die Domkuppel auf einen Tambour zu stellen und damit zu überhöhen, wird dieses Bauwerk zum optischen – nicht symbolischen – Mittelpunkt der Stadt. Brunelleschi gibt dieser Absicht die überzeugende architektonische Gestalt. Er verleiht der Kuppel den grandiosen Umriß, der sie schon aus weiter Entfernung sichtbar macht, und betont die Kuppelform durch acht radiale Rippen, die die Raumrichtungen weisen. Auf die Spitze stellt er die steile Laterne mit ihren ins Monumentale gesteigerten klassischen Einzelformen, durch die hindurch das Tageslicht gefiltert wird. Mit ihr setzt Brunelleschi in programmatischer Absicht ein Zeichen für die neue Architektur ins Zentrum des Stadtbildes. Damit ist der Schlußstein des Stadtgefüges, das im letzten Jahrzehnt des 13. Jahrhunderts entwickelt wurde, gesetzt, und ein neuer Abschnitt beginnt. Die Metapher der Blume, «il fiore», ist hier sichtbare Gestalt geworden: die Kuppel entspricht der Knospe und die kreisförmigen Mauern darum dem Kranz der Blütenblätter. Genau so wird die Stadt auch in der ersten perspektivischen Stadtansicht, dem sog. Kettenplan, 1472 dargestellt. Nun ist Florenz sichtbar die Erbin Roms, die Hüterin der antiken und der christlichen Tugenden, als die die Stadt von Bruni und Landino im Vorwort zur *Divina Commedia* beschrieben wird. Chastel hat 1954 eine Initiale aus einer illuminierten Handschrift von *De Civitate Dei* veröffentlicht, auf der die heilige Stadt des Augustinus keine andere als Florenz mit seinen Türmen und seiner beherrschenden Domkuppel ist.

Die anderen Werke von Brunelleschi in Florenz, mit denen dieser die neue Entwurfspraxis anwendet, werden fast ausnahmslos erst nach seinem Todesjahr 1446 und in zuweilen nicht unerheblich veränderter Form vollendet. Es sind dies das Ospedale degli Innocenti, die Sakristei der Medici in S. Lorenzo, der Palast der Parte Guelfa, die Neuplanungen von S. Lorenzo und S. Spirito, die Pazzikapelle bei S. Croce und die Rotonda degli Angeli, Bauten, die in den wichtigsten Kreuzungspunkten des bereits vorhandenen Stadtgefüges stehen. Diese Werke sind entstanden als Antworten auf die Bedürfnisse und die speziellen Gegebenheiten des Florenz der ersten Hälfte des 15. Jahrhunderts. In der Folge aber werden sie zu Vorbildern für ganz Italien, ja Europa. Innerhalb von anderthalb Jahrhunderten verdrängen sie alle anderen Bautraditionen und bleiben bis zum Ende des letzten Jahrhunderts verbindlich. Damit wendet die europäische Kultur der *koiné* des Mittelmeerraums endgültig den Rücken und knüpft an das griechisch-römische Erbe an, auf dem auch andere Kulturkreise des Westens – der byzantinische, arabische, koptische und russische – aufbauen. Sie schlägt eine Brücke über die Zeiten, indem sie nun auf ein intellektuelles Kalkül und den Formenvorrat einer fernen Vergangenheit zurückgreift. Europa gewinnt damit für die nächsten Jahrhunderte entscheidend an Einheitlichkeit und an Vorbildfunktion.

4. Die Erneuerung der Stadtplanung in Italien

Im Bereich der Stadtplanung stoßen die neuen künstlerischen Entwicklungen von Anfang an auf Schwierigkeiten. Die Zahl und der Umfang der Städte in Europa liegen mehr oder weniger fest, und auf längere Sicht ist es weder nötig, noch hat man auch die Mittel, daran grundlegend etwas zu ändern. Andererseits ist die kulturelle Reform insofern problematisch, als mit ihr wieder an das Erbe der Vergangenheit angeknüpft wird. Florenz, dessen Stadtanlage sich anderthalb Jahrhunderte zuvor unter Arnolfo herauskristallisierte, ist davon zunächst nicht betroffen. Die neuen architektonischen Maßnahmen sollen diesen Stadtentwurf ja gerade zur vollen Geltung bringen und nicht unnötigerweise verwässern.

Das Verhältnis zwischen Künstlern, Auftraggebern und Gesellschaft ist es, das Schwierigkeiten aufwirft. Die großen mittelalterlichen Stadtplanungen waren nur durch das gemeinsame Zusammenwirken aller möglich und spielten sich in dem Rahmen ab, der durch die technischen und verwaltungsmäßigen Möglichkeiten des Stadtstaates vorgegeben war. Das bleibt auch bei den großen Bauaufgaben so: Der Kuppelbau, das bei weitem anspruchsvollste und kostspieligste Bauunternehmen Brunelleschis, ist zugleich dasjenige, das am raschesten voranschreitet. Finanziert durch die Wollweber, nimmt es schnell die Hürden des Wettbewerbs und der Baugenehmigungsverfahren. Die Urheber der neuen Kunstsauffassung – Brunelleschi ist 1425 auch Prior von S. Giovanni – sind Teil des ganzen Umfeldes, gewinnen an persönlicher Autonomie und treten mit den neuen Auftraggebern, den Familien der Signoria, in direkten Kontakt. Im Falle Brunelleschi sind dies die Medici und die Pazzi, die allerdings zunächst noch nicht über ausreichende Mittel verfügen, wie die Baugeschichte von S. Lorenzo und die der Pazzikapelle zeigt.

Die folgende Künstlergeneration löst sich aus dem Umfeld der Kommunen und nimmt eine freie Stellung an den kultivierten Fürstenhöfen an, wo sie ein adäquates kulturelles Klima vorfindet. Mit der Befriedung der politischen Verhältnisse und dem wirtschaftlichen Aufschwung in der zweiten Hälfte des 15. Jahrhunderts stellen sich neue Bauaufgaben, und gleichzeitig beginnen auch wieder die Mittel für ihre Verwirklichung zu fließen. Die fürstlichen Auftraggeber aber, sprunghaft in ihren Entscheidungen und autoritär in ihrem Machtstil, können nur einzelne Bauvorhaben durchführen, nicht hingegen solche vom Umfang ganzer Stadtplanungen. So kommt es auch am Ende des 15. Jahrhunderts, genau wie an seinem Beginn, zu keinen Veränderungen im Stadtbild. Nur während einer gewissen Zeit dazwischen, als Politik und Wirtschaft noch recht eng verflochten sind, das Zusammenspiel der kollektiven Gruppen noch einigermaßen funktioniert und glückliche Umstände hinzukommen, die eine konstruktive Zusammenarbeit zwischen Künstlern und Auftraggebern erlauben, gelingt es, einige italienische Städte mittlerer Größe in nicht unerheblicher Weise umzugestalten, das heißt, die Kluft zwischen Kulturideal und konkreter Wirklichkeit zu überbrücken.

Die vermittelnde Theorie Albertis

Im Jahre 1434 – die kulturelle Reform in Florenz ist so gut wie abgeschlossen – kommt der dreißigjährige Leon Battista Alberti in die Stadt. Es sind die ersten Jahre der Herrschaft der Medici. Brunelleschi ist dabei, die Domkuppel fertigzustellen, und arbeitet daneben an vielen anderen Projekten. Paolo Uccello und Donatello sind in die Stadt zurückgekehrt, und die neue Generation mit Michelozzo, Fra Angelico, Filippo Lippi, Bernardo Rossellino und Luca della Robbia greift die jüngsten künstlerischen Entwicklungen auf. Alberti wendet sich den bildenden Künsten zu und versucht, die künstlerischen Erfahrungen theoretisch zu durchdringen. Um 1436 verfaßt er Schriften zur Bildhauerkunst und zur Malerei und später den Architekturtraktat, den er 1452 Nikolaus V. widmet. Aber er beabsichtigt nicht, es bei einer Theorie zu belassen. Mit dem ganzen Instrumentarium der humanistischen Kultur, das ihm zur Verfügung steht, will er zunächst das Erreichte schriftlich niederlegen, um dann um so zielstrebiger zur Praxis zu schreiten. Zwischen 1440 und 1470 bleibt kaum eine Bautätigkeit in irgendeiner italienischen Stadt von seinen Äußerungen zur Architektur unberührt.

In seinem Traktat von 1452 untersucht Alberti, wie sich die neue Kultur auf den Bereich der Stadtbaukunst auswirkt. Die Architektur ist ein komplexes Unternehmen, das sich aus dem Entwurf *(lineamenta)* und der Ausführung *(structura)* zusammensetzt. Nacheinander handelt er alles ab, worauf beim Bauen geachtet werden muß: «regio, area, partitio, paries, tectum, apertio». Cosimo Bartoli übersetzt in seiner italienischen Ausgabe des Traktats «structura» mit «muramenti» (Mauerwerk) und versteht Alberti so, daß das ganze Aufgehende eines Bauwerks auf den Begriff der Mauer zurückgeführt werden soll. Die architektonischen Ordnungen, von denen die perspektivische Wirkung ausgeht, sind «geöffnetes und an vielen Stellen aufgelöstes Mauerwerk». Sie sind der «Schmuck» der Architektur. Auf diese Weise wird eine Verbindung zwischen der mittelalterlichen Praxis und der neuen Kunstauffassung hergestellt, die in Zukunft jeder urbanen Bautätigkeit zugrunde gelegt wird, sei es in Pienza, Urbino, Mantua, Ferrara, Rom oder Neapel.

Das vierte Buch, das «Über Anlagen allgemeiner Art» handelt, also über die Stadt, geht nicht auf neue Planungen ein, sondern setzt die Stadt, in der gebaut werden soll, als vorgegeben voraus. Sie ist als ein Ganzes zeitlich unveränderbar und unterliegt den Bedingungen des Geländes und des Klimas. Ihre Gestalt kann nie so regelmäßig sein wie die eines einzelnen Gebäudes, sondern «ist so vielgestaltig wie der Ort selbst». Im achten Buch, «Über den Schmuck der öffentlichen Profanbauten», in dem er auf die einzelnen Teile der Stadt wie Straßen und Plätze eingeht, befürwortet er unter klugem Abwägen mal die regelmäßige, mal die unregelmäßige Form und läßt sich dabei stets vom Grundsatz der konkreten Realisierbarkeit leiten.

Allen seinen Ausführungen ist ein unverwechselbarer persönlicher Ton eigen, und das macht sie so überzeugend. So werden sie bald normativ und bestimmen die ganze folgende Entwicklung in Theorie und Praxis. Der methodische Brückenschlag

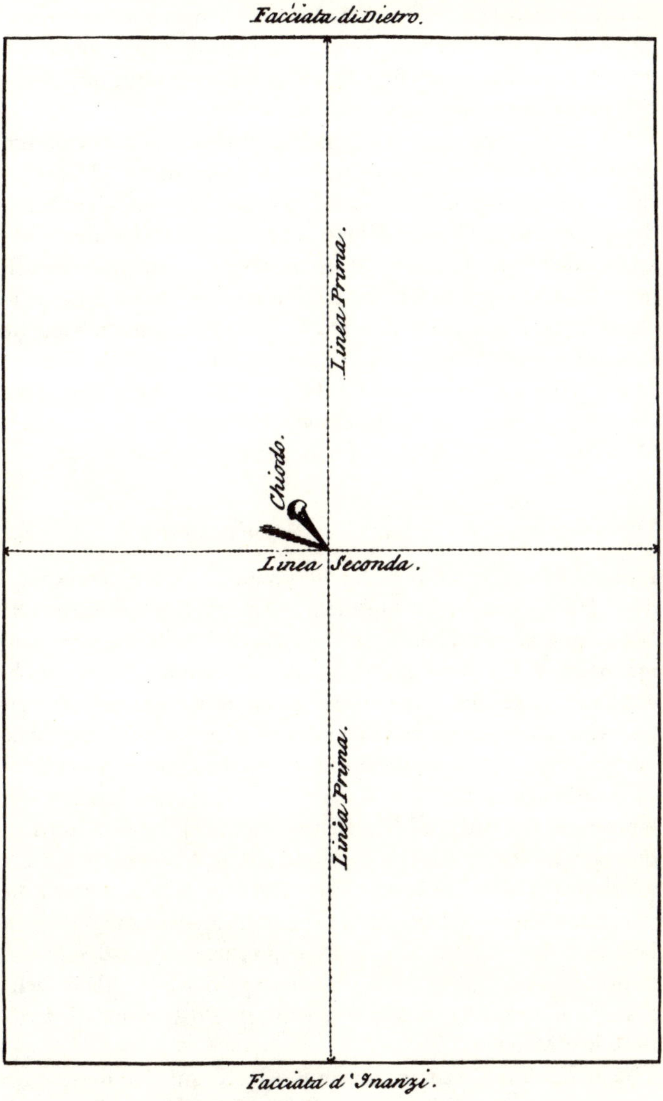

37 *Das Prinzip der Symmetrie. Illustration aus De re aedificatoria von Alberti (ed. Leoni, 1755).*

zwischen Städteplanung und architektonischem Einzelentwurf, durch den mit der spätgotischen Bauerfahrung gebrochen wird, ist seitdem ein Kennzeichen der europäischen Kultur und wirkt sich bis in unsere Tage aus.

Die beiden konzeptionellen Bezugspunkte – architektonisch zu gestaltender Raum und historisch gewachsene Umwelt – sind theoretisch und historisch heterogen, werden aber durch die vermittelnde Theorie Albertis miteinander verbunden. Dies erlaubt den Eingriff in die historischen Strukturen. Wenn es sich um kleine Städte handelt, ist die Diskussion über die Begriffe ohnehin von geringem Interesse – hier führen städtebauliche Eingriffe in der Regel zu kohärenten Lösungen –, nicht aber, wenn es um große Städte geht. Hier reißen die Eingriffe in der Zeit der Renaissance gewachsene Stadtgefüge auseinander, ohne ein neues Gleichgewicht herstellen zu können.

Die kleinen Fürstenresidenzen: Pienza, Urbino, Ferrara

Einige kleine und mittlere Städte können so umgestaltet werden, daß sie den neuen kulturellen Ansprüchen genügen. Die Widersprüche zur Theorie werden durch eine Reihe von Baumaßnahmen beseitigt und das ganze Gefüge der Stadt durchgreifend verbessert. Dazu müssen mehrere Voraussetzungen erfüllt sein. Zunächst bedarf es eines aufgeschlossenen Herrschers, der über eine ausreichend lange Zeit regiert. Das ist von 1459 bis 1464 in Pienza unter Pius II. der Fall, von 1447 bis 1482 in Urbino unter Federico di Montefeltro, von 1444 bis 1478 in Mantua unter Ludovico III. Gonzaga und von 1450 bis 1505 in Ferrara unter Borso und Ercole I. d'Este. Darüber hinaus müssen die wirtschaftlichen und organisatorischen Voraussetzungen gegeben sein. Und schließlich sind entsprechende Künstler unverzichtbar: Alberti selbst, dazu Bernardo Rossellino, Piero della Francesca, Luca Fancelli Mantegna, Biagio Rossetti und die ferraresischen Maler.

1459 ist Pius II. zusammen mit Alberti auf der Reise nach Mantua und besucht bei dieser Gelegenheit seine Geburtsstadt Corsignano. Er faßt den Entschluß, den Ort unter dem neuen Namen *Pienza* völlig neu aufzubauen. Das Projekt kann deshalb in kürzester Zeit ausgeführt werden, weil das Bauprogramm

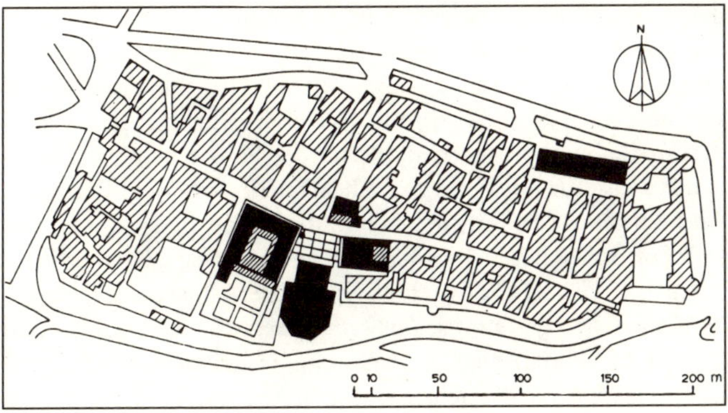

38 *Stadtplan von* PIENZA. *In Schwarz die Bauten Pius' II.*

klugerweise auf einen sehr kleinen Rahmen beschränkt wird, wie aus dem Gründungsbeschluß von 1462 hervorgeht: «Es soll eine prächtige Kirche von Grund auf neu errichtet werden, und der Ort soll durch einen prächtigen Palast an der Stelle des Elternhauses sowie durch einige weitere Gebäude verschönert werden.» Die neuen Bauten befinden sich im Ortskern an der Stelle, wo die Straße einen Bogen um den Hügel macht. Dort weitet sie sich zu einem trapezförmigen Platz mit der Kirche im Hintergrund, an der sich rechts und links Durchblicke ins Tal öffnen.

Die monumentalen Gebäude aus dem örtlichen Haustein ragen mit ihrer regelmäßigen Gestaltung aus der übrigen Bebauung hervor, bleiben aber an die unregelmäßigen Grundrisse der Vorgängerbauten gebunden. In der Platzanlage, die mit großen Steinen gepflastert ist, sind regelmäßige und unregelmäßige Formen aufs klarste gegeneinander abgewogen. Die Kirche nach Plänen von Rossellino verrät den Einfluß deutscher Hallenkirchen, die Pius II. auf seinen Reisen kennengelernt hat. Im Innern befinden sich – ganz im Sinne Albertis isoliert auf die weißgestrichenen Wände verteilt – die Tafelbilder, die Pius eigens bei den sienesischen Malern Sano di Pietro, Vecchietta, Giovanni di Paolo und Matteo di Giovanni in Auftrag gab. So viel Wert legte er auf diese Anordnung, daß er jeden, der es irgendwann einmal unternehmen sollte, eine Veränderung daran vorzunehmen, gleich vorsorglich mit dem Kirchenbann belegte. Auf der gesamten Südfassade des Palazzo Piccolomini öffnet sich eine Aussichtsloggia auf die Amiata, «einen Berg von überaus lieblichem Anblick». Der Wirklichkeit gewordene Traum des humanistischen Papstes verbindet in unnachahmlicher Weise Entwurf und Ausführung. Virtus besiegt Fortuna – ein Leitthema der Zeit, das sich in der Form, in der es hier Gestalt gewonnen hat, bis auf unsere Tage unversehrt erhalten hat.

Auch *Urbino* ist das Ergebnis glücklicher Umstände. Federico di Montefeltro gestaltet seine Stadt in derselben maßvollen und klugen Art, durch die sich auch seine militärischen und diplomatischen Unternehmungen auszeichnen. Die finanziellen Mittel dafür kann er als Condottiere Venedigs und der italienischen Liga zusammenbringen. In dem Apenninenstädtchen sammelt er eine Schar hervorragender Persönlichkeiten aus Italien und ganz Europa um sich: Piero della Francesca, Luciano Laurana, Francesco di Giorgio, Justus von Gent, Pedro Berruguete und Paul von Middelburg. Zusammen mit Vespasiano da Bisticci errichtet er die berühmteste Bibliothek der Zeit; der Bücherbestand geht später in der Vaticana auf.

Der Herzogspalast fügt sich vollkommen in die Stadt ein. Auf der Seite zum Berg treten die Gebäude zurück und geben die Piazza Ducale frei, während die Hangseite bis zum Mercatale mit Loggien und hängenden Gärten bedeckt ist. Der gewaltige Bau selbst erhebt sich auf zwei Geländestreifen des ursprünglich römischen und mittelalterlichen Baubestandes zu seiten einer monumentalen Achse. Diese geht über den Ehrenhof, den Hof des Pasquino und sollte ursprünglich auf die Grabrotunde zulaufen, die aber nicht ausgeführt wurde. Alle «muramenti» richten sich nach den bereits vorhandenen Häusern des Städtchens. Nur die beiden spitzen Türme an der Facciata dei torricini schieben sich auffallend in den Vordergrund. Die Säulenordnungen heben einige Teile des Palastes und des urbanen Gefüges besonders hervor, ohne sich indessen dem konstruktiven Zusammenhang oder der Umgebung aufzudrängen.

Die hohe Qualität der formalen Ausführung im Detail läßt an Piero della Francesca denken, der für den Herzog eine Geißelung, die beiden Bildnisse des Herzogs und seiner Gemahlin Battista Sforza sowie die sogenannte Pala Montefeltro malte

39 *Stadtplan von* URBINO. *Der Herzogspalast in Kreuzschraffur.*

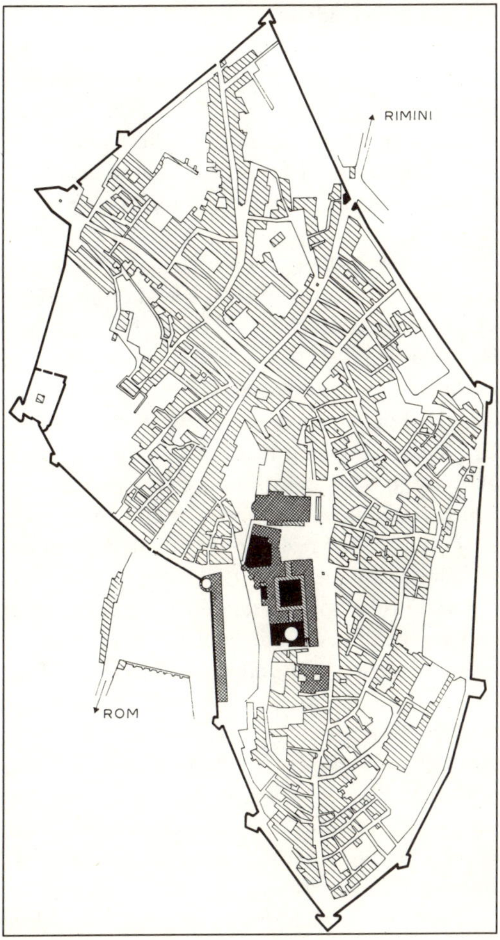

und dabei den Hofstaat von Urbino und seinen Herrn mit höchster Suggestionskraft im Bilde festhielt. Aber formale Mittel dieser Art sind sparsam und mit Bedacht verwendet, während die Ausführung im übrigen zwar höchst professionell, aber durchaus heterogen, ja zuweilen exotisch anmutet, so daß sich die Vermutung aufdrängt, hier habe eine ordnende Intelligenz Regie geführt – etwa Federico selbst? Vielleicht ist dies letztendlich der entscheidende Grund dafür, daß die Stadtlage als Ganzes einen so stimmigen, geschlossenen Eindruck macht. Am höchsten entwickelt aber zeigt sich die Kunst im Studiolo des Herzogs, das zwischen den Wohnräumen und der oberen Außenloggia gelegen ist. Baccio Pontelli, Giuliano de Maiano, Justus von Gent, Pedro Berruguete, Sandro Botticelli, Francesco di Giorgio und möglicherweise auch der junge Bramante haben daran gearbeitet.

Sofort nach dem Tod des Herzogs erlahmt die Tatkraft, die solchen Aufwand ins Werk setzen konnte. Ein Teil der Kostbarkeiten wird in die Welt zerstreut. Auch die beiden Porträts des Herzogs und der Herzogin von Piero della Francesca gelangen, nachdem das Herzogtum 1631 an den Heiligen Stuhl gefallen ist, nach Florenz. Aber die prächtige Anlage selbst, die sich an den Größenverhältnissen der Stadt orientiert, über die sie sich erhebt, ist in der Gebirgslandschaft des Apennin erhalten geblieben. Sie ist auch heute noch das Abbild der Idee einer Stadt, die in so kurzer Zeit realisiert wurde und die doch eine ganze Welt in sich repräsentiert.

Ferrara ist schon im 14. Jahrhundert einer der bedeutendsten italienischen Fürstenhöfe. Hier hält sich Petrarca auf, hier wird eine Universität gegründet. Bei Leonello d'Este, selbst ein Literat, sind Jacopo Bellini, Alberti, Pisanello, Mantegna, Piero della Francesca und Roger van der Weyden zu Gast. Ab 1436 versammelt hier der Humanist Guarino da Verona seine Schüler um sich. Erst Boiardo, dann Ariost und Tasso mehren den Ruhm der Stadt der Este, die «Hauptstadt der modernen Dichtkunst», wie Chastel sie nennt, und in diesem Sinne einer der Brennpunkte der italienischen Renaissance.

Die mittelalterliche Stadt, die sich entlang eines Flußarms des Po auf einer Erhöhung hinzieht, wird ein erstes Mal 1451 durch

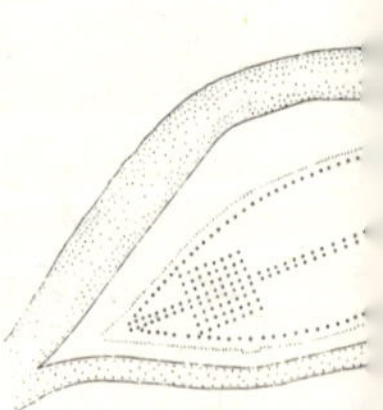

40 FERRARA *im 16. Jahrhundert mit den Erweiterungen von 1451 und 1492.*

Borso d'Este erweitert, der die Flußinsel von S. Antonio miteinbezieht. Die zweite Erweiterung unter Ercole I. greift auf die andere Seite aus. Eine Stadtmauer umschließt seitdem eine ausgedehnte Stadtfläche mit einem rechtwinkligen Straßennetz. Aber die Maßnahme kommt zu spät. Die Ungunst der Zeiten verhindert, daß die Fläche in der Folge vollständig bebaut wird. So wird aus Ferrara eine doppelte Stadt. Der alte Stadtteil mit seiner dichten Bebauung liegt zurückgezogen hinter der alten Stadtmauer und dem Befestigungsgraben der Giovecca, der erst viel später zugeschüttet wird. Die *addizione erculea* unter Ercole dagegen bleibt eine grüne Stadtrandzone mit Gärten. Die große Piazza Nuova sollte die Form eines antiken Zirkus bekommen und mit einem Denkmal geschmückt werden. Eine der beiden für das Denkmal bestimmten Säulen, die das Reiterstandbild Ercoles aufnehmen sollten, wird auch tatsächlich in der Mitte des

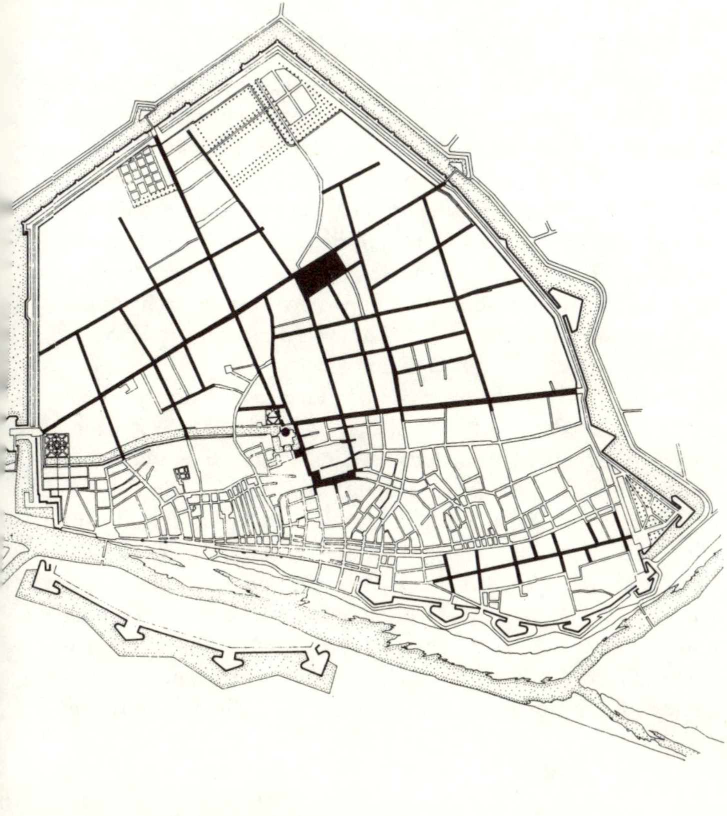

Platzes aufgerichtet, während die andere beim Transport in den Po fällt. Belfiore, das nach dem Rückfall des Lehens auf Veranlassung von Papst Klemens VIII. mitsamt den Fresken von Cosme Tura, Piero della Francesca und Roger van der Weyden zerstört wird, sowie die Kartause und S. Maria degli Angeli seien hier nur am Rande erwähnt.

Die beiden Stadterweiterungen von Ferrara sind die ersten Beispiele eines «Bebauungsplans» moderner Prägung: eine Stadtplanung wird am Reißbrett in der Absicht entworfen, sie später stufenweise zu verwirklichen. Die beiden Stufen sind, ganz im Sinne Albertis, zwei voneinander unabhängige Vorgänge. Die erste Stadterweiterung geschieht rechtzeitig und wird zu Ende geführt, während die zweite auf lange Zeit unterbrochen bleibt, was die Zweistufigkeit des Planungsablaufs besonders deutlich macht.

Die großen Städte: Rom, Venedig, Mailand, Neapel

Während der Niederschrift des Architekturtraktats hält sich Alberti in Rom auf, wo er am Stadtplanungsprogramm von Nikolaus V. (1447–1455) mitarbeitet. Dieses Projekt, das von Nikolaus' Biographen Giannozzo Manetti dokumentiert wird, vereinigt handfeste politische mit kulturellen und religiösen Absichten. Mit ihm werden nicht nur die Ziele der Baupolitik der Päpste der folgenden Jahrhunderte abgesteckt, sondern es zeigt auch das Selbstverständnis der neuen herrschenden Schicht gegenüber einer großen Stadt, die seit je als der Inbegriff der Stadt schlechthin gilt.

Zunächst hat die Planung von der Tatsache auszugehen, daß die Stadt aus dem mittelalterlichen Teil am Tiber mit kaum 40000 Einwohnern und dem weitaus größeren antiken und frühchristlichen Stadtgebiet besteht, von dem es Albertis Beschreibung aus dem Jahre 1443 und die von Flavio Biondo aus dem Jahre 1446 gibt. Der Plan sieht die Restaurierung der nutzbaren Gebäude – Stadtmauern, Brücken und Aquädukte – sowie die Umwandlung des Hadriansmausoleums in eine Festung und des Pantheons in eine Kirche vor. Daneben sollen die vierzig Basiliken des Kreuzwegs nach einheitlichen Bauplänen erneuert und auf dem Vatikan die päpstliche Zitadelle errichtet werden. Sie soll den Papstpalast, ein Theater, eine Bibliothek, einen Park, einen botanischen Garten und die «maxima quaedam capella» umfassen. Letztere wird später von Sixtus IV. verwirklicht und trägt seinen Namen. Der Ponte S. Angelo ist die Verbindung zwischen der päpstlichen Stadt und den übrigen Stadtvierteln. Die Straßen, die von Osten und aus der Richtung des Borgo jenseits des Tiber auf die Brücke zulaufen, sollen begradigt und weiter zum Platz vor St. Peter geführt werden. Dort ist die Aufrichtung des neronischen Obelisken geplant. Oberstes Ziel der Baumaßnahmen ist es, den kontinuierlichen Übergang zwischen Vergangenheit und Zukunft zu gewährleisten. Das neue Rom soll mit dem antiken Rom zu einer einzigen Stadt verschmelzen.

Diese Planung wird in der zweiten Hälfte des 15. Jahrhunderts zum Teil umgesetzt und nach dem Jubeljahr 1500 forciert vorangetrieben. Nun aber haben sich die politischen und ideologischen Verhältnisse gewandelt. Die intellektuellen Ambitionen werden übersteigert, und der realistische Blick für die vorhandenen Mittel ist getrübt. Julius II. stehen mit Bramante, Michelangelo und Raffael die großen Künstlerpersönlichkeiten aus Mailand, Florenz und Urbino zur Verfügung. Die Zeit der «terza maniera» im Sinne Vasaris bricht an: eine universale Synthese aus dem gesamten Erbe an realen Kulturgütern und den Symbolen, die sie verkörpern. Das «grand atelier d'Italie» (Chastel) prägt seitdem die Vorstellungswelt der Menschen in Europa und bestimmt die Formen der europäischen Zivilisation.

In Rom wird diese Entwicklung durch den Sacco di Roma im Jahre 1527 jäh unterbrochen. Die Kluft zwischen Ideal und Wirklichkeit tritt nun klar zum Vorschein. Das gigantische Neu-St.-Peter von Bramante bleibt anderthalb Jahrhunderte lang als Torso liegen, die Straßenprospekte Julius' II. – Via Giulia, Via delle Lungara – und Leos X. – der Dreistrahl an der Piazza del Popolo – bleiben isoliert, und der Sockelstumpf des angefangenen Palazzo dei Tribunali in der Via Giulia steht da wie eine antike Ruine. Bramantes Tempietto in S. Pietro in Montorio, die Fresken Michelangelos in der Sixtina und die Stanzen Raffaels sind erste Ansätze einer im Grunde genommen undurchführbaren *renovatio urbis.* Sie sind isolierte Glanzlichter und können ihre Wirkung nur außerhalb des römischen Kontextes entfalten.

Die Stadtplanung für ein modernes Rom gelangt erst spät und dann auch nur in bescheidenerem Rahmen zur Verwirklichung. Rom wird von der ernsten Schwere Michelangelos und der heiteren Festlichkeit Berninis geprägt und strahlt Impulse aus, deren historische Bedeutung nicht hoch genug eingeschätzt werden kann. Im übrigen entwickelt es sich, wie wir noch sehen werden, zu einer Hauptstadt wie jede andere. Die Zeugnisse eines universalen Traumes werden der Vergangenheit anheimfallen.

Von allen italienischen Städten kommt einzig *Venedig* dem ewigen Rom gleich. Die besten florentinischen Künstler sind in dieser Stadt tätig: 1424 Ghiberti, zwischen 1425 und 1431 Paolo Uccello, 1433 Michelozzo, 1442 Andrea del Castagno; auf der venezianischen Terraferma, in Padua, arbeiten 1434 Filippo Lippi, ab 1442 Donatello und 1445 Paolo Uccello. Gleichwohl widersetzt sich die politische Führung der Stadt einer weiten Ausbreitung toskanischer Kunstströmungen und hält eher an der venezianischen Tradition fest. Die Vollendung des Flügels des Dogenpalastes an der Piazzetta, die 1442 eingeleitet wird, steht vollkommen im Einklang mit dem gotischen Trakt am Bacino, und auch der Wiederaufbau nach dem Brand von 1577 erfolgt im ursprünglichen Stil.

Das soll auf dem Gebiet der Malerei anders werden. Seitdem 1440 Antonio Vivarini, Giovanni d'Alemagna und Andrea Mantegna zusammen in der Eremitanikirche in Padua tätig sind, findet ein intensiver Austausch mit den Strömungen in Mantua, Ferrara und, vermittelt durch Piero della Francesca, dem international geprägten Urbino statt. 1475 trifft Antonello da Messina ein, der den Süden mit der flämischen Malerei bekannt macht. Seine Begegnung mit Giovanni Bellini führt zu einem Wendepunkt in der Entwicklung der venezianischen Malerei. 1488 setzt die Tätigkeit von Vittore Carpaccio ein, und in den letzten Jahrzehnten des 15. Jahrhunderts treten Giorgione, Lorenzo Lotto und Tizian auf. Die neue Malerei in Öl und auf Leinwand löst die alte Maltechnik ab. «Il dipingere senza far disegno», das Malen ohne einen vorherigen gezeichneten Entwurf, ist es, wodurch sich nun die Malerei von den beiden anderen Künsten, der Bildhauerei und der Baukunst, unterscheidet.

Mit den Augen der Malerei wird die sichtbare Welt dargestellt und interpretiert. Die großformatigen «teleri» des Gentile Bellini und des Carpaccio bilden immer wieder die Stadt Venedig in der Blüte ihrer Entwicklung ab. 1469 wird die erste Buchdrukkerei eröffnet. Die Zahl der Offizinen, unter denen sich so bedeutende wie die des Aldus Manutius befinden, geht schließlich in die 200. Sie und die Graphikwerkstätten verbreiten den Ruhm dieser Stadt. Im Jahre 1500 veröffentlicht Jacopo de' Barbari die prächtige, detailgetreue Stadtansicht Venedigs.

Erst um die Jahrhundertwende nehmen Mauro Codussi und die Lombardi, die auch dem Kreis der Urbinaten angehören, und Römer wie Jacopo Sansovino Anteil an der baulichen Erneuerung der Stadt. Die «terza maniera» ist berühmt und flexibel genug, venezianische Traditionen mit den praktischen Erfordernissen in der Lagunenstadt zu verbinden. Die Neugestaltung des Markusplatzes mit den alten und neuen Prokuratien, der Markusbibliothek und der Loggietta vervollständigt die ursprüngliche Anlage zu einem einheitlichen, von regelmäßigen Bogengängen skandierten Gesamtkomplex, der das körperlich wirkende, vielgestaltige Volumen der Markuskirche umrahmt. Aber die formalen Spannungen des *rinovamento,* die Tafuri untersucht hat, sind nicht zu übersehen. Später ist es Palladio, der, nachdem er 1570 beratender Architekt der Republik wird, in den freien Räumen der Lagune die adäquaten Bedingungen für seine Bauschöpfungen S. Giorgio Maggiore, Il Redentore und S. Maria della Presentazione vorfindet.

Alfons von Aragon, der 1442 das Königreich Neapel erobert, und Francesco Sforza, seit 1450 Herzog von Mailand, gehören wie Leonello und Borso d'Este, Federico di Montefeltro und Gianfrancesco Gonzaga einer Generation an, die in humanistischem Geist erzogen wird. Aber Neapel und Mailand sind große und politisch unsichere Städte, in denen «moderne» städtebauliche Eingriffe notwendigerweise isoliert bleiben müssen. Das ist der Fall bei den Fürstenpalästen, dem Castel Nuovo und dem Castello Sforzesco, die ganz bewußt nicht in den Stadtverband integriert werden.

Für den Bau des Ospedale Maggiore (1460–1465) läßt der mit den Medici alliierte Sforza Filarete aus Florenz nach *Mailand* kommen, während die Medici selbst sich für den Banco Mediceo

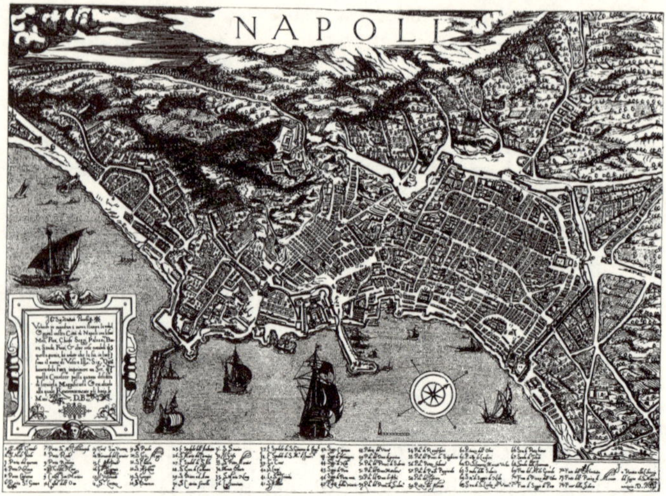

41 NEAPEL. *Vogelschau von Donato Bertelli, um 1585.*

und die Capella Portinari an S. Eustorgio der Hilfe Michelozzos versichern. Später, 1481, schickt Lorenzo der Prächtige Leonardo zu Ludovico il Moro, 1493 außerdem noch Giuliano da Sangallo. Ein solcher Künstleraustausch, so sehr er auch die Ausbreitung der Kunstströmungen fördert, wirkt sich indessen nicht nennenswert auf das Stadtbild der lombardischen Kapitale aus. Wenn sich auch Filarete und Leonardo mit der Stadt beschäftigen, so bleibt es doch bei theoretischen Betrachtungen.

In *Neapel* unterhält Alfons II., der 1465 Ippolita, die Tochter Francesco Sforzas, heiratet, enge Verbindungen mit Florenz und Mailand und beschäftigt einige der hervorragendsten Künstler Italiens und des Nordens: 1485 Giuliano da Maiano für seine Vorstadtvillen Poggio Reale und Duchessa und den Aquädukt der Bolla, 1488 Giuliano da Sangallo für einen neuen Palast sowie 1491 Francesco di Giorgio für die neue westliche Stadtmauer und die Fortifikationen. Als Berater in Fragen der Theorie zieht er für diese Arbeiten Giovanni Pontano heran, der von 1448 bis 1503 in Neapel lebt. Sannazzaro und Pontano selbst lassen sich in der Umgebung Landsitze im Geist der Antike bauen. In dem Gedicht *Lepidina* aus dem Jahre 1496 werden die aragonesischen Bauten gepriesen und mit dem mythischen Ursprung der Stadt in Verbindung gebracht. Die Invasion Karls VIII. im Jahre 1495 läßt die Arbeiten abrupt zum Stillstand kommen. Vielleicht wären sie in die Umgestaltung der gesamten Stadt eingemündet, von der Pietro Summonte 1524 berichtet. Im 16. Jahrhundert wird Neapel unter dem spanischen Vizekönig erweitert und umgebaut. Diese Vorgänge spielen sich jedoch in dem großen internationalen Rahmen des Kaiserreiches Karls V. ab, mit umfangreicheren Mittel zwar, aber ungetrübt von den intellektuellen Bedenken des voraufgegangenen Jahrhunderts.

5. Die Entfernung der Theorie von der Praxis

Was zwischen 1450 und 1550 in Italien wie auch im übrigen Europa auf dem Gebiet des Städtebaus erreicht wird, bleibt begrenzt und eher unsystematisch und entspricht jedenfalls keineswegs den Ansprüchen einer Entwurfskultur, die sich ihrer universalen gestalterischen Visionen so sicher ist. Zwar läßt man nicht ab, sich weiter mit der Stadt zu beschäftigen, verliert aber den Kontakt mit der konkreten Erfahrung, mit dem Gebrauch der technischen Hilfsmittel, mit den wirtschaftlichen und admi-

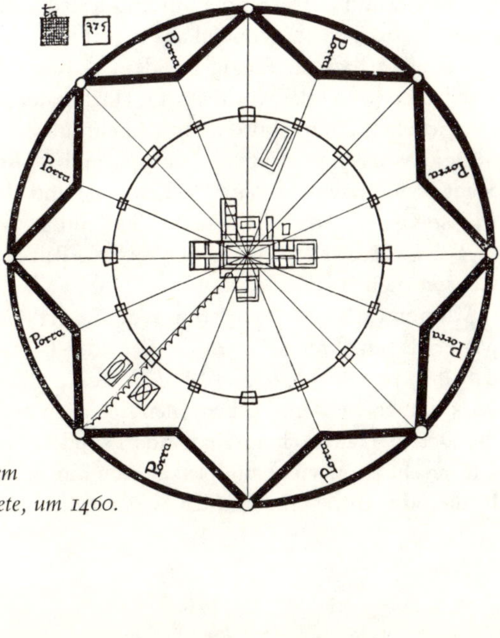

42 *Sforzinda. Illustration aus dem Traktat von Filarete, um 1460.*

nistrativen Voraussetzungen. Die Entwicklung neuer Stadtmodelle findet in den bildenden Künsten und in den Büchern statt, und das mit einer solchen Eigendynamik, daß sich die Gedanken immer weiter von der Wirklichkeit entfernen.

Das klug ausgewogene Gleichgewicht zwischen Theorie und Praxis, durch das sich Albertis Traktat in der Mitte des 15. Jahrhunderts noch auszeichnet, kommt bereits in den unmittelbar folgenden Jahrzehnten abhanden. Filarete beschreibt in seiner Abhandlung, die zwischen 1460 und 1465 in Mailand entsteht, eine imaginäre Stadt, Sforzinda. Francesco di Giorgio, der zwischen 1470 und 1480 ebenfalls einen Architekturtraktat verfaßt und ihn dem Herzog von Urbino widmet, versucht sich an einer Systematik verschiedener Formen der Idealstadt. Dabei liegt das Hauptgewicht auf den Zeichnungen, nicht auf dem Text. Diese perspektivisch regularisierten Abbildungen bleiben nicht ohne Einfluß auf die illustrierten Vitruvausgaben. Unter diesen sind die Ausgaben von Fra'Giocondo (1511), Cesariano (1521), Caporali (1536), Martin (1547) sowie von Barbaro und Palladio (1556) zu nennen. Doch sind es eigentlich die Maler, die den nichtrealen gebauten und natürlichen Landschaften Gestalt verleihen, und zwar als Hintergrund ihrer «storie» oder auch in der Form der perspektivischen, in den Museen von Urbino, Baltimore und Berlin aufbewahrten Idealansichten. Die Gedankenwelt löst sich zunehmend aus den Bindungen ihrer konkreten Realisierbarkeit. Einzig auf dem Gebiet des Festungsbaus werden etwa seit der Mitte des 16. Jahrhunderts die theoretisch entwickelten Architekturen tatsächlich umgesetzt, nachdem es nötig geworden war, in ganz Europa an den Grenzen befestigte Städte zu errichten: Vitry-le-François und Villefranche-sur-Meuse (1545), Guastalla (1549), Charlemont und Philippeville (1555), La Valetta (1566), Zamosc (1578), Palmanova (1593) und Coerworden (1597).

Während sich also die Festungsbaumeister des zeichnerischen Materials annehmen, geben die Schriftsteller ausdrücklich zu, daß ihre perfekt erdachten Modelle keine Chance haben, verwirklicht zu werden. Sie bemühen sich auch nicht mehr darum, die Details realistisch auszuarbeiten, sondern verlegen sich auf «utopische» Entwürfe und setzen sich auf diese Weise, ob mit Ironie oder Bitterkeit, mit den Widersprüchen in der Wirklich-

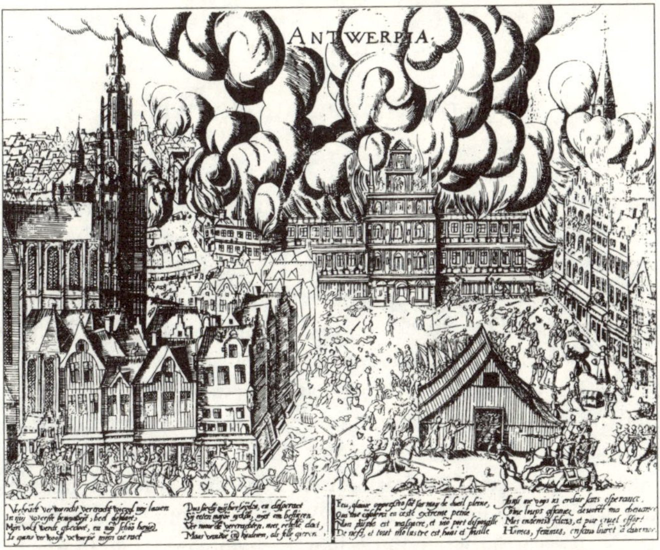

43 ANTWERPEN. *Ansicht beim Brand des Rathauses im Jahre 1576.*

keit ihrer Zeit auseinander: Doni (1548), Patrizi (1552), Agostini (1583) oder Campanella (1602). Nachdem Campanella viele Jahre in Gefängnissen zugebracht hat und 1636 als alter Mann in Paris eintrifft, schreibt er die endgültige Fassung seines Buches *Der Sonnenstaat* nieder und widmet es 1638 dem neugeborenen Sohn Ludwigs XIII., der einmal der Sonnenkönig werden wird:

> Admirandum urbem, Solis de nomine dictam,
> me signasse tibi, puer, alto ex corde resigno.

So verlaufen die Versuche mit neuen urbanen Modellen im Sande, noch bevor sie die konkrete Wirklichkeit in nennenswertem Umfang beeinflußt haben. Die Theorie leidet an ihrer Unvereinbarkeit mit der Praxis. Dabei wird es auch in der Folgezeit und sogar bis in unsere Zeit hinein bleiben.

Viertes Kapitel

Die Begegnung mit der Welt

Im Jahre 1434 umsegelt Gil Eanes Kap Bojador, was bedeutet, daß seit der Mitte des 15. Jahrhunderts die gesamte Welt der Kolonisation und dem europäischen Handel offensteht. Es vollzieht sich das, was P. Chaunu das «désenclavement de l'Europe» genannt hat. Die einzelnen, in sich abgeschlossenen Kulturräume beginnen, in einem einzigen, großen Raum aufzugehen.

Die französische Forschung hat untersucht, welchen Druck der «überfüllte Lebensraum» Europa zu jener Zeit auf die übrige Welt ausübt. Man schätzt, daß 70 bis 80 Millionen Einwohner auf 2,5 Millionen Quadratkilometer in rund 130000 Ortschaften leben. Diese 22–25% der Weltbevölkerung verbrauchen 50% der verfügbaren tierischen Proteine und die fünffache Energiemenge pro Person im Vergleich zu China. Europa ist ein dicht besiedeltes Territorium; von jedem Kirchturm aus sind vier oder fünf Ortschaften in Sichtweite. Die kritische Bevölkerungsdichte, ab welcher die Grenzen überschritten werden und die Begegnung mit anderen Zivilisationen gesucht wird, ist erreicht. Zum ersten Mal treffen verschiedene Kulturkreise, die sich seit ihren ersten Anfängen unabhängig voneinander entwickelten, aufeinander und werden mit ihren unterschiedlichen Eigenschaften konfrontiert. Nun geht es um Erfolg oder Scheitern.

Neben der materiellen hat die Begegnung auch eine kulturelle Dimension. Zwischen 1405 und 1433 sendet der chinesische Kaiser Yung-lo eine Reihe von Handels- und Militärexpeditionen in den Indischen Ozean aus. Sie sind zwar hinsichtlich der Ausrüstung von drückender Überlegenheit, aber schließlich erlahmt das Interesse an weiteren Kontakten, und die Expeditionen werden eingestellt. China sucht sein Gleichgewicht im Innern, während Europa dabei die ganze Welt einbezieht und den Aufbau einer «Weltwirtschaft» (I. Wallerstein) anstrebt.

Eine der Ursachen dafür ist der dichte Bestand an großen und kleinen Städten. Gerade in dieser Hinsicht ist der Vergleich der europäischen mit den jeweiligen einheimischen Siedlungstypen, denen wir uns an dieser Stelle zuwenden wollen, von so weitreichender Bedeutung. Wo die Begegnung der Kulturen bis zur letzten Konsequenz ausgefochten wird, wie dies auf dem amerikanischen Kontinent der Fall ist, sind Zerstörungen und großes menschliches Leid die Folge. Wir wollen dennoch versuchen, die Vorgänge sachlich zu beurteilen, Vorurteile gegebenenfalls zu überdenken und die Dinge objektiv und im historischen Gesamtrahmen zu sehen. Die Unterschiede zwischen den Kulturen beginnen sich heute zwar zu verwischen, sind aber durchaus noch vorhanden. Sie gehören zum kostbaren, gemeinsamen Erbe der Menschheit.

Zu diesem Zweck sollen die Bedingungen besprochen werden, unter denen sich die Begegnung der Kulturen vollzieht: einerseits die mentale Verfassung und die materiellen Möglichkeiten der Kolonisatoren, andererseits die jeweiligen Verhältnisse in den fremden Ländern.

1. Die europäischen Ressourcen in den Überseeländern

Die Europäer sind auf die Auseinandersetzung mit den grundlegend verschiedenen fremden Kulturen weder materiell noch geistig genügend vorbereitet.

Ein volles Jahrhundert lang steht Portugal an der Spitze der überseeischen Entdeckungsreisen. Das kleine Land in europäischer Randlage, das weder über genügend Finanzen noch über eine ausreichende Bevölkerung verfügt, um große Länder zu erobern, strebt ein System von Handelsstützpunkten auf dem Seeweg nach Indien an. Es möchte so die Produktion von Gewürzen kontrollieren und den Warenfluß nach Antwerpen und auf dem europäischen Markt lenken. Spanien, dem größere Ressourcen zur Verfügung stehen, greift erst später konkurrierend ein; mit Kolumbus sucht es dasselbe Ziel auf dem Weg nach Westen zu erreichen. Im Vertrag von Tordesillas, den Papst Alexander VI. 1494 bestätigt, wird die Demarkationslinie zwischen den Interessenssphären beider Mächte festgelegt. Erst nachträglich stellt sich heraus, daß die Spanien zugeschlagene Hemisphäre einen riesigen, kolonialisierbaren Kontinent umfaßt. Aber die katholischen Könige widmen seiner Eroberung wenig Aufmerksamkeit und wenden dafür nur sehr geringe Mittel auf. Ihr Interesse gilt weiterhin vorrangig den politischen, wirtschaftlichen und kulturellen Vorgängen im Mutterland. Nur gelegentlich gelangen undeutliche Nachrichten über die Ereignisse in Übersee nach Europa, wo sich die Verfechter einer Expansionspolitik in der Minderheit befinden. Man beschäftigt sich allenfalls mit der Navigationstechnik, der Kriegführung und dem Handel, daneben noch mit Kuriositäten und Abenteuern bei der Erforschung der unbekannten Länder.

In der Alten Welt sind die Siedlungsgrundrisse schematisch und von jenem Nützlichkeitsdenken diktiert, das in der ersten Hälfte des 16. Jahrhunderts Militärstützpunkte und Handelsniederlassungen prägt. Man denke etwa einerseits an den Bairro Alto in Lissabon (1513), an die Fuggerei in Augsburg (1514) oder an die Stadterweiterung Antwerpens nach 1540, andererseits an die letzten Stadtgründungen im Zuge der internen Kolonisierung, etwa an Cortemaggiore (1479), an Valbonne (1519) und an die Militärlager Puerto Real (1483) und Santa Fe de Granada (1492), beides während der Maurenkriege auf Befehl der katholischen Könige errichtete Ansiedlungen. Alle diese Beispiele sind Produkte eines unspezifischen *ésprit de géometrie*, einer Mischung aus mittelalterlicher Tradition und einer gewissen humanistischen Neigung zur Regularität. Natürlich teilen auch die Ingenieure an Bord der Expeditionsschiffe diese Neigung, aber sie sind doch zugleich der etwas rückständigen, dörflichen Tradition verhaftet, was vielleicht angesichts der weiten Entfernungen auf den gefahrvollen Reisen psychologisch zu erklären ist. Die Portugiesen legen ihre Städte bevorzugt dort an, wo sie nach dem heimatlichen, mittelalterlichen Vorbild errichtet werden können: ein Ankerplatz in Kombination mit einer Anhöhe (Angra auf den Azoren, Capetown, Sao Paulo de Luanda, Bahia, Macao). Den Spaniern dienen die besiedelten Landstriche Andalusiens und der Estremadura in Mexiko und Peru als Vorbilder, und sie bedienen sich spätgotischer (Huejtozingo, Calpan) und islamischer (Cholula) Stilelemente oder finden Anregungen in illustrierten Architekturtraktaten der Renaissance (Actopan, Quito).

Andererseits stellen die Unternehmungen in Übersee große Anforderungen, denn sie verlangen einen außerordentlichen Aufwand an physischer und geistiger Energie. Der Reise Vasco da Gamas von 1498 folgen in kurzen Abständen Auseinandersetzungen um die Kontrolle über die Wege nach Indien, welche sich noch dazu in einem sehr großen Raum abspielen. Die zweite Expedition des Pedro Alvarez Cabral von 1500 berührt auf der Hinreise die Küsten Brasiliens und leitet damit ungewollt eine weitere Kolonisierung größten Maßstabs ein. Die dritte, unternommen mit einer Artillerieflotte unter dem Kommando von Vasco da Gama, eröffnet 1502 den Angriff auf Schiffe der Araber, die Gewürze ins Rote Meer und in den Persischen Golf und von dort auf dem Landweg zu den Mittelmeerhäfen schaffen, die von den Venezianern kontrolliert werden. 1503 erreicht Afonso de Albuquerque Indien, erstürmt die arabischen Stützpunkte Socotra (1506) und Ormuz (1507) und schlägt 1509 die arabische Flotte vernichtend. Zur gleichen Zeit planen die Venezianer den Durchstoß des Isthmus von Suez, geben das Vorhaben aber wegen des Krieges gegen die Liga von Cambrai auf. 1510 gründet Albuquerque die Basis Goa, erobert 1511 Malakka und öffnet den Weg nach Indonesien und China. 1513 trifft er in Canton ein, wo er erste Kontakte mit dem Kaiserreich der Ming knüpft. Noch kurz vor seinem Tod im Jahre 1515 arbeitet er einen Plan aus, von dem er sich die völlige Niederschlagung der arabischen Konkurrenz verspricht. Danach sollten Arbeiter von den Zuckerfeldern auf den Azoren den Nil ins Rote Meer ableiten, in Mekka die sterblichen Überreste Mohammeds rauben und diese erst gegen die Befreiung Jerusalems herausgeben. In den *Lusiaden,* dem Epos von Camões aus der Mitte 16. Jahrhunderts, sind diese Vorgänge zu Fabeln in der Art der Heldentaten der Paladine bei Boiardo und Ariost ausgesponnen.

Mit wenigen hundert Bewaffneten erobern Hernán Cortés das Aztekenreich (1519–22, es sind die Jahre der Weltumseglung Magellans) und Francisco Pizarro das Reich der Inkas (1532–37). Die *conquistadores* werden, wie Terán sich ausdrückt, mit der Zeit «tropenfest». Alvaro Nuñez Cabeza de Vaca, der 1528 die erste Erkundungsreise in die Ebenen im Norden leitet, hat eine Beschreibung dieser Expedition hinterlassen, nach der er mit zwei Gefährten sechs Jahre lang nackt unter den Indianern lebte.

«Wir waren nicht daran gewöhnt und wechselten zweimal im Jahr die Haut.» Als sie 1534 nach Mexiko zurückkehren, fällt es ihnen schwer, sich wieder an Kleidung zu gewöhnen. Neben Abenteurern und Kaufleuten aus allen Teilen Europas treffen auch Missionare ein. Zu den ersten gehören drei von Hadrian VI. ausgewählte Flamen, unter ihnen Peter von Gent, die Karl V. 1523 zu Cortés schickt. 1524 sind es die sog. «zwölf Apostel Mexikos» unter der Führung des Franziskaners Martin de Valencia, die in Salamanca, Alcalá und an der Sorbonne studierten. 1526 treffen die Dominikaner des Domingo de Betanzos ein, «die Exponenten des Radikalismus eines Cisneros» (Parry). 1515 eröffnet Las Casas die Kontroverse über die Methoden der Kolonisierung, die 1539 in Salamanca fortgesetzt wird und zu den *nuevas leyes* von 1542 führt. Das Aufeinandertreffen zweier Kulturen – «so verschieden voneinander, wie frühe Zeugnisse berichten, daß man sie schwerlich beide für humane halten möchte» – rührte, im Guten wie im Bösen, an die Grundfesten:

«Ein von Menschen kaum berührter Kontinent bot sich Menschen dar, deren Gier sich nicht länger mit dem eigenen zufriedengeben konnte. Alles sollte durch diesen zweiten Sündenfall von neuem in Frage gestellt werden: Gott, Moral, Gesetz. Alles sollte, gleichzeitig und widersprüchlich, *de facto* bestätigt, *de jure* aber widerrufen werden. Bestätigt fanden sie den Garten Eden der Bibel, das Goldene Zeitalter der Antike, den Jungbrunnen, Atlantis, die Hesperiden, die Hirtenidylle und die Inseln der Seligen; aber es kamen ihnen auch Zweifel beim Anblick einer reineren und glücklicheren Menschheit (die dies sicher nicht wirklich war, aber den schon von Gewissensbissen geplagten Eroberern so erschien), Zweifel an der Offenbarung, am Heil, an Sitte und Recht. Niemals zuvor hatte die Menschheit eine so erschütternde Erfahrung gemacht, und niemals mehr wird sie eine ähnliche durchleben ...» (C. Lévi-Strauss)

2. Die Kolonisierung der asiatischen und afrikanischen Welt

Auf den Verkehrswegen des antiken Kontinents dringen die Europäer bis Schwarzafrika südlich der Sahara vor, das sich für den weißen Menschen als undurchdringlich erweist. 1485 erreicht

Diego Câo den Kongofluß, 1569 Francisco Barreto den Sambesi, und beide Expeditionsmannschaften gehen an der Malaria zugrunde – es bedarf erst der Entdeckung des Chinins in der ersten Hälfte des 19. Jahrhunderts. In Südasien werden bevölkerungsreiche und vergleichsweise hochentwickelte Länder entdeckt. Der gescheiterte Versuch, Calicut einzunehmen, zwingt zur Aufgabe der Eroberungspläne. So arrangieren sich die Europäer mit den asiatischen Reichen und halten nur einige Stützpunkte an der Küste besetzt.

Das Herz des portugiesischen Reiches aber ist der «Estado de India», eine Kette von Besitzungen an der Küste Vorderindiens. 1510 wird die Hauptstadt Goa erobert, und zwar zu einer Zeit, als diese Stadt bereits zu den wichtigsten Seehandelsplätzen Indiens zählt. Die Stadt mit ihrem kleinen Hinterland bildet einen eigenen Staat am Rande des Hindureiches von Vijayanagar. Der portugiesische Vizekönig kann in dieser seiner Eigenschaft mit den asiatischen Herrschern in den ihm geläufigen äußeren Formen verhandeln. Die Reise von Goa nach Lissabon wird vom Monsun bestimmt; sie dauert ein Jahr. Jährlich legt in Lissabon eine Flotte von fünf oder sechs Schiffen mit zehntausend Tonnen Handelsware und dreitausend Menschen an Bord ab, von denen nicht einmal zweitausend unversehrt in Goa an Land gehen.

Das Estado, in dem nicht mehr als sechs- oder siebentausend Wehrfähige leben, behauptet sich durch seine auf Ausgleich bedachte Verfassung, die sich auch in der baulichen Anlage der

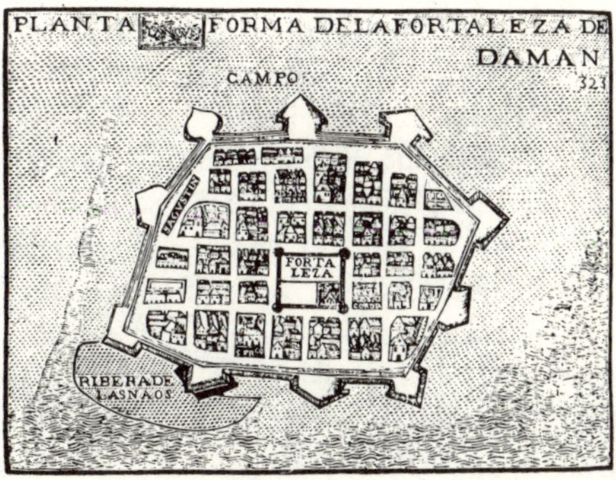

44 *Die portugiesische Festung* DAMAN *in Indien.*

Stadt niederschlägt. Die Portugiesen respektieren die landesüblichen Bräuche und erkennen diese im *foral* von 1526 an, halten aber zugleich bis ins einzelne an europäischen Zivilisationsformen fest. Goa, in dem von Anfang an die Verfassung von Lissabon gilt, verfügt 1520 über das erste Armenhaus und 1538 über den ersten Bischofssitz. Der Vizekönig weiß seine Verhandlungspartner durch einen aufwendigen Hof zu beeindrucken, und die portugiesischen Kaufleute konsumieren hier fast ihre gesamten Profite. Der luxuriöse, ausschweifende Lebensstil in Goa, dem «Babylon des Orients» (Camões), wird sprichwörtlich.

Das kleine indische Viertel, dessen Bausubstanz kaum angetastet wird, ist überraschenderweise der Anlage von Lissabon verwandt. Schon die englischen Reisenden des 17. Jahrhunderts bemängeln seine engen und steilen Straßen. Hindutempel und christliche Kirchen, beispielsweise die 1511 gegründete Kathedrale oder das 1517 begonnene Franziskanerkloster, stehen Seite an Seite. In der Kathedrale arbeitet zwischen 1538 und 1540 der führende portugiesische Maler der Zeit, Garcia Fernandes, und das chinesische Porzellan, das seit 1512 in Goa eintrifft, beeinflußt die portugiesische Malerei der ersten Hälfte des 15. Jahrhunderts. Diese unvergleichliche Stadt mit ihrem heterogenen Gesamtbild, in der zum einzigen Mal der ernsthafte Versuch gemacht wird, europäische und asiatische Traditionen nebeneinander bestehen zu lassen, wird von Francesco Saverio, der dort 1542 eintrifft, voller Bewunderung beschrieben.

Im selben Jahr beschließt der neue Vizekönig von Souza, das Estado einer Neuordnung zu unterziehen, während die Jesuiten ein Programm zur Verbreitung des Christentums auf dem asiatischen Kontinent entwickeln. Der Bischof von Goa wird Primas des Orients, die paganen Tempel werden geschlossen, und die Inquisition wird eingeführt. Zwar ist der Handel mit Europa inzwischen wegen der starken Konkurrenz zurückgegangen, doch bleibt die Stadt weiterhin der wichtigste Handelsplatz für den innerasiatischen Verkehr. In dieser Zeit werden mit S. Caterina (1551) und Bom Jesus (1594) die bedeutendsten Bauten errichtet. *Goa dourada* erlebt seine größte Blüte, verliert aber seine integrierende Funktion.

Unterdessen besetzen die Spanier 1565 die Philippinen und betreiben wie in Amerika eine systematische Kolonisierung. Bei der Anlage der Hauptstadt Manila im Jahre 1571 folgt man den städtebaulichen Grundsätzen, wie sie etwa zur selben Zeit (1573) in den Leyes de India niedergelegt werden. Die Portugiesen ihrerseits gründen 1557 auf einem Vorgebirge gegenüber Canton den Handelsstützpunkt Macao und besetzen in den Jahren 1587–94 Ceylon, wo sie die Handelsstadt Colombo errichten. Seit 1595 sind auch die Holländer im Indischen Ozean präsent. Sie gründen 1614 in Java den Stützpunkt Batavia, entreißen 1641 Malakka den Portugiesen und erhalten dafür vom Shogun im Gegenzug die Insel Deshima vor Nagasaki, wo sie einen begrenzten Handel mit Japan aufbauen, das fremden Kontakten gegenüber sonst verschlossen ist. Zur selben Zeit betreten auch die Engländer und Franzosen die Bühne. Erstere gründen an den Küsten Indiens die Basen Madras (1647), Bombay (1665) und Kalkutta (1691), letztere 1677 Pondichéry.

Bei den meisten dieser Städte, die in der Folgezeit in ganz unkontrollierter Weise anwachsen, handelt es sich um Festungsanlagen nach europäischem Muster ohne Rücksicht auf die lokale städtebauliche Tradition. Sie halten sich isoliert, und dies erlaubt es, beliebige Stadtplanungen aus den Mutterländern zu übernehmen. So ist etwa Batavia, die Hauptstadt Niederländisch-Indiens, nach dem Vorbild von Delft angelegt. Wie dieses besitzt es ein System schiffbarer Kanäle und Kais, erweist sich aber, nachdem die Kanäle von Krokodilen heimgesucht werden und kein Wasseraustausch in den Kanälen stattfindet, als unbewohnbar und muß im 19. Jahrhundert an anderer Stelle neu gegründet werden. Pondichéry wird zwischen 1721 und 1735 unter dem Gouverneur Lenoir nach französischem, höfischem Geschmack mit einem rechtwinkligen Straßennetz und *rond-points* beträchtlich erweitert, wovon die bestehenden Gewerbezonen und die dörflichen Ansiedlungen in dem umliegenden Sumpfgelände allerdings unberührt bleiben.

Die eigentliche Begegnung mit der Zivilisation Asiens und ihren Siedlungsformen bleibt indessen dem 19. Jahrhundert vorbehalten.

3. Die Kolonisierung der Neuen Welt

Nachdem sich die Spanier bereits auf den Antillen angesiedelt haben, nehmen sie auch von den großen Reichen auf dem neuen Kontinent Kenntnis. Dort stoßen sie auf eine Kultur, die zwar hochentwickelt, der europäischen Aggression aber merkwürdigerweise schutzlos ausgeliefert ist. Die Chronisten der Entdekkungsreisen sind von der Monumentalität der großen Stadtanlagen derart beeindruckt, daß sie vergeblich nach Vergleichen mit euroasiatischen Städten suchen. Der Gegensatz zwischen Stadtgebiet und umgebender Landschaft existiert bei den Städten der Neuen Welt nicht. Die Mittelpunkte der beiden Reiche – Tenochtitlán und Cuzco – steigen vor dem Betrachter unvermutet aus der ungeheuren Weite der Landschaft auf, ja scheinen die ganze Welt selbst zu verkörpern. Sie sind die letzten Produkte einer neolithischen Kultur, die die grenzenlose Natur, die sie seit 4000 Jahren besiedelt, zu gestalten wußte. Die Spanier sind überwältigt von der schieren Größe, der Freiheit und der Prachtentfaltung; für sie sind sie wie Bilder aus einer sehr fernen Vergangenheit. Sie bleiben ihnen so fremd, daß sie nichts anderes mit ihnen anzufangen wissen, als sie zu zerstören.

Tenochtitlán ist die Hauptstadt des Aztekenreichs und zugleich dessen kultischer Mittelpunkt. Die Stadt liegt inmitten einer Lagune von etwa 750 Hektar Fläche und besteht aus zwei voneinander unabhängigen Teilen, dem der Öffentlichkeit zugänglichen Bereich mit Tempeln und Palästen auf natürlichen Inseln (etwa 190 Hektar) und einem Bezirk mit Wohnbauten auf künstlich angelegten Inseln (*chinampas,* etwa 560 Hektar). Die drei Dämme mit Durchlässen für den Bootsverkehr, die die Verbindung zum Festland herstellen, laufen in Richtung auf die Tempelpyramiden im Stadtkern zusammen, der die Landschaft beherrscht. Die Einwohnerzahl, die in ersten Reiseberichten als enorm bezeichnet wird, dürfte rund 60000 betragen, die Zahl der Transportboote ist nicht zu schätzen. In den Beschreibungen ist von Land- und Wasserwegen die Rede, die an Venedig denken lassen («es gibt drei Arten von Verkehrsstraßen: zum einen Wasserwege mit unzähligen Brücken, zum anderen reine Landwege, die von Wasserläufen unterbrochen werden, und schließ-

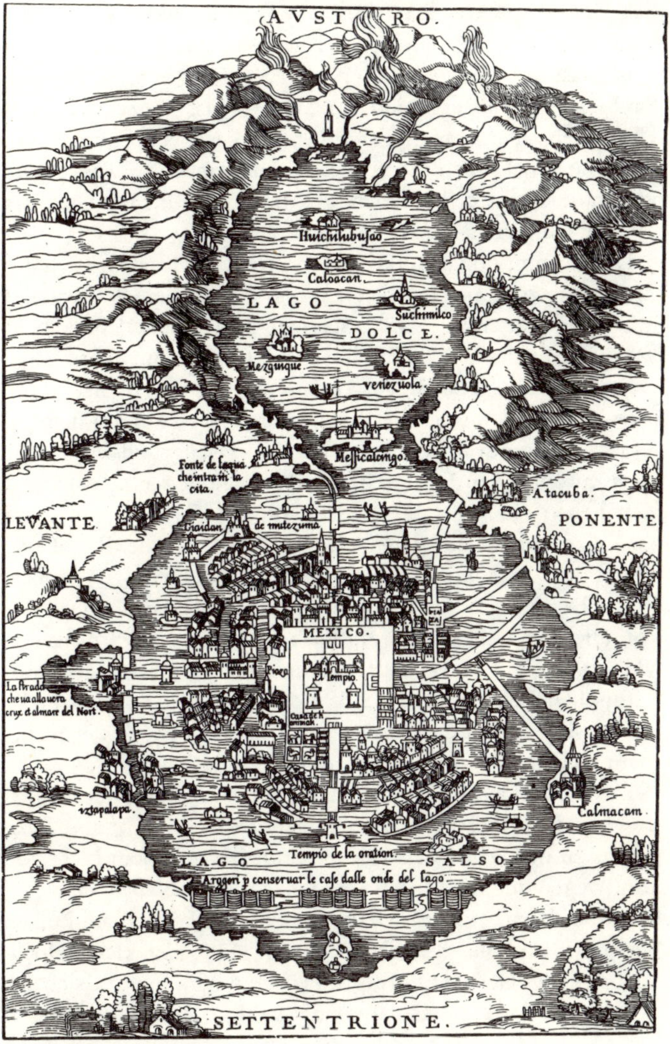

45 MEXIKO. *Ansicht der aztekischen Stadt und des Tempels im See (aus: Gianbattista Ramusio, 1565).*

lich eine dritte Art ..., halb Fußweg, halb Wasserweg»; «die Häuser haben gewöhnlich zwei Tore, eines zur Straße und eines zum Wasser»). An Venedig erinnert auch die bemerkenswerte Sauberkeit der Häuser und der Straßen (das Wasser wird aus Chapultepec herangeführt und fließt durch zwei Öffnungen unter dem Brückendamm im Westen; «ist einer der Wasserläufe verschmutzt, wird der andere geöffnet») und nicht zuletzt das Treiben auf dem geräumigen Marktplatz.

Dieses empfindliche Ökosystem bricht unmittelbar nach der Eroberung zusammen. Seit 1524 sinkt der mittlere Wasserstand in der Lagune. «Heute ist die Stadt zugrunde gerichtet und liegt völlig darnieder», schreibt Diaz del Castillo im Jahre 1568. Denn Alonso Garcia Bravo, *xumetrico* (Geometer) von Cortés, entwirft die Hauptstadt des Vizekönigreiches zwar auf dem aztekischen Grundriß, Straßen, Plätze und Baugrundstücke aber nach europäischen Grundsätzen. Beschreibungen aus späterer Zeit heben vor allem die Regelmäßigkeit der *traza* mit ihren «schönen, breiten und langen Straßen» hervor, «die alle auf eine einheitliche Planung zurückzugehen scheinen» (A. Ponce, 1580). Der Zócalo, die zentrale Esplanade, ist ein riesiger Platz von über sieben Hektar Grundfläche. Die Lagune wird aus den Wohnbereichen zurückgedrängt und im 17. Jahrhundert von flämischen Fachleuten vollends trockengelegt. An ihrer Stelle erhebt sich die heutige Riesenstadt Mexico City, in der nichts mehr an den ursprünglichen Zustand erinnert.

Das Inkareich umfaßt das gesamte bekannte Gebiet südlich des Äquators. Es hat eine 6000 km lange Küste, reicht vom Pazifik bis zu den Amazonaswäldern und ist von einem Netz von Landwegen durchzogen, die auf Cuzco, den «Nabel der Welt», zulaufen. Hier befindet sich, zwischen zwei Flüssen am Fuß einer steilen Anhöhe gelegen, in 3000 m Höhe eine kleine Hochfläche, deren Geländeprofil mit Hausteinmauern terrassiert ist; es sind die Einfriedungsmauern der strohgedeckten Paläste und Tempel. Die Festung Sacsahuaman auf der Anhöhe ist zur Bergseite hin von einer gewaltigen, dreifachen Wehrmauer mit Zinnenkranz umgeben. Der Hauptplatz Huacapata ist ein Rechteck von 500 auf 250 m zwischen der Stadt und dem offenen Land und wird von dem kanalisierten Fluß Huatanay durchzogen. Sämtliches Steinmauerwerk ist so einheitlich ausgeführt, daß in

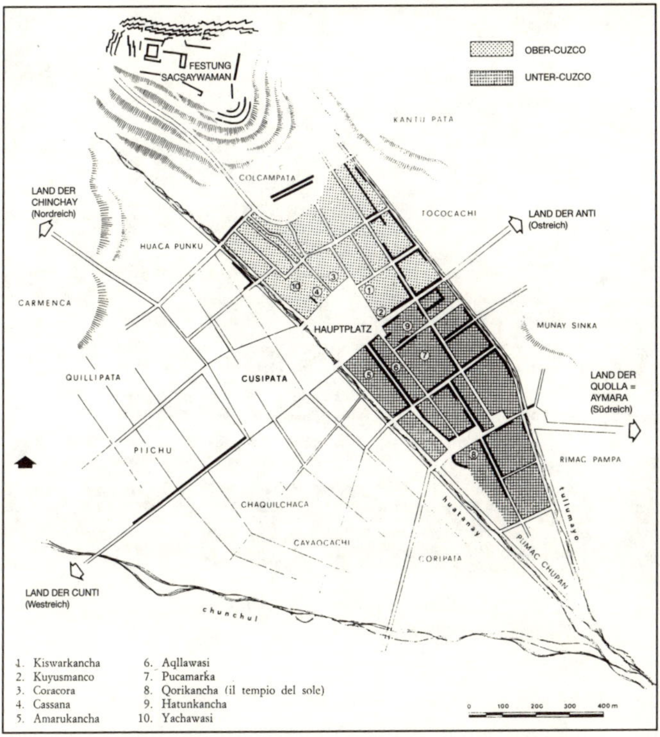

46 Cuzco. *Grundriß mit den erhaltenen Inkabauten (aus: G. Gasparini, Arquitectura Inka, Caracas 1977).*

den Augen eines europäischen Betrachters «nur ein einziger Architekt allein diese große Zahl an Monumenten entworfen haben kann» (A. von Humboldt).

Die gesamte Anlage wird 1533 von Plünderungen und 1536/37 von einer Belagerung heimgesucht, durch die sie als erstes ihre natürliche Beziehung zum Umland verliert. 1548 schreibt Cieza de Léon, daß «der Fluß heute voller Kot und Unrat ist, während er zur Zeit der Inkas dagegen sehr sauber schien. Das Wasser floß über Steinplatten ..., so daß die Spanier dort oftmals kleine Schmuckstücke aus Gold fanden, die Badende dort verloren hatten». Über dieser Stelle wird die spanische Stadt erbaut. Die

47 *Ausschnitt aus dem Plan von* Quito, *1734 (Archivio de Indias, Sevilla).*

gewaltige Plaza de Armas bedeckt nur einen Teil des Huacapata, und die Inkamauern werden als Fundamente für die weißgetünchten Wände der Häuser und Klöster mitverwendet. Die antike Steinlandschaft aber, die in den gewachsenen Gebirgsfels vermauert ist, übersteht die Zerstörungen, und den herrlichen, mit millimetergenauer Präzision aufgeführten Terrassenmauern haben selbst Erdbeben nichts anhaben können.

Zerstörung und Wiederaufbau der beiden Hauptstädte nehmen die umfassende Neugestaltung des amerikanischen Siedlungssystems vorweg. Das erste Konzil der mexikanischen Kirche im Jahre 1555 fordert, daß die Eingeborenen «mit guten Worten dazu überredet – oder, falls nötig, unter behutsamer Anwendung von Gewalt gezwungen – werden sollen, sich an geeigneten Orten und Städten niederzulassen, wo sie sich selbst verwalten und in christlicher Weise zusammenleben können». Diese Aktion, die in den historischen Dokumenten unter der Bezeichnung *poblar* läuft, ist prototypisch für die neuen Bezie-

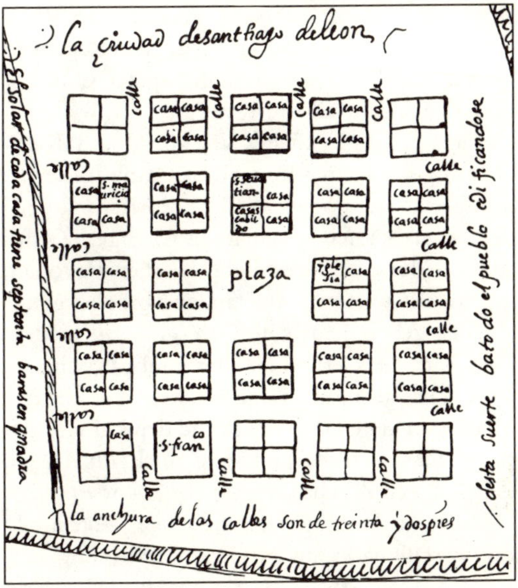

48 *Plan der Gründung von* Santiago del Leon *(Caracas), 1567 (Archivio de Indias, Sevilla).*

hungen zwischen den Europäern und den einheimischen Bevölkerungsteilen. Sie löst eine große Zahl an Stadtneugründungen aus, wobei, wie es in der Anweisung an Pedrarias Davila aus dem Jahr 1513 heißt, «die neuen Städte am besten planmäßig errichtet werden; denn wenn man ohne einen Plan beginnt, wird man nicht weiterkommen».

1525 gibt Cortés Vorschriften heraus, die auf eine einheitliche Stadtplanung hindeuten: «Nach der Rodung ist das Baugelände einzuebnen. Sodann sind die Bauplätze für die öffentlichen Einrichtungen nach meinem Plan abzustecken, und zwar Platz, Kirche, Rathaus, Gefängnis, Markt, Schlachthaus, Hospital ... Danach ist jedem Einwohner gemäß dem Plan sein Grundstück zuzuweisen, ebenso denen, die später dazukommen. Es ist darauf zu achten, daß die Straßen gerade sind und daß Ingenieure gefunden werden, die diese bauen können.»

Sein eigener Ingenieur, Garcia Bravo, entwirft neben dem Plan für Mexiko auch die Städte Vera Cruz und Oaxaca. Daneben sind auch andere Stadtplaner namentlich bekannt: Alonso Martin Perez (Puebla, 1531), Juan Alanis (Queretaro, 1534) und

Juan Ponce (Morelia, 1541). 1531 gründet Pizarro San Miguel, die erste spanische Stadt in Peru, «den Regeln entsprechend mit dem Zentralplatz», und wenig später Quito (1532) und Lima (1535) nach demselben Muster.

Nach der Ankunft des Vizekönigs aus Toledo und der Hinrichtung des letzten Inka, Tupac Amarú I., wird 1570 im Vizekönigreich des Südens die Konzentrierung der Bevölkerung in den neuen Städten systematisch vorangetrieben, um den Zusammenhalt innerhalb der einheimischen Bevölkerung aufzulösen und damit weiteren Aufständen vorzubeugen. Die Siedlungen werden generell aus dem Gebirge in die niedrigen Ebenen verlegt, die der Gesundheit der Einheimischen nicht zuträglich sind. Die antike Siedlungsstruktur mit ihren Fußwegen, den Städten in Hanglage (Pisac) und den kultivierten Hangterrassen *(andenerias)* verödet und wird noch auf den Forschungsreisen der jüngsten Zeit unversehrt vorgefunden.

Überall ist man bestrebt, die neuen Städte mit Leben zu erfüllen, und verfällt dabei auf wirklich neue Lösungen. Charakteristisch für die ersten Ansiedlungen aus der Frühphase der Kolonisierung Mexikos ist eine große, offene Zentralanlage, bestehend aus einem ummauerten Hof *(atrio)*, kleinen Prozessionskapellen *(posas)* und der *capilla de indios*, eine Art Apsis unter freiem Himmel, wo auch einer vielköpfigen Gemeinde die Sakramente gespendet werden können. 1531 kommt der sechzigjährige Richter Vasco de Quiroga nach Mexiko, der sein ganzes Vermögen dafür verwendet, zwei Idealstädte nach dem Vorbild der *Utopia* von Thomas Morus zu verwirklichen, in denen die Indios gemeinschaftlich leben und arbeiten. Nach seiner Ernennung zum Bischof von Patzcuaro läßt er 1541 eine Kathedrale mit fünf sternförmig um den Altar gruppierten Kirchenschiffen bauen, in der alle 30000 Einwohner der Stadt Platz finden.

Im Jahre 1571, nachdem bereits Hunderte Städte gegründet worden sind, wird das zu der Zeit übliche Vorgehen bei einer Stadtgründung in einer gesetzlichen Vorschrift niedergelegt, aus der sehr detaillierte Einzelheiten hervorgehen:

«Das Siedlungsgelände soll eine freie Fläche sein, die für die Indianer nicht schädlich ist oder der sie ausdrücklich zustimmen. Der Grundriß mit seinen Plätzen, Straßen und Baugrundstücken ist mit Pflöcken und Seilen abzuschnüren, wobei vom

Hauptplatz auszugehen ... und genug Platz freizulassen ist, so daß die Stadt in gleicher Weise wachsen kann, falls später eine Erweiterung nötig werden sollte ... Der Hauptplatz soll sich im Zentrum befinden und eine gestreckte Form besitzen. Dabei soll seine Länge mindestens das Eineinhalbfache seiner Breite betragen, denn diese Proportion ist für Feste mit Pferden und für Aufzüge anderer Art die geeignetste ... Der Platz ist im Hinblick auf mögliche Stadterweiterungen zu planen. Er soll nicht schmaler als 200 und nicht länger als 300 Fuß, nicht breiter als 500 und nicht länger als 800 Fuß sein. Ein gut proportionierter Platz ist 400 Fuß breit und 600 Fuß lang.

Vom Mittelpunkt sollen vier Hauptstraßen in jede Richtung und zwei von jeder Ecke ausgehen. Die Ecken sollen in die kardinalen Richtungen weisen, damit die Straßen nicht direkt den vier Hauptwindrichtungen ausgesetzt sind. Der Platz und die Hauptstraßen sollen mit Portiken ausgestattet sein ... Die acht Straßen, die an den Ecken zusammenlaufen, sollen dort, wo sie in den Platz einmünden, nicht von Portiken blockiert sein ... In kalten Regionen sollen die Straßen breit, in warmen Regionen eng sein. Braucht man aber Pferde zur Verteidigung, so soll man sie auch dort zweckmäßigerweise breit anlegen.

Die Kirche im Stadtinnern soll nicht am Rand des Platzes stehen, sondern so weit vorgezogen sein, daß sie sich nicht im Verband mit anderen Bauten befindet, und sie soll auf Stufen erhöht stehen ... Die Trakte des Armenkrankenhauses mit den nichtansteckenden Krankheiten sollen auf der Nordseite stehen, so daß sie nach Süden blicken ... Die Grundstücke am Platz sollen nicht an Privatleute vergeben werden, sondern der Kirche, den *casas reales*, der Stadtverwaltung, Ladengeschäften und den Wohnungen der Kaufleute vorbehalten sein ... Die übrigen Bauplätze sollen an Siedler ausgelost werden, die im Besitz einer Bauerlaubnis sind. Nicht vergebene Grundstücke sollen für später eintreffende Siedler reserviert oder nach Ermessen verteilt werden ... Grundstücke und Gebäude sollen so orientiert sein, daß die Wohnungen von Süden und Norden belüftet werden können ... Alle Gebäude sollen im Interesse der Schönheit der Stadt möglichst einheitlich gestaltet sein.»

Wenn auch einige Vorschriften zur Orientierung und zu den Windrichtungen recht theoretischer Natur sind und auf eine derart große Vielfalt an örtlichen Gegebenheiten, wie sie hier in Frage steht, nicht streng zur Anwendung kommen können, so handelt es sich bei diesem Gesetz doch um eine Zusammenfassung von ebenso weitverbreiteten wie elementaren Bauerfahrungen. Auf der gleichen Höhe bewegen sich auch die möglichen Quellen, die von der Wissenschaft diskutiert worden sind: die unterbrochene, aber durchaus nicht abgeschnittene Tradition der neuen mittelalterlichen Städte, antike Vorbilder, wie sie in Architekturtraktaten und Schriften über die Kriegführung behandelt werden, sowie die symmetrischen Grundrisse in den modernen Traktaten. Das renaissancetypische Denken in Kategorien der Geometrie ist bereits Allgemeingut geworden, es bildet die Voraussetzung für eine funktionierende Industrie, für Handel, Forschungsreisen und Staatsangelegenheiten und wirkt sich regelnd auf die tägliche Arbeitswelt aus.

Die Europäer bringen dieses Denken mit. Es ist gleichermaßen bestimmend für ihr Handeln wie ein Ausdruck ihrer Identifikation, und es greift tief in das kulturelle Klima ihrer Herkunftsländer ein. Unter diesen Umständen hat die Kräfteverteilung unter den zeitgenössischen Architekten verheerende Auswirkungen: Während die bedeutenden europäischen Künstler, die nach endgültigen, vollkommenen Lösungen streben, keine Gelegenheit haben, im großen, städteplanerischen Maßstab tätig zu werden, planen und realisieren zur selben Zeit die schlichten Praktiker, die an Bord der Expeditionsschiffe nach Amerika gehen, ganze Städte für viele zehntausend Einwohner. Versucht man nun, eine Bilanz des *désenclavement* zu ziehen und das, was zerstört wurde, gegen das aufzurechnen, was neu geschaffen worden ist, so ist das Ergebnis nichts weniger als hoffnungslos negativ. Das gilt vermutlich nicht nur für das vorliegende Thema, sondern auch ganz allgemein. Europäische Modelle sind eben nur in der Theorie von universeller Gültigkeit.

Die amerikanischen Kolonialstädte, die nach dem Willen ihrer Gründer über gewaltige Entfernungen hinweg verpflanzte europäische Städte sein sollen, spiegeln dieses Dilemma tatsächlich wider. Sie haben einen zusammengesetzten Charakter, der sich folgendermaßen beschreiben läßt:

1. Der endgültige Stadtplan im Augenblick der Gründung ist ein zweidimensionaler Entwurf – eine *traza* –, nach dem die Ge-

bäude nicht kurzfristig nacheinander oder mehr oder weniger gleichzeitig, wie im Mittelalter, errichtet werden sollen. Man weist die Bauplätze zu, und die Inhaber derselben bauen, wann und wie sie wollen. In Amerika ist die Anlage der Straßen und Plätze oft von nutzloser Großartigkeit, die Gebäude selbst sind aber eher niedrig und bescheiden und normalerweise einstökkig. Es gibt auch den umgekehrten Fall, daß sich nämlich ein Entwurf, beispielsweise der von 1583 für Buenos Aires, für die zukünftige Größe der Stadt als zu klein erweist.

2. Da im voraus nicht abzusehen ist, zu welcher Größe sich die Stadt entwickeln wird, kann ein Schachbrettgrundriß beliebig erweitert werden, indem man nach und nach weitere Häuserblocks anfügt. Die Stadtgrenze ist stets eine vorläufige, weil Stadtmauern hinderlich wären. Erst gegen Ende des 16. Jahrhunderts werden einige küstennahe Städte befestigt. Die Trennung zwischen Stadt und offener Landschaft, die in Europa, namentlich in Spanien, so ausgeprägt ist, ist hier nicht so evident, und darüber hinaus verbleiben in der Stadt zahlreiche unbebaute Flächen und große ungenutzte Teile des Straßennetzes (Cholula).

3. Die Einförmigkeit des Schachbrettmusters, das nicht selten auf eine bürokratische Entscheidung am grünen Tisch zurückgeht, steht einer der lokalen Topographie angemessenen Gestalt der Stadt im Wege und führt zur Verarmung des Stadtbildes. Eine Stadt gewinnt dann an Charakter, wenn sie einen Vorgängergrundriß einbezieht (Cuzco) oder auf zwingende Geländeformen Rücksicht nimmt. Eine formal adäquate Lösung ergibt sich aus der Rückbeziehung der speziellen Umstände auf den Menschen: das ist es, was eine Architektur, was die zahlreichen Werke der bildenden Kunst des 17. und 18. Jahrhunderts von der Hand der einheimischen Künstler so originell macht. Hier tritt das künstlerische Erbe der Vergangenheit immer wieder ganz unerwartet zutage.

Das Modell, das die Spanier popularisieren, wird – von geringfügigen Neuerungen abgesehen – durch französische, holländische und englische Siedler in Nordamerika übernommen. Hier wie im portugiesischen Brasilien fehlt es selbst an den geringsten Einflüssen durch einheimische Siedlungsformen. Sie sind vergangen, fast ohne eine Spur zu hinterlassen. Namen wie

Mississippi, Chicago oder Manhattan sind das einzige, was an die viel ältere Anwesenheit von Menschen in diesen Gegenden erinnert, und es ist nur noch den Gelehrten vorbehalten, die außergewöhnlichen, in Stein modellierten Landschaften in den Zentralebenen der Vereinigten Staaten aufzuspüren und zu dokumentieren.

Das kartesianische Raster pflegt das Zeichen von Kultur in jeder, auch in einer unbekannten und unwirtlichen geographischen Umwelt zu sein, ist aber hier im übrigen dem wichtigsten Akt bei einer Stadtgründung, nämlich der Wahl des günstigen Standortes in einem geographisch schwierigen und großartigen Gelände, untergeordnet. Die großen Flußmündungen an der Atlantikküste, die Hochebenen in den Sümpfen am Golf von Mexiko und auch die brasilianischen Buchten werden zu den beherrschenden Elementen der neuen Stadtbilder: Montreal, Quebec, Boston, New York, Philadelphia, New Orleans, Maracaibo, Rio de Janeiro, Bahia.

Erst am Ende des 18. Jahrhunderts, in einem neuen politischen und kulturellen Klima also, wird das Gradnetz auf geographische Räume übertragen und zum universellen Prinzip der Unterteilung jedweder Oberflächen: einer Stadt, eines Landguts, eines Staates, eines Kontinents. Die 1785 von Jefferson be-

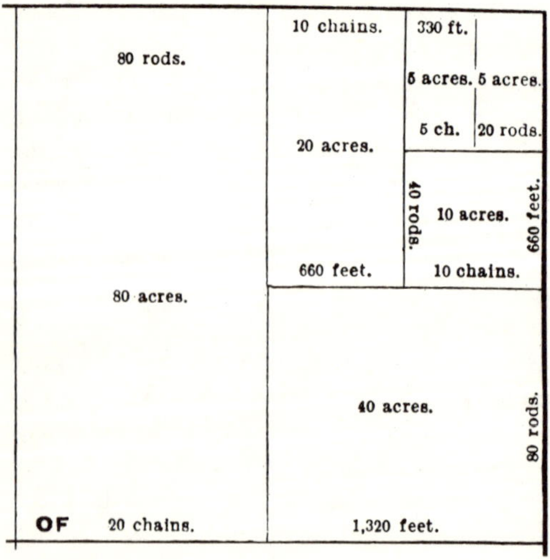

49 *Das territoriale Raster, festgelegt durch das Land Ordinance von Jefferson, 1785, für die Kolonisierung neuer Landesteile der Vereinigten Staaten.*

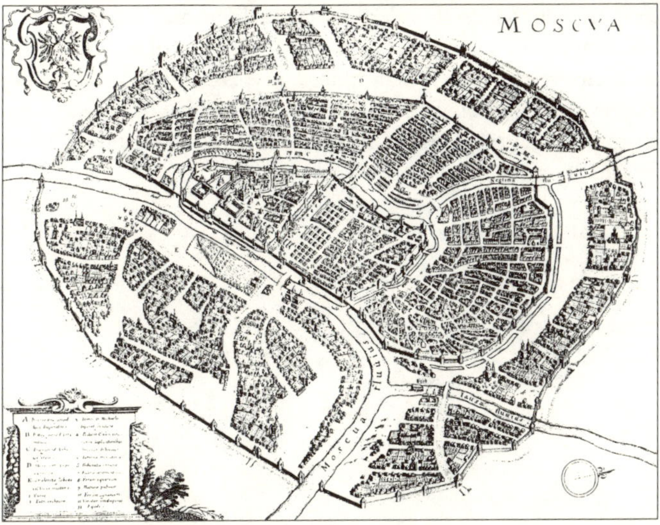

50 MOSKAU. *Ansicht von Merian, 1646.*

triebene Land Ordinance führt ein Gitternetz ein, das an den Längen- und Breitengraden des Globus orientiert ist. Danach besteht jedes Geviert aus 16 Quadratmeilen, die sich bequem in 2, 4, 8, 16, 32 und 64 Parzellen unterteilen lassen. Dieses Gesetz wird in großem Maßstab auf die Landfläche der Vereinigten Staaten von Amerika angewendet, und vergleichbare Anordnungen finden überall dort auf der Welt Anwendung, wo Grenzen zu ziehen und unberührtes Land zu vermessen ist.

Bereits im 18. Jahrhundert führt diese Art der Generalisierung zu einem Bruch mit der europäischen Tradition. Das perspektivische Netz – hervorgegangen aus einer besonderen Erziehung zum Sehen – ist eine mathematisch-technische Abstraktion aus dem Bereich der Naturwissenschaft, mit deren Hilfe der Mensch die Kontrolle über jedes Stück Land gewinnt. Wozu dies führt, lehrt ein Blick auf die Landkarte der USA oder irgendeines anderen Teils der Welt, Europa ausgenommen.

Obwohl es die europäische Kultur war, die dieses Instrumentarium hervorgebracht hat, bleibt Europa der einzige Teil der Welt, in dem die Wirkungen der Perspektive nicht im geographischen Maßstab oder vom Satelliten aus sichtbar sind, sondern allein im topographischen Maßstab, also von einem vergleichsweise nahen Standpunkt aus. Die Anpassung der europäischen Landschaft an die Regeln der Perspektive aber ist ein langes, bewegtes Thema, mit dem sich das folgende Kapitel beschäftigt.

Fünftes Kapitel

Die schwierige Anpassung an die Regeln der Perspektive

1. Die neuen Bedingungen der Stadtplanung

Der Friede von Cateau-Cambrésis (1559) und das Konzil von Trient (abgeschlossen 1563) schaffen ein annäherndes politisches und religiöses Gleichgewicht in Europa. Nun beginnt auch in Fragen der Stadtplanung und der Siedlungspolitik eine Phase der Neuorientierung.

Die Fürstenhöfe lassen sich dauerhaft in denjenigen Städten nieder, die nun endgültig zu nationalen Hauptstädten werden. Die Ausgaben für das Militär werden in Festungsanlagen rund um die Städte und entlang der Landesgrenzen investiert. Die zivile und militärische Schiffahrt erfordert den Bau neuer und die Modernisierung vorhandener Häfen. Der technische Fortschritt, das Anwachsen der Bevölkerung, die Erhöhung der umlaufenden Geldmenge, die Ausweitung und die Spezialisierung der Bürokratie und nicht zuletzt die Notwendigkeit, neue öffentliche und private Ansprüche repräsentieren zu können, dies alles trägt zu einer umfangreichen Erneuerung überlieferter Bausubstanz bei.

Seit 1530 wird Rom einer Neugestaltung unterzogen, die sich an der gewandelten Rolle des Heiligen Stuhls orientiert. Florenz wird zur Hauptstadt des Herzogtums der Medici ausgebaut. Nachdem der französische Hof seit 1528 in Paris residiert, beginnt Franz I. mit dem Neubau des Louvre. 1561 erklärt Philipp II. Madrid zur Hauptstadt, läßt aber ab 1562 in den Bergen nördlich von Madrid die Klosterresidenz des Escorial errichten. Seit 1563 sitzt der sabaudische Hof in Turin, einer Stadt, die 1620, 1673 und erneut 1714 erweitert wird. In der zweiten Hälfte des 16. Jahrhunderts führen die spanischen Vizekönige Neubaumaßnahmen in Palermo und Neapel, den Handelsplätzen und Flottenstützpunkten des Reiches am Mittelmeer durch. In London läßt sich der Hof der Stuart in Westminster nieder, und nach dem Brand von 1666 wird die *city of London* wiederaufgebaut. Die Habsburger beziehen erst 1683, nach der Niederlage der Türken am Kahlenberg, ihre Residenz in Wien.

Auch die wichtigsten Handelsstädte der ersten Hälfte des 16. Jahrhunderts – Genua, Messina, Lissabon, Antwerpen, Lyon und Augsburg – erhalten in dieser Zeit ein neues, anspruchsvolleres architektonisches Gesicht. Die Niederlande, die in der ersten Hälfte des 17. Jahrhunderts zur führenden Handelsnation der Welt aufsteigen, bauen ihre großen Hafenstädte aus. Vom späten 16. bis ins 17. Jahrhundert hinein erweitern die Könige von Schweden und Dänemark die Hauptstädte ihrer Reiche und gründen viele neue Städte. Der erste russische Zar, Ivan IV. (1533–1584), erneuert Moskau und beginnt mit der Kolonisierung der Landesteile jenseits des Ural.

Für unser Thema ist von Interesse, bei welchen Gelegenheiten die Perspektive, dieses charakteristische Element europäischen Kulturerbes, zur Anwendung kommt. Materiell und kulturell betrachtet, hat sich die allgemeine Lage grundlegend gewandelt. In dem neuen politischen und wirtschaftlichen Gesamtrahmen stehen nicht nur größere finanzielle Mittel zur Verfügung, sondern auch die Bautechnik ist weit fortgeschritten. Die Kunst hat die Schwelle der «terza maniera» überschritten und sieht ihre Aufgabe nicht mehr darin, sich immer weiter zu vervollkommnen, sondern blickt eher zurück auf das ererbte Regelsystem und auf die Vorbilder, aus denen sie schöpft. Vor allem durch das Erwachen der modernen Naturwissenschaften hat die Renaissance, die noch Kunst und Wissenschaft in einem war, ihre Aufgaben auf dem Gebiet der Darstellung des Sichtbaren verloren. Die Kunst erwächst nicht mehr aus einer objektiven Übereinstimmung mit der realen Welt, weil es bereits andere Methoden gibt, mit denen diese Wirklichkeit untersucht werden kann, und zwar Methoden, die eine ganz andere Art von Beweiskraft besitzen. «Verstehen» bedeutet nicht mehr «abbilden», wie Jaspers anläßlich seiner Betrachtungen über Leonardo ausführt, sondern heißt, die mechanischen Gesetze, die die Welt der sichtbaren Erscheinungen regieren, aufzudecken. Nicht die Geometrie, sondern die Mathematik ist das Instrument, dessen sich diese Art der Erforschung bedient, nicht die subjektive Einschätzung, sondern das überprüfbare Experiment ist ausschlaggebend. Nachdem die Kunst keine objektiven Gewißheiten mehr hervorbringt, verlegt sie sich auf die Welt der Empfindungen und der Sittlichkeit und beschäftigt sich mit all jenen Werten, für die sich die Wissenschaft ihrerseits nicht zuständig fühlt.

Auch die Baukunst bleibt von dieser Wendung nicht unberührt. Solange die Regeln des klassischen Formenkanons und der Perspektive, die seit Brunelleschi zusammengehören, als objektiv begründet gelten, glaubt man damit die Natur nachzuahmen und gleichsam die Ordnung der Dinge, die sich dahinter verbirgt, abbilden zu können. Die Architektur ist Teil einer vorgegebenen, universalen Hierarchie, bestehend aus dem Primum mobile, den konzentrischen Himmelskreisen, der sublunaren Sphäre und der irdischen Welt mit den vom Menschen geschaffenen Dingen. Die Stadt hat ihren Ort auf der Grenze der beiden letzten Sphären, und solange die Hierarchie insgesamt nicht angezweifelt wird, ist auch die Rangfolge der Stadt kaum in Frage gestellt. Die Hauptaufgabe der Architektur besteht darin, die äußere Welt auf die menschlichen Maße zurückzuführen und die Umwelt räumlich so zu gestalten, daß das menschliche Auge sie erfassen und in die antike und mittelalterliche Überlieferung einordnen kann.

Diese hierarchische Ordnung der traditionellen Astronomie gerät durch Kopernikus ins Wanken (1543) und stürzt durch den *Nuntius sidereus* des Galilei (1619) vollends in sich zusammen. In dem neuen Universum ist der Raum ein unendliches Ganzes, nicht eine je nach den Körpern, die sich in ihm befinden, differenzierte Eigenschaft. In diesem grenzenlosen Universum muß die Architektur versuchen, ihren Platz zu finden und mit dem ihr gemäßen Mittel, der perspektivischen Anordnung des Wahrnehmbaren, das Unendliche begreifbar zu machen. Vor dem Hintergrund dieser revolutionierten Raumauffassung werden die Städte und das Land umgestaltet, und dabei wird offenbar, daß die im Mittelalter gewachsenen Städte der neuen Sehweise nicht gerecht werden.

Den europäischen Gesellschaften in den zwei Jahrhunderten zwischen 1550 und 1750 fällt es nicht leicht, diese Aufgabe zu lösen. Die Kultur der Zeit, der das Mittel des täuschenden Scheins nicht fremd ist, will sich dem Problem nicht recht stellen. Nur sehr selten wird man sich seiner ganzen Tragweite bewußt, wie etwa aus einer dunklen Bemerkung hervorgeht, die nach dem Tod Colberts 1683 in seinen Papieren aufgefunden wird:

«Überall nichts als Pflanzen. Triumphbogen für die Eroberungen der Erde. Observatorium zur Himmelsbeobachtung. Pyramide. Schwierigkeit der Ausführung.»

2. Die Perspektive in der Stadt: Die Wandlungen der Stadt von 1550 bis 1650

Bei den «modernen» Stadtsanierungen bis zur Mitte des 16. Jahrhunderts pflegen einzelne bauliche Organismen aneinandergereiht, also keine langen Prospekte, sondern kurze Einzelansichten erzeugt zu werden, wofür als Beispiele etwa gelten mögen: in Rom Via Alessandrina, Via Giulia, Via della Lungara sowie der in drei Straßen ausstrahlende Ponte S. Angelo und die Piazza del Popolo, in Lissabon und Antwerpen die schachbrettartigen Stadterweiterungen, in Perugia und Genua die «vie nuove» von Galeazzo Alessi und in Neapel Via Toledo. Wichtige Baubestandteile, etwa die Portale an den Palästen in der Via Nuova in Genua, befinden sich entlang der Straße. Die Blickachsen verlaufen quer zur Straße vom Cortile auf das Portal des gegenüberliegenden Palastes, die Straßen selbst sind kaum je einen Kilometer lang. Ausnahmen bilden nur die beiden großen senkrechten Straßen der Stadterweiterung Ferraras unter Ercole; bei ihnen handelt es sich jedoch um überdimensionierte Planungen für die Zukunft, und sie sind nur streckenweise von Häusern gesäumt.

In der zweiten Hälfte des 16. Jahrhunderts entsteht ein allgemeines Interesse an Stadtansichten. Zahlreich kommen italienische, deutsche und flämische Druckgraphiken mit getreuen und sehr detaillierten Gesamtansichten in den Handel; die Künstler sind Guiccardini (1567), Lafréry (um 1570), van Deventer (1558 bis 1572), Duchet (um 1580), Bertelli (um 1585), van Aelst (um 1590), Florimi (erstes Jahrzehnt des 17. Jahrhunderts), Merian (1615) und Münster (1628). Zum ersten Mal wird das gesamte Erbe der europäischen Städte mit den Augen der Renaissance gesehen und allenthalben in Umlauf gebracht. Man lernt die

Teile eines städtischen Organismus synthetisch zu sehen und die Beziehung zwischen der Stadt und den geographischen Gegebenheiten zu erfassen.

Nun wird die perspektivische Darstellung bewußt dazu eingesetzt, ein urbanes Gefüge in regelmäßige Formen zu bringen. Stadtplanungen auf geradlinigen Rastern werden häufiger und großräumiger und arbeiten gekonnter mit Fluchtpunkten. In den 1560er Jahren nimmt Pius IV. in Rom die antike Achse vom Quirinal zur Porta Nomentana wieder auf und verlängert sie in gerader Linie über 1600 m bis zur Porta Pia von Michelangelo. Gregor XIII. und Sixtus V. lassen in den Jahren 1572–1590 zwischen den Kirchen auf den östlichen Hügeln ein neues Straßennetz entstehen, einschließlich einer teils gerade, teils gebogen geführten Straße von ungefähr drei Kilometer Länge zwischen S. Trinità dei Monti, S. Maria Maggiore und S. Croce. Zusam-

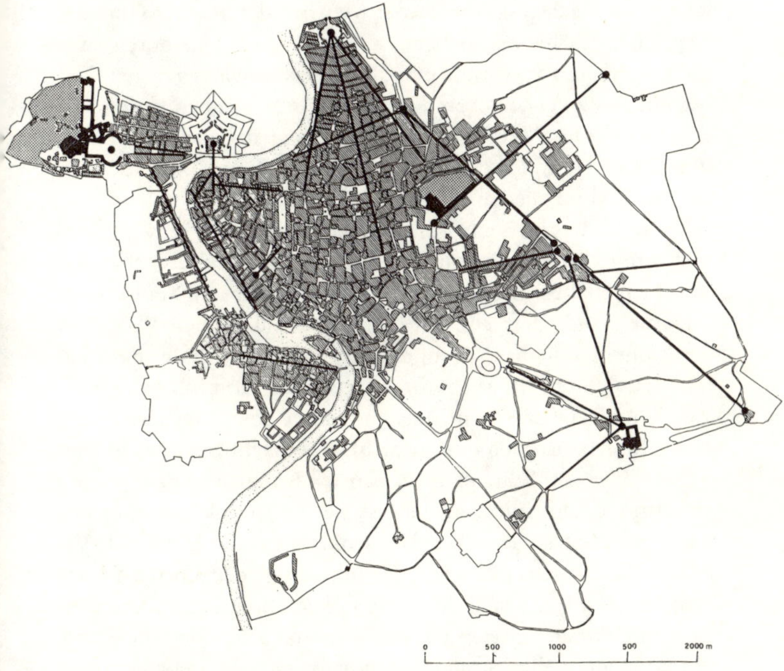

51 Rom. *Die geradlinigen Straßendurchbrüche des 15. und 16. Jahrhunderts.*

men mit den geraden Straßenzügen aus der Antike und den von den Päpsten im vorangegangenen Jahrhundert unternommenen Durchbrüchen wird damit über das verwinkelte mittelalterliche Gefüge ein perspektivisches Netz gelegt, das auch im Stadtinnern Sichtverbindungen zu entfernten Punkten herstellt. Diese werden durch ergrabene antike Säulen und Obelisken auf großen Freiflächen markiert. Das urbane Gefüge selbst dagegen besteht nur aus einigen frontalansichtigen Ensembles.

Die ehrgeizigste Stadtsanierung der Zeit findet in Palermo statt. Zwischen 1564 und 1570 wird der Hafen in nordwestlicher Richtung ausgebaut, wodurch die Stadt von der See her eine monumentale Ansichtsseite bekommt. Die antike Längsachse des Cassero wird bis zum Meer geführt; sie ist 1,8 km lang, besitzt ein Gefälle von gut 28 m und bildet die einzige Durchgangsstraße durch diese Stadt, die nach der Parzellierung der letzten Freiflächen innerhalb der Mauern, den Papireto und die Magione, geschlossen bebaut ist. 1582–83 wird sie durch zwei monumentale Tore formal eingefaßt. Das seewärts gelegene Tor besteht aus zwei voneinander abgerückten Flankenbauten, die den Blick zum Meer freigeben, während das bergseitige Tor von einer Pyramide bekrönt ist, die als Blickfang für das 4,3 km entfernte Monreale am Fuß des Berges dient.

Diese außergewöhnliche, auf perspektivische Wirkung berechnete Achse von über 6 km Länge ist optisch meisterhaft zusammengehalten und fügt sich vollkommen in den Stadtkörper und die Landschaft ein. Sie verbindet die großen Plätze im Stadtinnern mit ihren Hauptbauten, der Kathedrale, dem Palazzo Reale, der Piazza Pretoria, dem Steri, und führt in einem Zug vom Tyrrhenischen Meer bis zum Gebirge im Innern der Insel. In ganz Europa gibt es nichts Vergleichbares, das in ähnlicher Weise den Willen zum Ausdruck bringt, mit den Mitteln einer modernen Kultur die Höhe einer Metropole aus einer vergangenen Zeit zu erreichen. Die senkrecht dazu verlaufende Via Maqueda aus dem Jahre 1597 beeinträchtigt den Entwurf insofern ein wenig, als sich die beiden gleich breiten Straßen in einem reich ausgestalteten Kreuzungspunkt schneiden und dabei ein konventionelles Straßenkreuz erzeugen, das dem asymmetrischen Stadtgefüge nicht ohne Gewalt aufgezwungen ist. Die Via Maqueda hat durchgehend ein ungefähr gleiches Höhenpro-

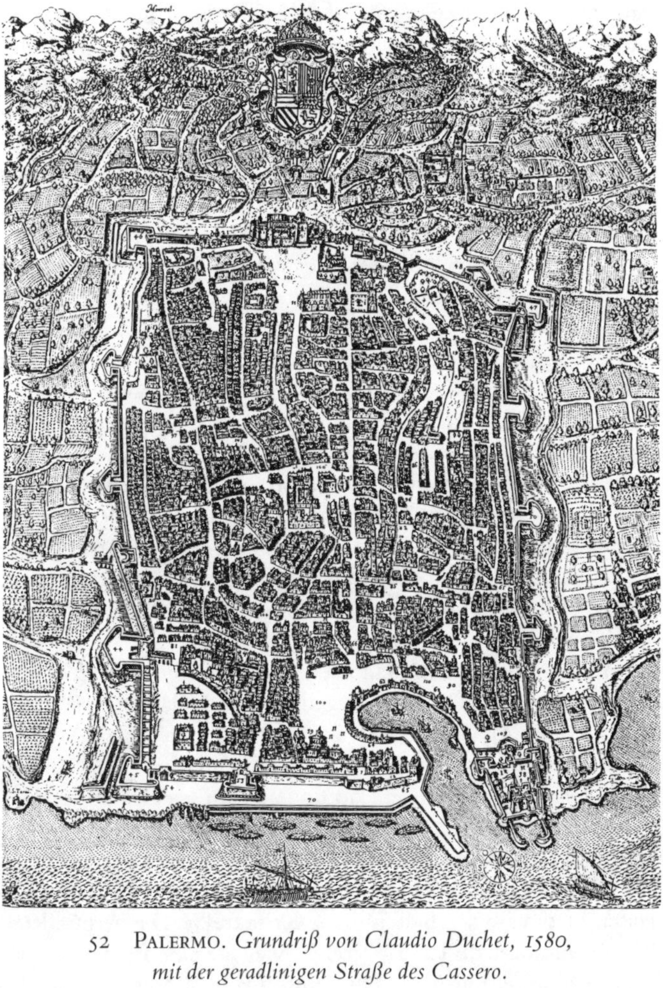

52 Palermo. *Grundriß von Claudio Duchet, 1580, mit der geradlinigen Straße des Cassero.*

fil, das die beiden parallelen Täler beim Cassero unglücklich durchschneidet, ohne dabei perspektivisch zu wirken. Merkwürdigerweise gewinnt sie erst im 19. Jahrhundert an Bedeutung, nachdem sie in beiden Richtungen verlängert wird; heute bildet sie die Hauptachse der Stadt. Die Stadtentwicklung unserer Zeit schließlich macht den ursprünglichen Entwurf gänzlich zunichte: am Stadtrand erdrücken Mietshäuser die Achse nach Monreale, während der neue Außendamm die Aussicht auf das Meer verdeckt.

Während der lebhaften Bautätigkeit in den letzten Jahrzehnten des 16. und den ersten Jahrzehnten des 17. Jahrhunderts treiben die europäischen Herrscherhäuser zahlreiche symmetrisch und regelmäßig konzipierte Neuplanungen der großen Städte voran. Dazu zählen die königlichen Plätze in Paris durch Heinrich IV. (1604–1606), die *plaza mayor* von Madrid (1617), der Wiederaufbau von Lerma (1604), die Fürstenresidenz in Charleville (1610) und die erste Erweiterung von Turin, wo die Einförmigkeit der architektonischen Einzelteile noch die Unsicherheit bei einer perspektivischen Komposition dieser Größenordnung offenbart. Einige große Entwürfe für ganze Stadtorganismen, etwa die Pläne für Göteborg (1620), Kopenhagen (1629) und Stockholm (1640), bleiben entweder auf dem Papier oder werden nur teilweise und ganz allmählich umgesetzt. Der Absolutismus braucht eine vollkommene Bühne, eine Forderung, der die Unsicherheit im Formalen und die mangelnden technischen, wirtschaftlichen und organisatorischen Fähigkeiten nicht genügen können.

Im Gegensatz zu den Hauptstädten der absolutistischen Staaten und der Handelsnationen gelingt den holländischen freien Städten eine glückliche Verbindung mittelalterlicher Verwaltungsstrukturen mit modernem Instrumentarium. Der Staatenbund der sieben Provinzen, dominiert vom Handelsbürgertum der größeren Städte, geht aus der Konkurrenz mit den großen Monarchien der Zeit siegreich hervor und leistet seinen Beitrag zum Entstehen eines Finanzweltmarktes, der die von oben geregelten Nationalwirtschaften in die Krise treibt. Die verbündeten Städte sind deshalb so erfolgreich, weil sie eine Reihe traditioneller Organisationsformen – kommunale, bürgerliche, korporative – wählen, die politischen und ökonomischen Tendenzen des Liberalismus des 18. Jahrhunderts vorwegnehmen und dabei, wie Huizinga bemerkt, die merkantilistische Phase überspringen. Im Schutz dieser «Freiheit» können sich die fortschrittlichsten Richtungen in Literatur, Kunst und Wissenschaft in Europa entfalten. Zur Zeit von Johan de Witt arbeiten in Amsterdam zugleich Rembrandt, Huygens und Spinoza, und hier werden auch die Werke von Descartes und Galilei im Druck herausgegeben.

Auch auf dem Gebiet der Stadt- und Landesplanung entwikkeln sie einen eigenen Ideenreichtum. Die Landfläche der Niederlande ist dem Meer abgerungen durch Anstrengungen, die nach den verheerenden Überschwemmungen von 1508 und 1532 in der zweiten Hälfte des 16. Jahrhunderts noch verstärkt werden. Durch die Trockenlegung von Binnenseen gewinnt man zwischen 1540 und 1640 etwa 120000 Hektar sowie im Jahrhundert darauf weitere 45000 Hektar Land. Mit den Trockenlegungen geht die Entwicklung der Städte einher, der notwendigerweise eine Gesamtplanung für die betreffenden Orte zugrunde liegt.

In der Erhebung gegen Spanien zwischen 1565 und 1609 vermag sich die bereits formierte Welt des Bürgertums gegen den nivellierenden Einfluß einer fernen politischen und religiösen Macht zu behaupten. Die Reparationszahlungen für die Kriegsschäden stehen am Anfang der städtischen Erneuerung. Sie wird zum einen getragen von den großen Verwaltern Jan van Oldenbarneveldt und Jan Pieterszoon Coen, zum anderen aber auch von den Baumeistern und Bauhandwerkern Lieven de Key, Hendrik de Keyser, Jan Leeghwater und Hendrik Staets. Bei ihnen verbinden sich mittelalterliche Bautraditionen mit einem Spezialistentum, das sich in den Zünften herausbildet. Sie sind in allen zivilen und militärischen Bereichen tätig und durchaus in der Lage, ihre Aufgaben mit wissenschaftlicher Strenge in Angriff zu nehmen und sich etwa die in Italien entwickelten perspektivischen Regeln anzueignen.

Haarlem, 1573/73 belagert und 1576 durch Feuer zerstört, wird unverzüglich wieder aufgebaut. Die Stadtverwaltung beauftragt damit die *Stadsfabryk* unter der Leitung von de Key, die sowohl ein technisches Büro als auch eine Planungsbehörde ist und zu Beginn des 17. Jahrhunderts über nicht weniger als ein Drittel des Stadthaushaltes verfügt. Auf der Basis einer Vermessung der Stadt, die Tomas Tomaszoon 1578 veröffentlicht, wird ein Entwurf für eine umfassende Erneuerung des Straßen- und Kanalnetzes und für eine Parzellierung des gesamten Gebietes ausgearbeitet. Die Wohnhäuser und Werkstätten der Weber stehen dabei zu seiten eines langen, geradlinigen Kanals, während de Key auch einige größere Gebäude entwirft, von denen vor allem das Altenheim in Form eines Reihenhauses (1610) zu erwähnen ist.

Amsterdam, das 1578 von Wilhelm von Oranien befreit wird, tritt die Nachfolge von Antwerpen an: Letzteres fällt zwar 1585 in die Hände der Spanier, aber diese können daraus keinen Gewinn ziehen, weil die Holländer die Scheldemündungen blokkieren. Damit beginnt der grandiose Aufschwung Amsterdams. Der vormalige Außenkanal wird in die Stadt einbezogen. An seinem östlichen Ausgang wird die Werft gebaut und 1593 alles mit einem neuen, halbkreisförmigen Befestigungsring gemäß der neuen Festungslehre von Simon Stevin umgeben. 1607 wird eine erneute Erweiterung nach Plänen von Staets beschlossen und 1609 von der Zentralregierung, die die Enteignung des benötigten Geländes anordnet, in Angriff genommen. Unterdessen errichtet de Keyser, von 1591 bis 1621 leitender Architekt der Stadt, die herausragenden öffentlichen Gebäude, namentlich die Börse aus dem Jahre 1608, sowie eine große Zahl Privathäuser.

Die Stadterweiterung besteht aus drei großen Kanälen parallel zu den Befestigungen von 1593. Sie sind 25 m breit, damit vier mittelgroße Schiffe gleichzeitig passieren können, und dreieinhalb, vier bzw. viereinhalb Kilometer lang. Längs der Kanäle befinden sich 11 m breite, mit Ulmen bestandene Laderampen und sonstige Baugrundstücke mit einer Tiefenerstreckung von insgesamt 102 m zwischen zwei Kanälen, wovon 48 m auf einen nicht bebaubaren Zwischenraum entfallen. Im ganzen ist die Anlage halbkreisförmig und von geraden, parallelen Wegen mit einer Länge zwischen einem halben und über einem Kilometer durchzogen; sie läßt sich als solche durchaus mit den herrschaftlichen Anlagen in Rom und Paris oder dem Kanal Heinrichs IV. in den Gärten von Fontainebleau (1200 x 40 m) vergleichen. Hier jedoch sind die Sichtlinien durch die Bäume und die Schiffsmasten verstellt, und es gibt auch keine markanten Fluchtpunkte. Überdies bilden die umstehenden Häuser wegen der parallel verlaufenden Kanäle eine regelmäßige Abfolge und nicht eine einheitliche, einem Gesamtbild unterworfene Kulisse. Vielmehr zeichnet sich jedes Haus durch eine eigene, symmetrische Fassade aus, die aus der kurzen Entfernung über den Kanal hinweg betrachtet werden will, also aus weniger als 50 m,

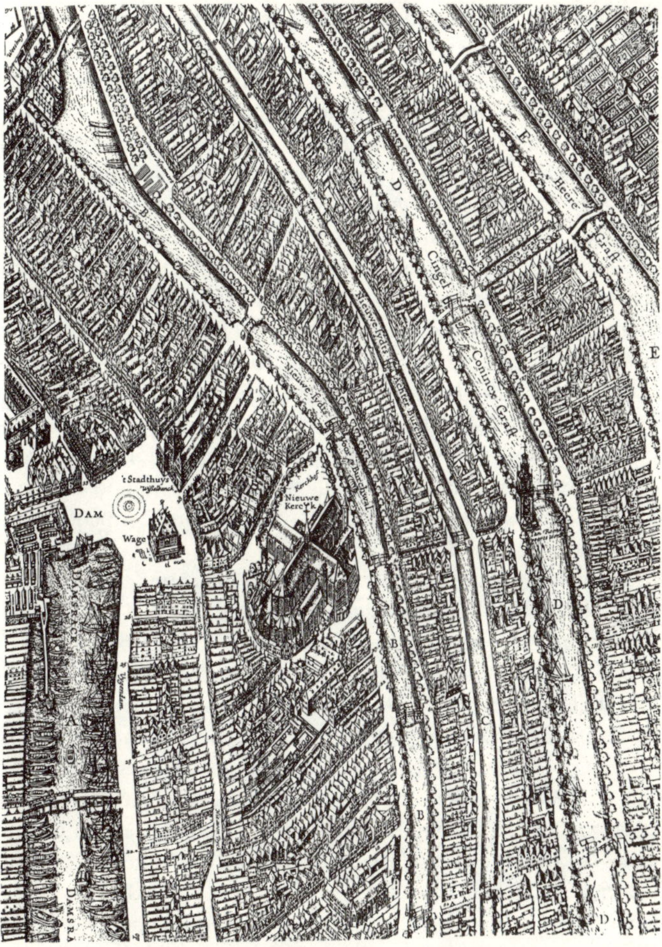

53 AMSTERDAM. *Ausschnitt aus einer Ansicht von 1625 (aus: Kat. D'Ailly Nr. 117). Die Kanäle im Zentrum sind voller Schiffe.*

was der Länge eines mittelalterlichen Platzes entspricht. Das Stadtbild ist mithin kein perspektivisch angelegtes Ganzes, das auf einen festen Blickpunkt berechnet ist, sondern eine Abfolge vieler und unterschiedlicher Elemente, die einzeln abgeschritten werden müssen. Dies wird auf den zahllosen zeitgenössischen

Veduten mit Dreiviertelansichten oder solchen aus der Vogelperspektive deutlich.

Dieser ungewöhnliche Organismus mit seinen 25 Kilometern Kailänge, an denen 4000 Schiffe festmachen können, wird im 17. Jahrhundert in Abschnitten fertiggestellt. Bauherren und Planer gehen dabei im wesentlichen nach mittelalterlicher Praxis vor: zweckmäßige Aufgabenteilung zwischen städtischer Behörde und privatem Unternehmer, Entwicklung neuer urbaner Formen unabhängig von regulären geometrischen Grundfiguren, strenge Einheit von Stadt- und Bauplanung, Koordinierung der räumlichen und zeitlichen Abläufe. Dabei benutzen sie für ihre Zwecke das «moderne» Instrumentarium der Perspektive und des klassischen Formenrepertoires. Seit dem vierten Jahrzehnt des 17. Jahrhunderts tritt eine neue Architektengeneration auf, die mehr von bildhaften Vorstellungen als von der konstruktiven Praxis ausgeht und die Paläste und Kirchen schafft, die das Stadtbild bestimmen: Jacob van Campen, Pieter Post und Salomon de Bray.

So wird Amsterdam innerhalb eines Jahrhunderts eine der größten und am besten ausgestatteten europäischen Städte. Die Einwohnerzahl beträgt 1612 50000 und wächst bis 1632 auf 125000, um in der zweiten Hälfte auf ungefähr 200000 anzusteigen. Die äußeren Befestigungsanlagen, die bereits in der Mitte des Jahrhunderts fertiggestellt sind und anschließend nach dem «neuen holländischen System» des Festungsbaumeisters Menno van Coehoorn verändert werden, umschließen eine Fläche von etwa 700 Hektar, wenig mehr als das, was im Mittelalter üblich war. Andere holländische Städte, die sich weniger stürmisch entwickeln, gehen ähnlich vor, darunter 1610 Leiden und 1671 Haarlem. Auch bei den Stadtgründungen in Übersee – Batavia (1619), Neuamsterdam, das dann von den englischen Eroberern New York genannt wird (1625), und Kapstadt (1652) – versuchen die Holländer diese Methoden wiederholt anzuwenden. Diese Städte entwickeln sich in der Folge zwar zu großen Metropolen der modernen Welt, aber dies nach dem antithetischen Schachbrettmodell der Aufklärungszeit. Die holländischen urbanistischen Modelle, die in ihrem speziellen Ambiente und mit ihren Größenordnungen vollkommen genannt werden können, sind eben weder zu exportieren noch zu verallgemeinern.

Auf einigen Gebieten, etwa auf dem Gebiet des Wasser- und des Festungsbaus, ist die holländische Technik führend in der Welt. An ihre Seite stellt sich die bildende Kunst, die auf vielen Gebieten die internationale Aufmerksamkeit auf sich zieht. Landschaftsmaler wie Karel Dujardin, Jacob van Ruisdael, Philips Koninck und Emanuel de Witte, die sich mit geradezu persönlicher Anteilnahme auf die realistische Darstellung ländlicher und städtischer Sujets sowie Innen- und Außenraumdarstellungen spezialisieren, leisten, zusammen mit Rembrandt und Vermeer, einen bleibenden, spezifisch holländischen Beitrag zur klassischen europäischen Kultur. Er liegt vor allem in der tiefgründigen Erfassung des menschlichen Gesichts sowie einem Gefühl dafür, daß eine urbane oder auch ländliche Szenerie etwas Organisches ist, das immer durch die Anwesenheit des Menschen belebt wird.

Die bisherigen, mehr oder weniger gelungenen Projekte setzen sich nur beiläufig mit der Anwendung der Perspektive im städtischen Maßstab auseinander, ja, sie überzeugen, wie in Holland, nur, wenn die Perspektive nicht weit über einzelne Bauten hinaus Anwendung findet.

Wenn gefragt wird, auf welche Weise eine Stadt perspektivische Gestaltungszüge annimmt, so muß die Rolle untersucht werden, die der Art des Sehens in dem veränderten Zusammenspiel der verschiedenen Kulturzweige zukommt. Zu den herausragenden Architekten, die seit dem zweiten Jahrzehnt des 17. Jahrhunderts auftreten, zählen Bernini, Borromini, François Mansart, Louis Le Vau d. J., Inigo Jones und Jacob van Campen. Als künstlerische Persönlichkeiten sind sie natürlich kaum vergleichbar, und es geht auch nicht an, sie allesamt einer «barokken» Bewegung im Gegensatz zur «klassischen» Richtung der Renaissance zuzurechnen. Schon ihre Absichten sind nicht miteinander zu vergleichen: Einige versuchen, die klassische Richtung weiterzuentwickeln, andere wiederum, die Klassik gegen ältere Tendenzen durchzusetzen, wie es beispielsweise in England geschieht, wo die klassische Richtung zur Kunst der Avantgarde wird. Gemeinsam aber ist ihnen, daß sie – im Gegensatz zu den mehr kollektiv ausgerichteten Traditionen – als einzelne Persönlichkeiten hinter ihrer Kunst stehen. Daraus kann sich natürlich keine einheitliche Richtung entwickeln, sondern es

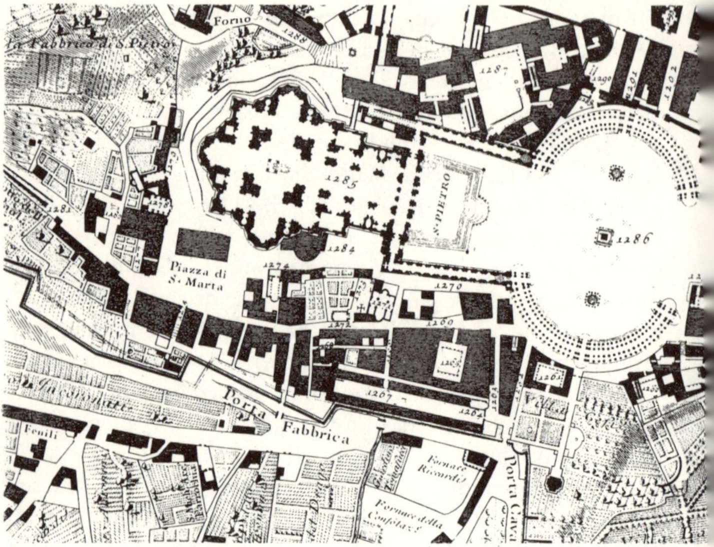

54 Rom. *Die Neugestaltung des Petersplatzes durch Bernini. Ausschnitt aus dem Stadtplan von G. B. Nolli, 1748.*

kommt zu vielen verschiedenen, oft überraschenden Einzelentwicklungen. Gerade dies wird im modernen Sinn eigentlich erst unter «Kunst» verstanden. Eine solche Vielfalt bleibt dennoch organisch, weil der kulturelle Ansatz ein intuitiver ist, ohne daß dabei indessen der gemeinsame Boden der Klassik im weitesten Sinne verlassen wird. Nun ist der Augenblick gekommen, in dem erweiterte und verfeinerte Mittel zur Verfügung stehen, mit denen an die Gestaltung der Stadt in unkonventioneller Weise herangegangen werden kann.

Die alles überragende Figur ist Bernini. Er arbeitet in *Rom*, der berühmtesten und zugleich problematischsten historischen Großstadt. Hier nimmt er sich vieler offener Probleme an und zeigt Wege, wie diese antike Stadt, in der viel zu lange bloß stückwerkhaft reparierend vorgegangen wurde, dauerhaft zu sanieren ist. Namentlich um St. Peter bemüht er sich sein Leben lang. Ihm ist es zu verdanken, daß der Maßstabsunterschied zwischen dem Riesenbau von Bramante, Antonio da Sangallo d. J., Michelangelo und Carlo Maderno und der umliegenden

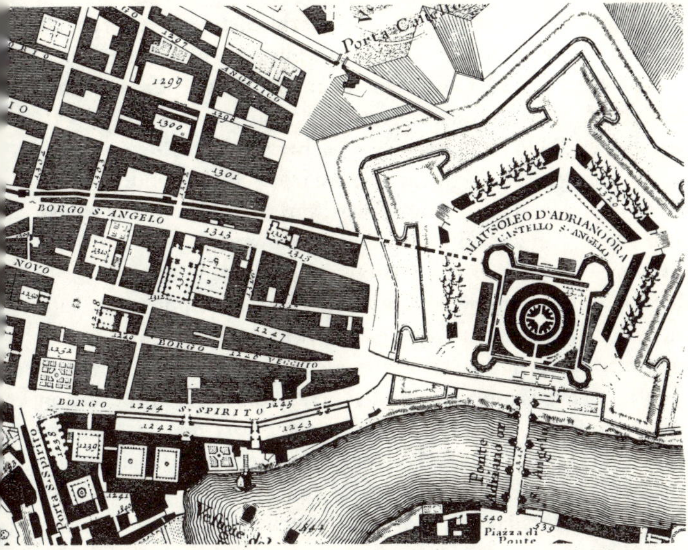

städtischen Bebauung auf ein erträgliches Maß gemildert wird, und auf ihn geht die Umsetzung vieler architektonischer Ideen aus anderthalb Jahrhunderten zu einem lebendigen, funktionsfähigen Ganzen zurück.

Nach dem Jubeljahr 1500 wird der Eingang zum Vatikan von der geradlinigen Via Alessandrina beherrscht, die nicht auf die Kirche, sondern auf das Portal des Palastes zuläuft. 1586 wird der Obelisk errichtet, der zum ersten Mal die Achse der Kirche im Stadtbild verankert. Noch aber versteckt sich Neu-St.-Peter von Bramante und Michelangelo hinter dem konstantinischen Kirchenschiff und dem Atrium. 1614 blickt der von Maderno verlängerte Bau mit der michelangelesken Kolossalordnung seiner Fassade auf den offenen Platz, während der Eingang zum Palast durch einen eigenen, 1618 errichteten Baukörper hervorgehoben wird.

Zunächst gestaltet der junge Bernini das Kircheninnere. 1625 errichtet er den Baldachin über dem Hochaltar unter der Kuppel, der, etwas aus dem Zentrum gerückt, die bereits angelegte Längsachse auffängt. Zwischen 1637 und 1648 dekoriert er den

Innenraum und errichtet 1657 als abschließenden Hintergrund den Bischofsthron in der Mittelapsis. Für den Außenbau schlägt er zunächst zwei Türme zu seiten der Fassade vor, die sich aber als unausführbar erweisen. Auf Betreiben von Alexander VII. gestaltet er die Piazza und verwirklicht zwischen 1656 und 1667 die großartige Raumsequenz, die die beiden bestehenden, leicht korrigierenden Achsen koordiniert: die architektonische Achse vom Obelisken zur Kirche und die urbanistische von der Stadt zur Via Alessandrina, zum Bronzeportal und – über die Scala Regia – zum zeremoniellen und optischen Mittelpunkt des Vatikans, zur Sixtinischen Kapelle. Zum ersten Mal gelingt es, ein so großräumiges Ensemble mit den Mitteln der Perspektive nachträglich zusammenzubinden. Die kolossale Größe der in der ersten Hälfte des 16. Jahrhunderts entworfenen Kirche wird damit schrittweise auf den Maßstab der urbanen Bebauung zurückgeführt und fügt sich in diese ein. Bernini läßt mit Recht den monumentalen und den gewöhnlichen Maßstab nebeneinander bestehen, ja macht dies sogar zum Hauptthema seiner Arbeit. Indem er ganz bewußt eine Epoche abschließt und Rom an die folgende europäische Kultur anbindet, schafft er einen zeitlosen Kontrast zwischen dem Erhabenen und dem Gewöhnlichen.

Auch die sich anschließenden Baumaßnahmen stehen im Zeichen dieses Bemühens. Sie vollenden ein bereits in den Grundzügen angelegtes, unvergleichliches städtisches Gesamtgefüge: die Piazzetta di S. Maria della Pace (Pietro da Cortona, 1656), die Restaurierung des Ponte di S. Angelo (wiederum Bernini, ab 1663), die Treppe der Piazza di Spagna (Alessandro Specchi, 1723–26), die Fontana di Trevi (Niccolò Salvi, 1732), die Piazza del Popolo (Carlo Rainaldi und Bernini, 1662–75 und schließlich Giuseppe Valadier, 1784–1816).

Auf diese Weise verliert die römische Klassik ihre Position als universales Vorbild. Rom bleibt zwar *das* Reiseziel für den Künstler wie für den Gebildeten (1666 gründet Colbert die Académie de France à Rome), aber es ist vor allem der genius loci der Stadt, der seitdem in der Literatur und im allgemeinen Bewußtsein gegenwärtig ist. Rom ist ein Ort des Gegensatzes zwischen der Geschichte der Menschen und den universalen Kräften, denen sie unterliegt.

3. Die perspektivische Stadt: Die Veränderungen zwischen 1650 und 1750

Die französischen Künstler zur Zeit Berninis, etwa Poussin und François Mansart sowie Schriftsteller wie Corneille und Boileau, leiten unterdessen eine neue und für die Zukunft richtungsweisende Epoche ein, die sich ein doppeltes Ziel setzt: eine vernunftgeprägte, europäische Klassik und die Umgestaltung von *Paris* zur adäquaten Hauptstadt des französischen Königreiches.

Die Stadt, in der seit einem Jahrhundert der Hof residiert, ist bereits weit über die mittelalterlichen Mauern hinausgewachsen. Heinrich IV. und Ludwig XIII. erweitern die Bastionen rechts des Flusses so, daß das Quartier der Tuilerien und der Palais Royal miteinbezogen werden. Auf der linken Flußseite ist es zuerst der Palais du Luxembourg der Maria von Medici, mit dem nun auch das Gelände östlich der von Philipp August angelegten Mauer eingebunden wird. Heinrich IV., der von sich sagt, er sei von drei Dingen besessen, nämlich von der Kriegführung, der Liebe und der Bauwut, läßt in seiner kurzen Regierungszeit zwei Plätze anlegen. Es sind dies die dreieckige Place Dauphine an der Spitze der Seineinsel und die quadratische Place des Vosges im Maraisviertel, die halbkreisförmige Place de France war zwischen der Porte St.-Antoine und der Porte du Temple geplant. Darüber hinaus setzt er die im Bürgerkrieg zerstörten Gebäude des Louvre und der Tuilerien instand, die er mit einer Galerie entlang der Seine verbindet. Er plant auch, wie Malherbe berichtet, die *cour carrée* des Louvre zu vollenden und die beiden Schlösser im Norden, entlang der Rue Saint-Honoré, zu verbinden, wobei das dazwischenliegende Gelände vollständig niedergelegt wird. Das erste Vorhaben wird von Ludwig XIV., das zweite erst von Napoleon III. zu Ende geführt.

Heinrich IV. leitet eine Reform der Verwaltung, die die Stütze der absolutistischen Monarchie bildet, auch im Bauwesen ein. Anders als in Holland, wo die Magistrate Grundstücke parzellieren, erschließen und verkaufen und damit das private Unternehmertum unterstützen, übt die Administration in Frankreich nur die Aufsicht über Bau- und Grundstücksgeschäfte aus. Sie

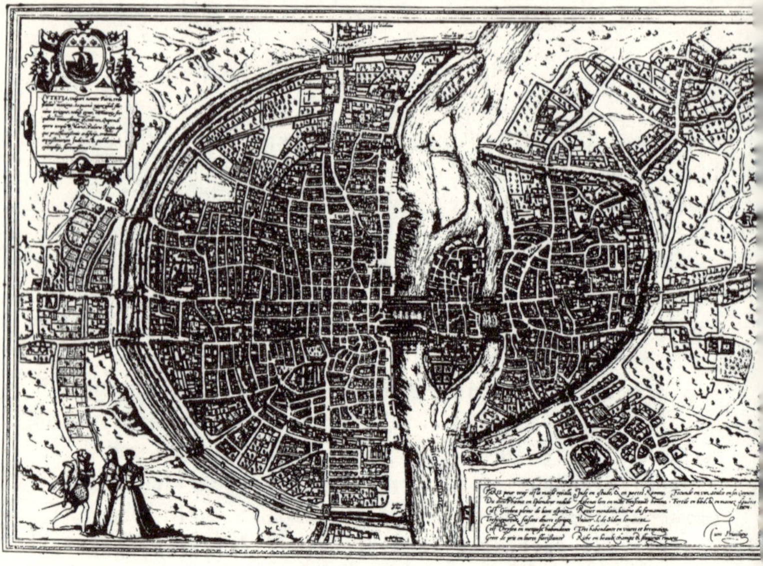

55 Paris. *Ansicht der «trois personnages», 1550.*

wäre im übrigen auch gar nicht dazu in der Lage, eine Stadt zu verwalten, die so stürmisch wächst wie Paris: aus den ungefähr 200000 Einwohnern im letzten Jahrzehnt des 16. Jahrhunderts werden 415000 im Jahre 1637. Die Könige halten sich mit Vorliebe vor den Toren der Stadt auf – Heinrich IV. in Saint-Germain, Maria von Medici im Palais du Luxembourg –, so daß der Hof gewissermaßen einen Gegenpol zur Stadt bildet. Die Macht ist am Hof konzentriert, die öffentliche Meinung in der Stadt. Diese heterogene Gesellschaft, die auf der Macht des Staates gründet und ihr zugleich fremd ist, ist noch nicht klar überschaubar. Die Menschen leben in einer Stadt auf mittelalterlichem, völlig überfüllten und gedrängten Grundriß; es ist eine Gesellschaft mit einem instabilen Gleichgewicht, deren politische und soziale Gegensätze wachsen.

In die Zeit zwischen dem Tod Ludwigs XIII. und Richelieus (1643/44) und dem Machtantritt Ludwigs XIV. (1661) fallen die entscheidenden kulturellen Weichenstellungen. Zwischen der Kultur und der Macht, in bildender Kunst und Literatur, kommt es teilweise zu tiefgreifenden Konflikten. Die Schicksale von Poussin, der zwar einen großen Ruf genießt, aber dennoch für immer nach Rom ins Exil geht, und von François Mansart, der von Jacques Lemercier an den Rand gedrängt wird, finden in denen von Corneille, Descartes und Pascal ihre Parallelen. Die Kulturschaffenden stehen den Interessen der Herrschenden distanziert gegenüber und arbeiten untereinander in Konkurrenz für eine Vielzahl privater und öffentlicher Auftraggeber.

Die Gestaltung großer Bauvorhaben aber führt sie zusammen. Seit der Jahrhundertmitte zielen die Entwürfe zunehmend auf eine große, durch die Architektur zusammengehaltene Gesamtwirkung von bildender Kunst und Raumplanung, für die sich noch kein spezieller Begriff gefunden hat. Anläßlich der Neugestaltung des Petersplatzes in Rom wurde bereits beschrieben, wie spezifisch italienische Bauerfahrung im kleinen in einen urbanen Maßstab transponiert wird. Nicht zufällig wird in denselben Jahren auch in Frankreich zum ersten Mal etwas Vergleichbares, unter Einbeziehung der Landschaft, ins Werk gesetzt. Es handelt sich um die Schloßanlage in Vaux-le-Vicomte für den schwerreichen Oberintendanten der Finanzen, Nicolas Fouquet, ein Unternehmen, das zwischen 1656 und 1660 von Le Vau, Le Nôtre und Le Brun ausgeführt wird.

Le Vau, der einer Baumeisterfamilie entstammt, ist der bevorzugte Architekt der großen Finanziers der Zeit. Der Gartenarchitekt André Le Nôtre und der Maler Charles Le Brun werden zusammen im Atelier von Simon Vouet ausgebildet; der erste erbt 1637 von seinem Vater das Amt des Gärtners der Tuilerien und wird 1656 Bauleiter des Königs, während sich Le Brun von 1642 bis 1647 in Rom aufhält, wo er oft mit Poussin zusammentrifft und sich im folgenden auf die Leitung von Innenausstattungen spezialisiert. In Vaux üben alle drei zusammen die Leitung über ein Heer von Bauarbeitern aus. Hier machen sie sich daran, eine ganze Landschaft zu einer großen Kulisse umzugestalten.

Die Leitung durch einen einzigen Künstler, etwa den auf allen Gebieten gleichermaßen kompetenten Bernini, wird zugunsten einer Gesamtleitung durch mehrere Künstler aufgegeben. Überdies soll die entscheidende Rolle nicht mehr dem Baumeister, sondern dem Gartenarchitekten zufallen. Der von Le

Nôtre entworfene Schloßpark ist es, der die Teile des Gesamtprojekts koordiniert und deren Wirkung bestimmt. Die Renaissancegärten verlängern die Symmetrieachsen der Gebäude um einige hundert Meter, ohne die gewohnten architektonischen Größenordnungen zu sprengen und ohne mit der sie umgebenden natürlichen Landschaft in Wettstreit zu treten. Die verplante Fläche, eine Landschaftsniederung von zwei mal einem Kilometer in einer bewaldeten Hochfläche, bleibt mit Absicht begrenzt, aber dennoch geht der Blick bis zum Horizont.

Das Schloß verriegelt die Längsachse und schafft dabei zwei verschiedene Bereiche, den Eingangshof mit den seitlich ausschwingenden Wirtschaftstrakten und den Garten für die Herrschaft. Die bewegte Gartenfassade ist auf Fernwirkung angelegt und steht beherrschend vor einer terrassierten Grünlandschaft mit Wasserspielen im Hintergrund. In die tiefste Geländestelle ist ein gerader Kanal eingeschnitten, der die Querachse bildet und mit seinen verschieden gestalteten Armen die Geländeneigung ausgleicht.

Es ist im Grunde eine symmetrische Komposition, deren Symmetrie sich aber zum Rand hin verliert, um schließlich in das natürliche Landschaftsbild überzugehen. Während noch die Gärten der Renaissance die Architektur der Natur unterordnen, ja diese besonders hervorheben, schließt der Park von Vaux den natürlichen Hintergrund mit ein. Mit den Mitteln der Architektur wird der Blick bis zum Horizont geführt. Die Kunst versucht auf ihre Weise die neue Vorstellung vom Unendlichen sichtbar zu machen, indem sie die gewohnten perspektivischen Grenzen überschreitet.

Die weitere Entwicklung wird die Tragweite dieser Neuerung erweisen. Am 17. August 1661 lädt Fouquet bekanntlich den König mitsamt dem Hof zu einer Abendgesellschaft mit Feuerwerk im Park – das Festessen wird von Vatel arrangiert, das Ballett ist von Molière verfaßt und von Le Brun inszeniert, die Musik stammt von Lully. Drei Wochen später läßt Colbert den Oberintendanten verhaften, zieht dessen Güter ein und unterstellt die Künstler von Vaux den Diensten des Königs. Colbert ist dabei vor allem an der Neugestaltung von Paris gelegen, Ludwig XIV. dagegen an der Erweiterung von Schloß Versailles, zwei Projekte, die sich angesichts einer leeren Staatskasse gegenseitig ausschließen.

Zuletzt geht Colbert so weit, dem König 1663 in einem berühmten Brief vorzuwerfen, er vergnüge sich lieber in Versailles, als sich der Staatsräson wegen in Paris aufzuhalten. Aber Colbert unterschätzt die Schwierigkeiten der Durchführung bei der Stadtsanierung, die sich in einer so dichten Bebauung wie in Paris nicht überwinden lassen. Der Umbau des Louvrekomplexes, für den 1664/65 auch Bernini Entwürfe vorlegt, zieht sich in die Länge, und für die Sanierung der angrenzenden Areale – den Platz vor der Ostfassade, die Anbindung der Tuilerien – fehlt es gänzlich an den finanziellen und administrativen Voraussetzungen. Die unbebaute Landschaft von Versailles dagegen bietet Möglichkeiten genug, all das zu verwirklichen, was der Absolutismus zur Selbstdarstellung benötigt. Dort können Wiesen, Bäume, Wasserflächen und Statuen in eine beliebige Ordnung gebracht werden, was bei den Stadthäusern und ihren Bewohnern natürlich nicht geht, und so wird ab 1682 schließlich der ganze Hofstaat in diese seelenlose Szenerie verlegt, eine für ihn eigentlich passende Kulisse. «In seinen Schloßgärten gibt es mehr Statuen als in einer Großstadt Einwohner», läßt Montesquieu 1721 den Perser Usbek sagen, als die Bauarbeiten Ludwigs XIV. abgeschlossen sind.

In Versailles greift Le Nôtre noch einmal das Experiment von Vaux auf und geht dabei bis an die Grenzen des Möglichen. Von der Hauptfassade des Schlosses gehen drei Straßenachsen aus, innerhalb derer sich eine ganze Stadt entwickelt, während die bewaldete Landschaft auf der Rückseite der Symmetrie des Schloßbaus unterworfen ist. Ein kreuzförmiger Kanal, in dem sich das Licht der aufgehenden Sonne spiegelt, markiert die Hauptachsen der Komposition. Das Schloßgebäude selbst wird mehrfach vergrößert, vermag sich aber gegenüber der weitflächigen Anlage erst zu behaupten, als ihm Jules Hardouin-Mansart nach 1677 die U-förmige Gestalt gibt. In der Ferne verlieren sich die Details der Fassade, die Le Vau aus den Entwürfen Berninis für den Louvre ableitet. In der Mitte des konkaven Bauteils, aus der Richtung von Paris her gesehen, steckt noch das ursprüngliche Jagdschloß mit den königlichen Gemächern. Auf der Parkseite nimmt die große Sichtachse ihren Ausgang vom

56 PARIS *und Umgebung mit den in der ersten Hälfte des 18. Jahrhunderts ang legten Straßen und Gärten. Die Trassen des Barock (fette Linien) sind über die d Mittelalters (dünne Linien) gelegt, ohne an diese anzubinden. 1. Maison*

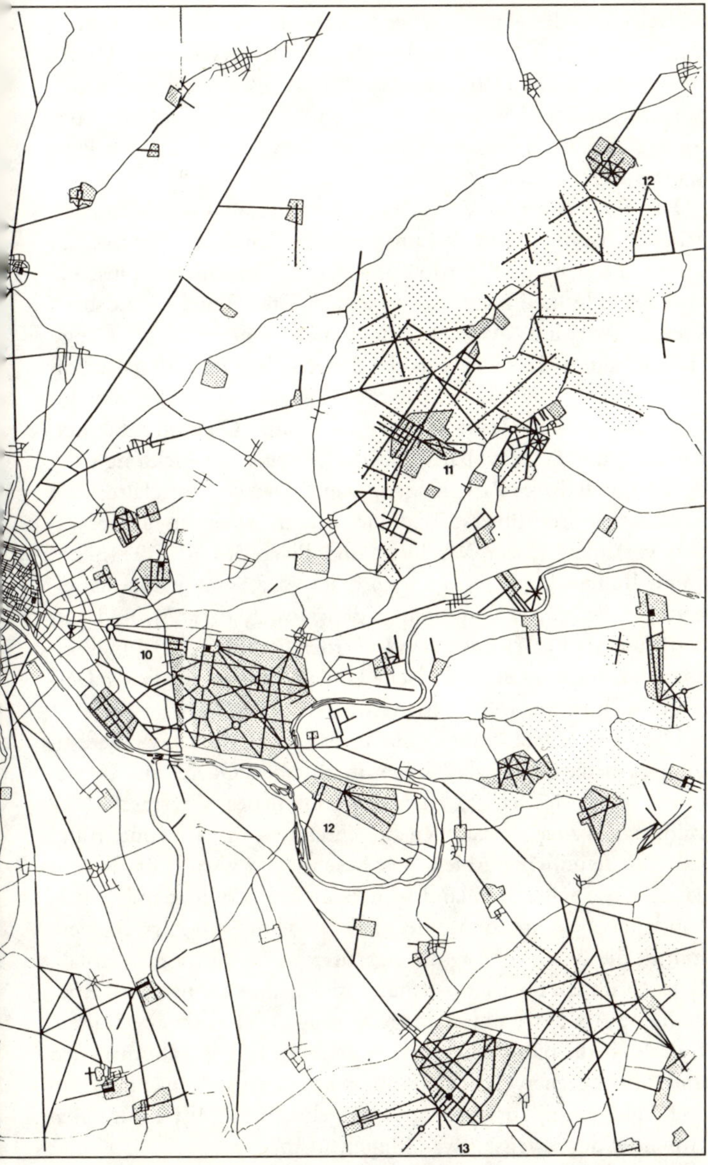

2. Saint-Germain, 3. Marly, 4. Versailles, 5. Clagny, 6. Saint-Claude, 7. Bois de Boulogne, 8. Meudon, 9. Sceaux, 10. Vincennes, 11. Livry, 12. Saint-Maur, 13. Gros Bois.

Mittelrisalit, der von unten betrachtet leicht überhöht erscheint, aus der Ferne jedoch mit dem Baublock verschmilzt. Dieser riegelt den riesigen Park ab, ja scheint ihn gleichsam in sich aufzunehmen. Das Hauptgeschoß des Mitteltrakts wird von der Spiegelgalerie eingenommen, in deren Wänden sich der Park widerspiegelt.

Die Baustelle von Versailles, auf der 1685 35000 Menschen arbeiten, ist die größte in Europa seit der römischen Antike. Le Nôtre, Le Brun und Hardouin-Mansart koordinieren Tausende von Künstlern, die auf die verschiedensten Teile des Ausbaus spezialisiert sind. Während die Bauarbeiten noch im Gange sind, arbeiten dieselben Künstler daneben bereits am Lustschloß Marly für den König und darüber hinaus für Mitglieder des Hofstaats an den Residenzen Saint-Claude, Chantilly, Sceaux, Meudon und Clagny. Paris selbst erlebt eine Entwicklung nach dem Modell dieser Parkanlagen. Dabei wird der mittelalterliche Stadtkern durch diverse Baumaßnahmen zwar nur unwesentlich verändert (Place Vendôme und Place des Victoires), der weite Bogen der Befestigungen rechts der Seine jedoch zu einem Straßengürtel umgestaltet (die *grands boulevards*), und von den alten Stadttoren ausgehend, werden geradlinige Baumalleen angelegt, die das neue städtische Umland mit seinen vielen Gärten und Bürgerhäusern durchziehen.

Diese offene Stadt mit ihren Grünanlagen, die keiner Befestigungen bedarf, weil das Reich durch einen Gürtel aus Grenzfestungen gesichert ist, bietet ein ganz neues, überraschendes Bild, das in zeitgenössischen Berichten teils mit Bewunderung, teils mit feindlicher Ablehnung beschrieben wird. Für Boileau ist es ein «Schlaraffenland», in dem der Wohlhabende «aufs Land gehen kann, ohne die Stadt zu verlassen». La Bruyère nimmt die Beschreibung des Gartens von Chantilly zum Anlaß, Betrachtungen über die Ordnung im Kosmos anzustellen. Aber die neue Art der Landschaftsgestaltung («der Erde eine andere Gestalt als die natürliche geben», nennt es Bussy-Rabutin) wird unter moralischen Gesichtspunkten kritisiert: sie verschlinge zuviel Geld, wenn auch die dafür aufgebrachten Mittel nur einen Bruchteil der Kriegsaufwendungen ausmachen.

Nicht selten werden Bauten von Truppenteilen ausgeführt und unterliegen so dem Einfluß der Militärstrategie. Die grö-

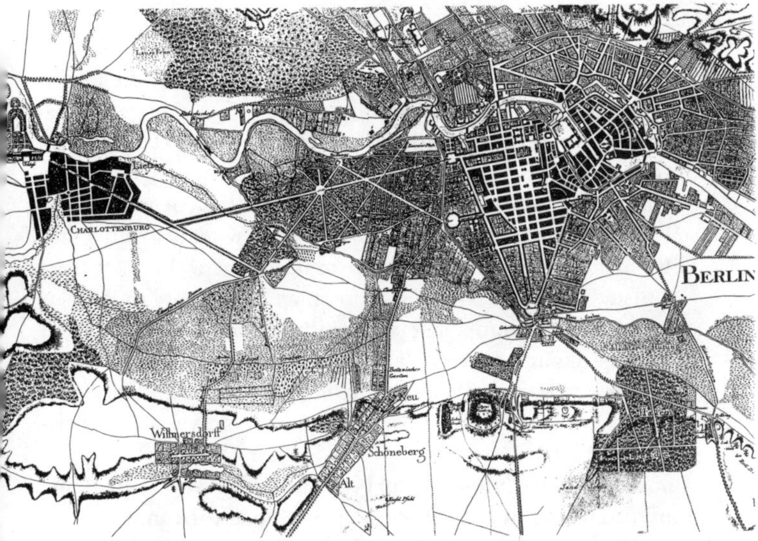

57 Berlin *mit Charlottenburg. Grundriß (aus: J. F. Schneider, 1802).*

ßere Landesplanung kann infolgedessen nicht dieselbe Regelmäßigkeit entwickeln, die die künstlich angelegten Gärten Le Nôtres auszeichnet; überdies sind die finanziellen und organisatorischen Mittel dazu vollkommen unzureichend. So mangelt es zum Beispiel stets an Wasser für die Brunnen von Versailles, weshalb die Brunnenaufseher das Wasser entsprechend den Spaziergängen des Königs im *petit parc* aufdrehen müssen; später installiert man in Marly eine Pumpe für das Seinewasser, leitet das Wasser von den Hochebenen von Sacley heran und plant das gleiche für das Wasser des Seinenebenflusses Eure, ein Riesenprojekt, das 1688 eingestellt wird. Der Hofstaat, der die Schloßanlage mit 10 000 Menschen bevölkert, erstickt zuweilen im Abfall, so daß der König mitsamt seinem Hofstaat während der Reinigungen «zum Luftholen» nach Marly oder sonstwohin gebeten werden muß. Die Kulisse, die Le Nôtre und Hardouin-Mansart errichten, ist sehr berechnet, nüchtern, etwas abgehoben von diesem bunten Treiben. Hinter der Fassade verbirgt sich eine funktionale Unordnung, und die Vorkommnisse des täglichen Lebens verlieren sich in den großen Raumfluchten und den freien Außenräumen. Das Auge soll nur eines sehen: die gestaltgewordene Idee der absoluten Monarchie, die in der Tat überall Verbreitung finden wird.

Die Ausdrucksformen, die Frankreich im *grand siècle* hervorbringt, setzen seit dem späten 17. Jahrhundert in der Kunst, in der Literatur und im gesamten europäischen Lebensstil Maßstäbe, und auch die antiken Vorbilder werden seither durch den Filter des französischen Klassizismus gesehen. In fast allen Hauptstädten teilt sich der Hof in einen Stadtpalast und einen oder mehrere Sommersitze außerhalb des Stadtgebietes. Man verzichtet darauf, das mittelalterliche Stadtgefüge grundlegend umzugestalten, und hält sich dafür an dem schadlos, was Gärten und aufwendige Bauten außerhalb der Stadt in verschwenderischer Fülle bieten.

In *Madrid* läßt Philipp V., ein Neffe Ludwigs XIV., eine Reihe von Nutzbauten wie Brücken, Aquädukte und Brunnen sowie nach dem Brand von 1734 durch Filippo Juvara den neuen Palast errichten, der in den folgenden Jahrzehnten nach und nach fertiggestellt wird. Unterdessen werden die Landschlösser Aranjuez und La Granja nach dem Muster von Versailles umgebaut – beide weitab der Hauptstadt und ohne Einfluß auf die Stadtentwicklung.

Wien wird nach der Schlacht am Kahlenberg 1683 Sitz der Habsburger und unter besonderer Berücksichtigung der Verteidigungsmöglichkeiten umgebaut. Ein 500 m breites Glacis isoliert die mittelalterliche Stadt mit ihren Befestigungen, während die Vorstädte entlang der Durchgangsstraßen saniert und mit einem zweiten Befestigungsgürtel von 200 m Breite umgeben werden. Als Hofarchitekt Josephs I. und Karls VI. widmet sich Fischer von Erlach bei seinen Entwürfen für kaiserliche Bauaufgaben, etwa für die Hofburg und für das außerhalb gelegene Schönbrunn, vor allem den Stilfragen.

Maximilian II. Emanuel von Bayern, der sich zwischen 1704 und 1715 nach Paris geflüchtet hatte, bringt bei seiner Rückkehr Dominique Girard von dort mit. Dieser entwirft zunächst die beiden Gärten in Nymphenburg und Schleißheim und sodann für den Kölner Erzbischof die Anlage in Brühl. Die Stadtorganismen und die Gärten von Berlin (infolge mehrerer Erweiterun-

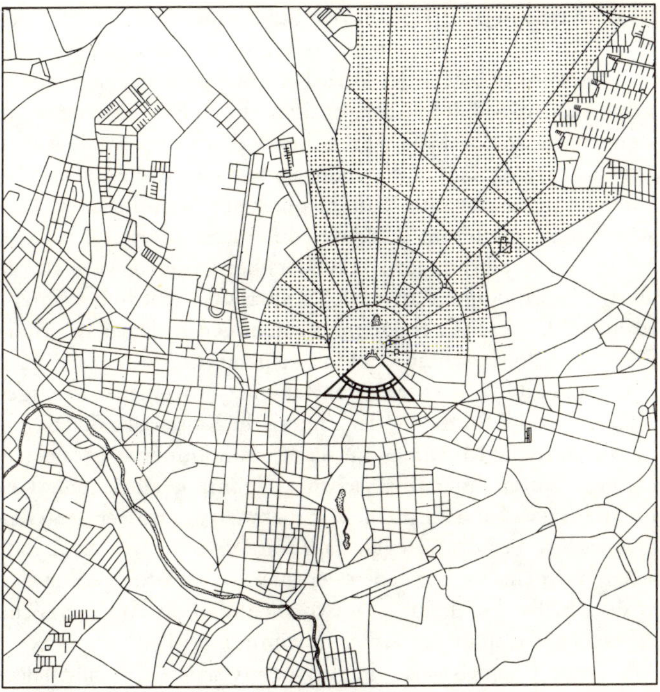

58 Karlsruhe. *Die Straßenführung der 1715 gegründeten Stadt über das heutige Straßennetz gelegt.*

gen ab 1640), Dresden (Wiederaufbau nach dem Brand von 1685) und Würzburg (seit 1714 von einer bürgerlichen Stadt zur fürstbischöflichen Residenzstadt aufgestiegen) bilden gelungene Gesamtentwürfe. In Karlsruhe, seit 1715 neue Hauptstadt unter Markgraf Karl Wilhelm von Baden-Durlach, werden sowohl die Gärten als auch die Stadt von einem strahlenförmigen Straßenraster, das vom Schloß ausgeht, beherrscht.

In *Sankt Petersburg*, das 1703 von Peter dem Großen als neue russische Hauptstadt an der Mündung der Neva gegründet wird, liegen die Dinge wiederum anders. Die ersten Jahrzehnte handelt es sich lediglich um einen befestigten Vorposten, in dem sich 100000 Gefangene als Arbeitskräfte drängen, bis der Hofstaat verpflichtet wird, dorthin umzusiedeln. 1712 unternimmt der Zar einen ersten Anlauf, den Stadtgrundriß zu regularisieren, wozu er Andreas Schlüter aus Berlin und Le Blond aus Paris kommen läßt, aber das Vorhaben muß aufgegeben werden. Nach seinem Tod dehnt sich die Stadt durch Erweiterungen im Bereich der drei auf die Admiralität zulaufenden Straßen von 1730 aus. Diese Stadt in der endlosen Weite, ein Mosaik aus Gebäuden und Gärten, aus dem die unter der Zarin Elisabeth entstandenen Bauten von Bartolomeo Francesco Rastrelli aus der Mitte des 18. Jahrhunderts besonders hervorragen, vermag bei alldem gleichwohl ihr unverwechselbares Gesicht zu bewahren. In ihrem Umkreis entstehen die prächtigen Anlagen Peterhof, Zarskoje Selo (Puschkin) und Oranienbaum.

Überall gilt der *grand goût* französischer Provenienz als zeitgemäßes Vorbild, und sogar der chinesische Kaiser läßt sich durch zwei jesuitische Missionare im Park des Sommerpalastes einen kleinen Garten im europäischen Geschmack einrichten. Gemeinsam ist allen derartigen Unternehmen die Anwendung der klassischen Perspektivregeln auf die verschiedensten Landschaftsformen. Sie ist, neben der unentwegten Steigerung des Größenmaßstabs, dafür verantwortlich, daß die Anlagen nicht selten überzogen und innerlich unstimmig wirken.

So kann beispielsweise eine perspektivische Achse normalerweise eine Länge von ungefähr drei Kilometern haben; dies ist die Entfernung zwischen dem Schloßbau in Versailles und der niedrigen Anhöhe am Ende des *grand canal*, der scheinbar ins Unendliche führt. Soll das Auge dagegen größere Distanzen erfassen können, müssen stärkere Geländeneigungen genutzt werden.

In *Kassel* errichtet der Landgraf von Hessen-Nassau ab 1700 die Anlage Wilhelmshöhe, auf deren höchstem Punkt sich eine vergrößerte Nachbildung des Herkules Farnese erhebt. Von dort stürzt ein Wasserfall in direkter Linie zum Schloßbau herab. Die Sichtachse reicht über siebeneinhalb Kilometer Luftlinie und überwindet dabei einen Höhenunterschied von 400 m, ohne dabei in ununterbrochener Linie über das Terrain geführt zu sein.

1712 läßt Vittorio Amedeo II. in *Turin* eine neue geradlinige Straße nach Rivoli anlegen; dort befindet sich gerade der neue Vorstadtpalast im Bau. Filippo Juvara, der 1714 eintrifft, entwirft die Votivkirche Superga und entwickelt dabei die aufsehenerregende Idee, diese in einer Linie mit den Höhen auf der anderen Seite des Po zu verbinden. So realisiert er mit Hilfe einer ganz gewöhnlichen Straße eine perspektivische Achse von 19½ Kilometer Länge, die von Rivoli nach Turin über 100 m überwindet und sich dann bis zu dem isoliert in die bewaldete Landschaft gesetzten Kuppelbau in 430 m Höhe hinzieht. Das Schloß in Rivoli mit seinen Freitreppen, gesehen vom gegenüberliegenden Punkt aus, erscheint dem Auge wie ein fernes Ziel, und zusammengenommen betonen die beiden Gebäude die enge Talmulde zwischen den beiden Gebirgsstücken der Alpen und des Apennin, die Turin umgeben, so daß das Auge ein dünnes, fragiles Band dazwischengespannt zu sehen glaubt. Es ist dies das großzügigste architektonische Schauspiel, das je mit den Mitteln der Perspektive inszeniert wurde, wobei auch die Luftwirkung einerseits und der kompakte Landschaftshintergrund andererseits ins Kalkül gezogen sind. In dieser Form existiert das Ganze freilich nicht mehr, aber auf eigenartige Weise wirkt der kühne Gedanke von einst in dem ansonsten konfusen Ambiente von heute immer noch nach.

1752 beginnt Karl III. Bourbon mit dem Bau der suburbanen Residenz *Caserta*. Die Straße von Neapel her, die einer antiken römischen Trassierung folgt, wendet sich irgendwann leicht nach Osten und zielt auf einen sechseinhalb Kilometer entfernten und 250 m hoch gelegenen Punkt des Berges S. Leucio. Entlang dieser Achse mit dem vom Berg stürzenden Wasserfall als Fluchtpunkt reihen sich die übrige Straße, das Schloß und der Garten; auch der nahegelegene Stadtkern ist danach ausgerichtet.

Mit diesen bemerkenswerten Leistungen geht, an der Schwelle zur Aufklärung, die Zeit der großen perspektivischen Würfe zu Ende. Wurzeln sie auch im barocken Illusionismus, so verlieren sie doch nie den direkten Kontakt mit dem, was das Auge konkret erblickt, und sie gleiten auch nicht ins Utopische ab. Sie bauen auf geometrischen Regelmäßigkeiten auf; wo sie dabei mit unregelmäßig ausgebildeten, mittelalterlichen Siedlungen in Konflikt kommen, werden diese teilweise angepaßt. Steht jedoch eine unbesiedelte, große Landschaftsszene zur Verfügung, können sich die Entwürfe erst wirklich frei entfalten und zur Geltung kommen. Hierin liegt die Spannung, aber auch die überzeugende Wirkung solcher Konzeptionen wie der von Versailles, das eine in sich abgeschlossene Welt mit einem eigenen, künstlichen Horizont darstellt. In die Reihe der überzeugenden Lösungen gehört auch das dichte Sichtgefüge zwischen Rivoli und Superga sowie die Einheit aus der Wasserlandschaft, den Gärten und den verstreut stehenden Monumenten unter dem Himmel St. Petersburgs.

Als sich in dem neuen geistigen Klima der Aufklärung das Bild, das man sich von der Geometrie des Universums macht, der Anschaulichkeit zu entziehen beginnt und ins Abstrakte wendet, bedeutet dies auch das Ende dieser Art von Landschaftskultur. Die formalen Mittel, derer man sich dazu bedient hatte, geraten in Vergessenheit, und späteren Generationen steht nur noch ein vereinfachtes Repertoire zur Verfügung. Insbesondere so charakteristische formale Elemente wie die Übertreibung und den Widerspruch wird man bei den späteren Versuchen, die Zentren der politischen und wirtschaftlichen Macht – etwa Washington, das Paris des 19. Jahrhunderts, Berlin, Chicago oder Neu Delhi – formal zu gestalten, vergebens suchen.

4. Die Abwendung von der Perspektive. Das Beispiel Englands

Nach der Restauration der Monarchie im Jahre 1660 sucht Karl II. den Anschluß an die Entwicklungen auf dem Kontinent. Hugh May, Schatzmeister des Bauamts und gemeinsam mit dem Herzog von Buckingham aus dem Amsterdamer Exil zurückgekehrt, verpflichtet die holländischen Neuklassizisten Jacob van Campen und Pieter Post, während seit 1661 André und Gabriel Mollet, Söhne des Lehrers von Le Nôtre, Claude Mollet, den *grand goût* der französischen Parkanlagen in England bekanntmachen. Nach diesen Vorbildern werden die Bauten der Krone in Whitehall, Hampton Court und Greenwich errichtet.

Der Brand von *London* im Jahre 1666 bietet die in Europa einzigartige Gelegenheit, eine Stadt nach einem «modernen» Plan in großem Maßstab wiederaufzubauen. Die acht Entwürfe von Wren, Hooke, Evelyn, Knight und Newcourt erweisen sich als unausführbar, weil der Brand die administrativen und wirtschaftlichen Hindernisse nicht beseitigte, mit denen schon andere europäische Hauptstädte zu kämpfen hatten, nämlich die fehlende Koordinierung von öffentlichen und privaten Interessen sowie die unzureichenden finanziellen und gesetzlichen Möglichkeiten. Die englischen Planer reagieren unterschiedlich auf diese Schwierigkeiten. Zwar gelten sie als kompetente Architekten, aber es fehlt ihnen an einer künstlerischen Ausbildung. Cristopher Wren und Robert Hooke sind Wissenschaftler der *Royal Society for Improving Natural Knowledge by Experiments*, John Evelyn ist ein wohlhabender Dilettant, Knight gehört dem Militär an. Sie sind nicht vertraut mit den Regeln der Perspektive nach Art der Renaissance, deren Anwendung in Europa auf so große Schwierigkeiten gestoßen war. So sieht man sich gezwungen, perspektivische Entwürfe außerhalb der Städte zu realisieren.

Der *Act for Rebuilding the City of London* von 1667 basiert auf etwas verbesserten alten Katasterrichtlinien (Verbreiterung der Straßen, Kanalisierung der Wasserläufe und Vorschriften für die Ausführung von Gebäuden) und ist nicht gerade dazu angetan, eine wirklich moderne Planung zu beflügeln. Es entstehen öffentliche Bauten wie die Börse von Edward Jerman, Zunfthäuser von Peter Mills, Kirchen von Wren, Thomas Archer und James Gibbs. Dazu kommen die Erschließung vorstädtischer

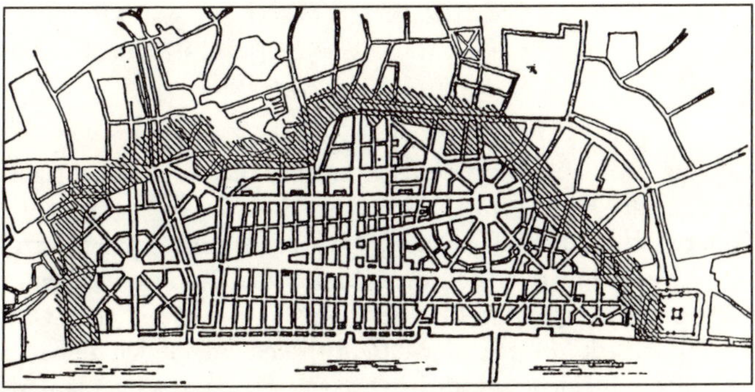

59 LONDON. *Der Wiederaufbauplan der* city *von Chr. Wren nach dem Brand von 1666.*

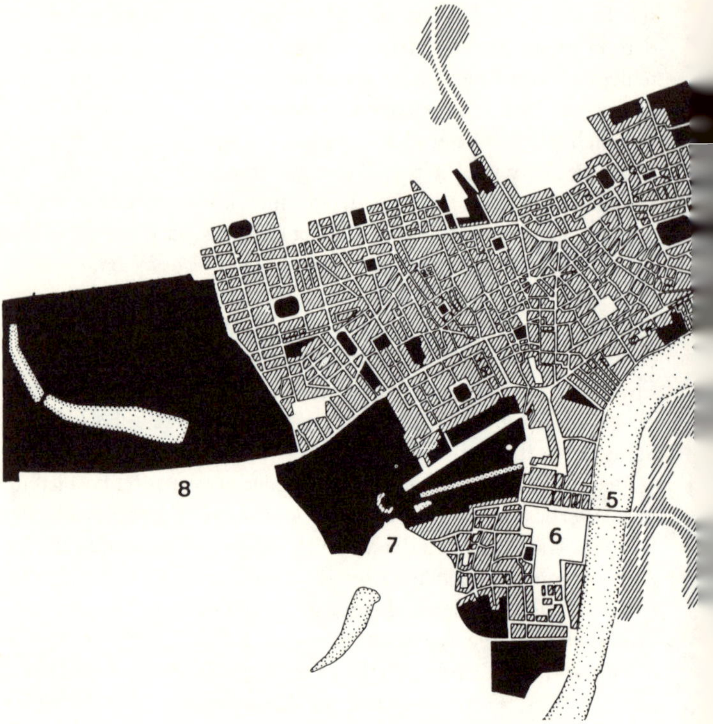

60 LONDON. *Die Stadtperipherie im 18. Jahrhundert. In Schwarz die Grünanlagen. 1. Die* city, *2. Tower of London, 3. London Bridge, 4. Blackfriars-Bridge, 5. Westminster-Bridge, 6. Westminster, 7. St. James's Park, 8. Hyde Park.*

Gebiete mit den symmetrisch angeordneten Wohnanlagen Bloomsbury Square (1661), Grosvenor Square (1695), Cavendish Square (1717), Berkeley Square (1730), Bedford Square (1775) und Russell Square (1800), die beiden neuen Themsebrücken in Westminster (1751) und Blackfriars (1760), die königlichen Gärten Hyde Park (um 1640 der Öffentlichkeit zugänglich gemacht und 1830 mit einem künstlichen See bereichert) sowie St. James's Park mit seiner unter Karl II. angelegten Allee Pall Mall und schließlich die auf private Initiativen zurückgehenden Promena-

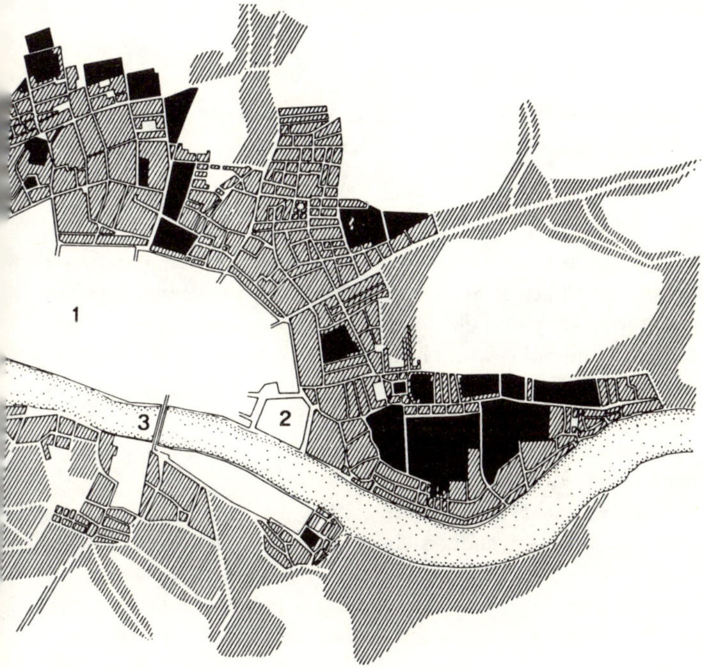

den Wauxhall Gardens und Ranelagh Gardens mit der gedeckten Rotunde aus dem Jahre 1741.

Bei diesen Entwürfen handelt es sich jeweils um regelmäßige, überschaubare Modelle mittlerer Größe, die aber untereinander nur in einem lockeren Zusammenhang stehen. Unterdessen wächst die Stadt über jedes bekannte Maß hinaus und erreicht am Ende des 18. Jahrhunderts eine Einwohnerzahl von einer Million. Die Veduten Canalettos aus der Mitte des 18. Jahrhunderts mit den steilen Silhouetten lassen die Größe dieses Organismus auf dem zur Themse abschüssigen Gelände erahnen, der Wordsworth am Beginn des 19. Jahrhunderts zu den Worten inspiriert:

«Ships, towers, domes, theatres and temples lie
Open unto the fields and to the sky
All bright and glittering in the smokeless air.»

Der enorme Fahrzeug- und Fußverkehr dieser Metropole veranlaßt John Gay hingegen zu der Bemerkung:

«Who can recount the coach's various harms
The legs disjointed and the broken arms?»

In englischen Städten durchschnittlicher Größe gelangt man mit dieser Art additiver Stadtentwicklung zu ganz herausragenden Lösungen. Hier sind die *squares* und die *crescents* zu nennen, wie sie Vater und Sohn Wood in Bath zwischen 1727 und 1767 realisieren, und die Stadterweiterungen von Edinburgh nach dem Wettbewerb von 1767, allesamt locker verbundene, symmetrische Einzelanlagen unter geschickter Ausnutzung unregelmäßiger Geländeformen.

Der englische Landschaftsgarten der ersten Hälfte des 18. Jahrhunderts wendet sich bewußt von der regelmäßigen, perspektivischen Anlage ab. Diese Abwendung kündigt sich bereits in theoretischen Diskussionen an. Folgen die Parkanlagen des späten 17. und des beginnenden 18. Jahrhunderts wie Badminton (1682), Chatsworth (1685), Melbourne Hall (1704), die in der 1707 erschienenen *Britannia illustrata* von Leonard Knyff und Jan Kip dargestellt sind, noch französischen höfischen Vorbildern, so treffen sie doch bereits auf eine entgegengesetzte literarische Bewegung. 1709 ist es Shaftesbury, 1712 Joseph Addison und 1713 Alexander Pope, der sich gegen die regelmäßigen Formen der Landschaft und der Vegetation wendet. Pope selbst entwirft 1719 den Garten seiner Villa in Twickenham, der sich zwar noch um eine Längsachse entwickelt, aber an den Außenbereichen ganz unregelmäßig gestaltet ist. Seit dem dritten Jahrzehnt des Jahrhunderts nehmen sich auch die Architekten vom Fach der Sache an. So veröffentlicht Batty Langley 1728 die *New Principles of Gardening*, und William Kent entwirft 1729 für Lord Burlington den Park von Chiswick. Lancelot Brown beginnt seine Laufbahn in Stowe als Mitarbeiter von Kent, hat selbst großen persönlichen Erfolg und vollendet insgesamt mehr als 100 Entwürfe. Er wirkt mit in Warwick Castle, in Chatsworth und Blenheim und soll einen Auftrag in Irland mit der Bemerkung abgelehnt haben, er sei mit der Neugestaltung Englands noch nicht «fertig».

Während Langley und Kent ausgebildete Künstler sind, hat Brown eine technische Ausbildung absolviert. Dadurch ist er in der Lage, Stilfragen eher als Außenstehender zu betrachten und so den entscheidenden Schritt zu vollziehen: die konsequente Abwendung vom geometrischen, axialen Entwurf und die direkte Nachahmung der nichtregelmäßigen Naturformen. Freilich muß auch Brown, genau wie Le Nôtre bei seinen perspektivischen Gärten, «die Natur zwingen», muß Hügel abtragen, Niederungen und Flußbetten auffüllen, Bäume fällen und anpflanzen, damit das Ergebnis natürlich erscheint. Aber das ist nur ein scheinbarer Widerspruch, denn Brown löst die Hierarchie der Fluchtpunkte auf, so daß der Garten nun beliebige Rundgänge ohne einen bestimmten Ausgangspunkt oder ein bestimmtes Ziel gestattet. Die Gartenbauten dienen nicht mehr der Regularisierung der Gesamtkomposition, sondern stehen als eigene, isolierte Objekte in der Landschaft und sollen neue und überraschende Effekte hervorrufen. Achsen und Durchblicke werden bereits auf dem eigentlichen Gelände abgefangen, damit sich das Universum der Natur in seiner unergründlichen Komplexität entfalten kann.

Anlagen dieser Art folgen den ästhetischen Idealen, die um die Mitte des 18. Jahrhunderts vorherrschen. 1753 entwickelt Hogarth die Theorie von der wellenförmigen «Linie der Schönheit», 1757 veröffentlicht Burke seine *Philosophical Enquiry into the Origin of Our Ideas of the Sublime and the Beautiful*, und 1771 erscheint der *Essay on Modern Gardening* von Horace Walpole. Auf diese Weise theoretisch untermauert, verbreitet sich der Englische Garten in der zweiten Hälfte des Jahrhunderts über ganz Europa. So läßt etwa Ludwig XV. durch den Engländer Richard den Park des *Petit Trianon* in Versailles in diesem Stil erneuern, lassen Philipp von Orléans den Park Monceau in Paris, der Herzog von Anhalt den Park in Wörlitz bei Dessau und Prinz Karl August unter Beratung Goethes den Garten in Weimar anlegen. In einem Brief von 1778 an Frau von Stein beschreibt Goethe den Park von Wörlitz und trifft dabei genau den Charakter dieser neuen Landschaft: «... keine Höhe zieht das Aug und das Verlangen auf einen einzigen Punkt, man streicht herum ohne zu fragen wo man ausgegangen ist und hinkommt.» Diese Flucht in die Natur kehrt in der Literatur der Zeit immer wieder, angefangen mit der *Nouvelle Heloise* von Rousseau (1761) bis zu Goethes *Wahlverwandtschaften* (1809), und sie wird begleitet von einem Interesse an der unberührten Waldlandschaft. Im Gebirge gibt man sich der Stimmung hin, die eine plastische, von geometrischen Regeln unbelastete Landschaft hervorruft. Die Erstbesteigung des Montblanc im Jahre 1786 verfolgt keinerlei praktischen Zweck und markiert damit den Beginn des modernen Alpinismus.

Der englische Landschaftsgarten vereint den traditionellen Begriff des «Pittoresken» mit der neuen Sensibilität für die Natur. Mit ihren kurvenreichen Entwürfen knüpft er an die Vorliebe des 18. Jahrhunderts für das asymmetrische Ornament *en rocaille* an, das er weiterentwickelt, und evoziert zugleich das uralte Gefühl der Freiheit in der grenzenlosen Natur. Die Gartengebäude fungieren als kodifizierte Mikrokosmen im Makrokosmos der unendlich gestaltreichen Naturlandschaft und gewinnen so eine gänzlich neue, bestürzende Eindringlichkeit.

Dieselben Künstler, die diese Wendung in der Gartenkunst vollziehen, beenden die Vorherrschaft des Klassizismus als der verbindlichen Sprache in der Architektur und wenden sich der Gotik als der alternativen Ausdrucksform zu. Nachdem Wren und Hawksmoor vereinzelt gotische Formen an Gebäuden in Oxford erprobten, führt William Kent 1738 auf Anraten von Robert Walpole eine komplette neugotische Hoffassade gegenüber dem Tudorsaal in Hampton Court aus. 1742 veröffentlicht Batty Langley eine Grammatik des gotischen Stils, gefolgt von einigen neugotischen Landhäusern, namentlich Strawberry Hill von Horace Walpole in Twickenham (1749–77) und Fonthill Abbey von William Beckford (1796–1808). Das gotische *revival* wird in den ersten Jahrzehnten des 19. Jahrhunderts zu einer europäischen Erscheinung, wobei hier nur an die neugotische Umgestaltung des Landhauses von Chateaubriand in Vallée-aux-Loups im Jahre 1807 erinnert sein soll.

Die bisher behandelten drei entscheidenden Neuerungen – die Verselbständigung des einzelnen Gebäudes gegenüber dem städtischen Verband, die Gestaltung der Außenräume unter Verzicht auf perspektivische Mittel sowie die Gegenüberstellung von Neugotik und Klassizismus – rütteln an den Grundfesten der Renaissancetraditionen. Das Wiederaufgreifen gotischer Formenelemente negiert den universellen Wert der normativen, aus der antiken Klassik abgeleiteten Elemente. Darüber hinaus gibt der naturgetreue Garten eine Gestaltung der Räume mit Hilfe rechtwinkliger Achsen auf und transponiert statt dessen die Asymmetrie, die vordem an die kleine Form, an das Ornament, gebunden war, in den großen Maßstab. Und schließlich sind urbanistische Entwürfe nicht länger denselben Grundsätzen verpflichtet, die für den einzelnen Wohnhausbau gelten, so daß eine neue Art urbaner Kontinuität entsteht, die sich der traditionellen Sehweise entzieht.

Die europäische Kultur hat ihre traditionellen Instrumente zur Verbesserung des Besiedlungssystems verbraucht. Nun macht sie sich daran, völlig neue Mittel zu entwickeln. Technische und wirtschaftliche Veränderungen formen das in Jahrhunderten gewachsene Erscheinungsbild Europas um. Doch vorher verweilt man noch einen Augenblick bei der harmonischen Landschaft und den intakten Stadtbildern, ahmt sie nach, bindet sie ein, diskutiert darüber und nimmt doch schon gewissermaßen Abschied von ihnen.

Seit dem späten 17. Jahrhundert zeugt die venezianische, englische, holländische Landschaftsmalerei, zeugen Reiseführer und -beschreibungen von einem weitverbreiteten Interesse am äußeren Erscheinungsbild Europas und der Welt. Während der großen Umbrüche zu Ende des 18. und zu Anfang des 19. Jahrhunderts weitet sich der Blick, und er mag sich dabei zuweilen geheitert, zuweilen verdüstert haben, ganz wie bei Tolstoi der Himmel über der Schlacht bei Austerlitz. Unser Blick dagegen wird sich eher verdüstern. Denn wenn wir das, was wir auf den zahlreichen alten Abbildungen sehen, mit dem vergleichen, was wir um uns herum selbst beobachten können, so müssen wir feststellen, daß die Umwelt zum großen Teil aus dem Gleichgewicht geraten ist und durchaus keine beruhigende Wirkung mehr ausübt. Die bis zum Ende der vorindustriellen Zeit intakte europäische Landschaft zeigt uns, welche Aufgaben auf uns warten. Sie fordert uns auf, die mißglückten Eingriffe der jüngsten Epochen rückgängig zu machen und das verlorene Gleichgewicht, so gut es eben geht, wiederherzustellen.

Sechstes Kapitel

Die Industriestadt

1. Die Revolution in der Stadt

Die europäische Landschaft ist das Ergebnis von zehn Jahrhunderten Politik-, Wirtschafts- und Kulturgeschichte und eng mit den Ereignissen in diesen sich gegenseitig beeinflussenden Bereichen verflochten. Als sich am Ausgang des 18. Jahrhunderts die überkommenen Institutionen aufzulösen beginnen und der wissenschaftliche Fortschritt Einfluß auf die Produktionsverfahren nimmt, als die Bevölkerungsdichte und das Wirtschaftsvolumen ansteigen und eine kritische Grenze überschreiten, steht eine revolutionäre Konstellation.

Die Ereignisse, die das Erscheinungsbild Europas prägen, lassen sich wie folgt zusammenfassen:

a) Das Anwachsen der Bevölkerung, die steigende Industrieproduktion und die Mechanisierung der Produktionssysteme, die in der Mitte des 18. Jahrhunderts in England einsetzt und mit einiger Verzögerung auf die anderen europäischen Staaten übergreift, bilden die Mechanismen der industriellen Revolution, die zum ersten Mal seit dem 13. Jahrhundert die Besiedlung in Europa quantitativ und qualitativ tiefgreifend verändern.

Der Bevölkerungsanstieg und die Landflucht der Arbeitskräfte lassen die Städte immer rascher wachsen. London, wo am Ende des 18. Jahrhunderts etwas mehr als eine Million Menschen leben, hat 1851 zweieinhalb Millionen Einwohner und ist damit größer als jede andere Stadt der antiken und modernen Welt. Eine Industriestadt wie Manchester, die im Jahre 1760 12000 Einwohner zählt, wächst bis zur Mitte des 19. Jahrhunderts auf 400000 Einwohner an. Während dieser Zeit wird das Land durch eine neue, kapitalistisch orientierte Gesellschaft kultiviert, es wird von neuen Straßen, Kanälen und seit 1830 von Eisenbahnlinien durchzogen. Die Industrien konzentrieren sich zunächst an den Wasserstraßen, dann in den Kohleabbaugebieten und verändern dabei weite Landflächen von Grund auf. Die Segelschiffe werden nach und nach durch Dampfschiffe ersetzt, was dann auch Auswirkungen auf die Häfen hat.

Diese konkreten Veränderungen hinterlassen einen gewaltigen Eindruck im Bewußtsein des einfachen Menschen, aber auch des Gebildeten, weil sie etwas völlig Neues darstellen. Der Wandel wird als extrem empfunden, mögen die Veränderungen im einzelnen nun begrüßt werden oder nicht. So urteilt Dickens rückblickend am Anfang von *A Tale of Two Cities* (1859):

«Es war die beste aller Zeiten, es war die schlechteste aller Zeiten, es war das Jahrhundert der Weisheit, es war das Jahrhundert der Dummheit, es war die Epoche des Glaubens, es war die Epoche des Unglaubens, es war die Periode des Lichts, es war die Periode der Düsternis, es war der Frühling der Hoffnung, es war der Winter der Hoffnungslosigkeit, wir hatten noch alles vor uns, wir hatten nichts mehr vor uns, wir waren direkt auf dem Weg zum Himmel, wir bewegten uns direkt in die entgegengesetzte Richtung, kurz: die Zeit war so, daß man nur im Superlativ darüber redete, ob im guten oder schlechten Sinne.»

b) Die Revision des kulturellen Erbes Europas, angefangen mit der großen *Encyclopédie* von Diderot und d'Alembert (1751–65), steht im Zeichen der Aufklärung. Diese sieht jedes Ding in seiner eigenen objektiven Wirklichkeit und zerstört dadurch das Gleichgewicht, das aus traditioneller Sicht zwischen ihnen herrschte.

Diese Denkweise, die sich schon in Wissenschaft und Technik bewährt hatte, gelangt nun auch bei Analyse der Beziehungen zwischen Individuum und Gemeinschaft zur Anwendung. Die traditionellen Grenzen der Erfahrungsbereiche werden vollkommen neu gezogen. In seiner *Untersuchung über die Natur und die Ursachen des Nationalreichtums* aus dem Jahre 1776 handelt Adam Smith von der natürlichen Ordnung der ökonomischen Zusammenhänge, die derjenigen von Lavoisier auf dem Gebiet der Physik vergleichbar sei. Das persönliche Sentiment wird 1774 mit großer emotionaler Anteilnahme in *Die Leiden des jungen Werthers* von Goethe beschrieben, 1782 in den *Liaisons dangereuses* von Laclos mit Abstand und Ironie betrachtet und in den Erzählungen des Marquis de Sade, die zwischen 1791 und 1796 erscheinen, mit physischer Gewalt attackiert. Phantasie und

Realität werden mit Gefühlswerten beladen, und die Kunst wird in vielfältiger Weise zum Träger intellektueller und emotionaler Inhalte, wodurch sie ihre traditionellen Grenzen überschreitet.

Die Darstellung der sichtbaren Welt mit den Mitteln der Perspektive sowie der Rückgriff auf den antiken Formenvorrat, die beiden Grundlagen der Renaissancetradition also, werden nun einer kritischen Analyse unterzogen und gelten nicht mehr als verbindlich.

Die Fortschritte auf den Gebieten der Mathematik, der Optik und der Mechanik versetzen die Geodäsie und die Kartographie in die Lage, die Erdoberfläche in beliebigen Maßstäben darzustellen. Die Dynastie der Cassini veröffentlicht ab 1750 den großen Atlas Frankreichs, ein Unternehmen, das 1815 abgeschlossen ist. Im selben Jahr beginnen genaue Messungen großer Distanzen; mit Hilfe der dabei entwickelten Methoden messen Lalande und Lacaille 1751 die Mondparallaxe. Nun wird der Planet Erde zum Untersuchungsobjekt. Die Polarexpeditionen der Jahre 1736 bis 1774 ergeben, daß es sich bei der Erde um ein an den Polen schwach abgeplattetes Ellipsoid handelt. Die Vermessung des Meridians von Paris, die 1791 von der verfassunggebenden Versammlung beschlossen und 1792 durchgeführt wird, liefert mit dem Meter, einem ganzzahligen Teil des Erdmeridians, eine neue, universale Maßeinheit, die 1801 in Frankreich und später auch in anderen Ländern eingeführt wird. Seit 1785 wird, wie bereits erwähnt, die Landmasse Amerikas in ein regelmäßiges Raster aus Längen- und Breitengraden gegliedert.

Diese Entwicklungen lösen den traditionellen antiken Zusammenhang zwischen geometrischer Darstellung und sinnlicher Erfahrung auf. Die Perspektive, die an den sichtbaren Formen nachgeprüft werden kann, wird zu einem Teilgebiet der darstellenden Geometrie von Monge, mit der alle dreidimensionalen Räume in der Ebene beschrieben werden können. Der Meter, der von einer astronomischen Größe abgeleitet ist, ersetzt die herkömmlichen Maßeinheiten, die sich auf den menschlichen Körper beziehen – Elle, Fuß, Zoll –, und die räumlichen Entfernungen verlieren ihren Zusammenhang mit den Bewegungen des Menschen. Die unterschiedlichen Maßeinheiten gehen in einer infiniten, gedachten Dimension auf, die nicht mehr dem sichtbaren Maßstab unterliegt.

In derselben Weise werden auch die Überreste der antiken Kultur mit präzisen archäologischen und kunstgeschichtlichen Methoden untersucht. In Herculaneum (1711), Tivoli (Villa Hadriana, 1729) und Pompeji (1748) werden systematische Ausgrabungen durchgeführt. Mit den kapitolinischen (1732) und vatikanischen (1739) Museen und dem British Museum (1753) entstehen die ersten öffentlichen Museen, die ersten zuverlässigen Vermessungen griechischer Monumente werden durchgeführt (1758 durch Le Roy, 1762 durch Stuart und Revett), und 1758 errichtet Stuart in Hagley zum ersten Mal eine korrekte Kopie eines dorischen Tempels. 1764 erscheint Winckelmanns *Geschichte der Kunst des Altertums*. Aus dem Klassizismus, seit drei Jahrhunderten das Fundament europäischen Kunstgeschmacks, entwickelt sich mit dem Neoklassizismus eine eigene Stilrichtung, der die Neugotik und bald auch sämtliche anderen Stile, denen sich die Historiker nun zuwenden, an die Seite gestellt werden. Die Einheit des Stils wird durch einen Pluralismus von Stilrichtungen verdrängt, die ihre Rechtfertigung von außerhalb, nämlich von politischen, ideologischen und moralischen Grundanschauungen, beziehen.

All dies verändert die Erscheinung der sichtbaren Welt, aber auch die Gestaltungsmittel im kulturellen wie im alltäglichen Leben. Die Gestalt der gebauten Landschaft Europas im ausgehenden 18. Jahrhundert, die in unseren Augen die verschiedensten Elemente der Vergangenheit zum letzten Mal harmonisch in sich vereinigt, spielt nicht länger die innovative Vorreiterrolle, wie es in den vorangegangenen Jahrhunderten noch der Fall war. Sie ist zwar eine kohärente, aber eine unspezifische Kulisse, in der sich keine bedeutenden Entwicklungen mehr vollziehen. Diese ereignen sich vielmehr auf anderen Gebieten.

Die revolutionären Bewegungen der zweiten Hälfte des Jahrhunderts bedienen sich zwar des neuklassizistischen Formenapparats, noch signifikanter aber ist der Vergleich zwischen dem, was auf dem Gebiet der schönen Künste – Architektur, Plastik und Kunstgewerbe – und dem der Musik geschieht. In demselben Augenblick, als sich die stilistische *koiné* Europas in verschiedene entgegengesetzte, extreme Richtungen aufsplittert, formiert sich unter der Bezeichnung «musikalische Klassik» eine einheitliche musikalische Kultur, eine ausgeglichene, ausgleichende Kultur, die ihren eigenen Weg nimmt. Während in bildender Kunst und Literatur verschiedene Richtungen beängstigend schnell aufeinanderfolgen, bildet die Wiener Klassik ein in sich ruhendes, organisch gefügtes Universum, das in einer sich ungestüm verändernden Gesellschaft die kulturelle Kontinuität bewahrt. Sie will anregen, das Publikum erfreuen und tröstlich sein und ist insofern vergleichbar mit den Bestrebungen der Renaissance im 15. und 16. Jahrhundert. Im urbanen Alltag, im häuslichen Bereich und im täglichen Leben bildet sie ein Gegengewicht zu den wechselvollen Ereignissen, zu der Authentizitätskrise in der ersten Hälfte des 18. Jahrhunderts, der polemischen Reaktion darauf in der zweiten Hälfte und den avantgardistischen Bewegungen im Verlauf des folgenden Jahrhunderts. Hält man sich die intellektuellen und emotionalen Strömungen im öffentlichen und privaten Leben jener Zeit vor Augen, so erscheint dies ganz verständlich und akzeptabel.

Zusammenfassend läßt sich festhalten, daß einerseits die Kunst für sich in Anspruch nimmt, Träger von Gefühlen zu sein und «die Sprache des Herzens» (Rousseau) zu sprechen, daß aber andererseits die städtische Wirklichkeit von diesem Prozeß ausgeschlossen ist. Die Kunst zieht sich aus der Stadt zurück in eigens für sie bestimmte Bereiche und wird zu einer Sache, der man sich in der Freizeit widmet. Das Sentiment, das sich von der Stadt gelöst hat, ist ausgesetzt, verletzlich. Die Stadt wird zu einer austauschbaren und indifferenten Kulisse.

c) Der Zusammenhang zwischen architektonischer Entwurfstätigkeit und Landschaftsgestaltung beruht auf institutionellen Mechanismen, gegen die sich im ausgehenden 18. Jahrhundert die aufklärerische Kritik und die politischen Revolutionen wenden.

Die Stadt und das Land, Schlösser, Gärten, Straßen, Kanäle, Brücken, landwirtschaftliche Güter, Fabriken, Bergwerke, Häfen, militärische Anlagen – dies alles ist zum größten Teil in den letzten Jahrhunderten des Mittelalters entstanden. Es wurde verändert, vergrößert und im Sinne der neuen Sehweisen der Renaissance und des Barock umgestaltet. Dieser Wandel verlief

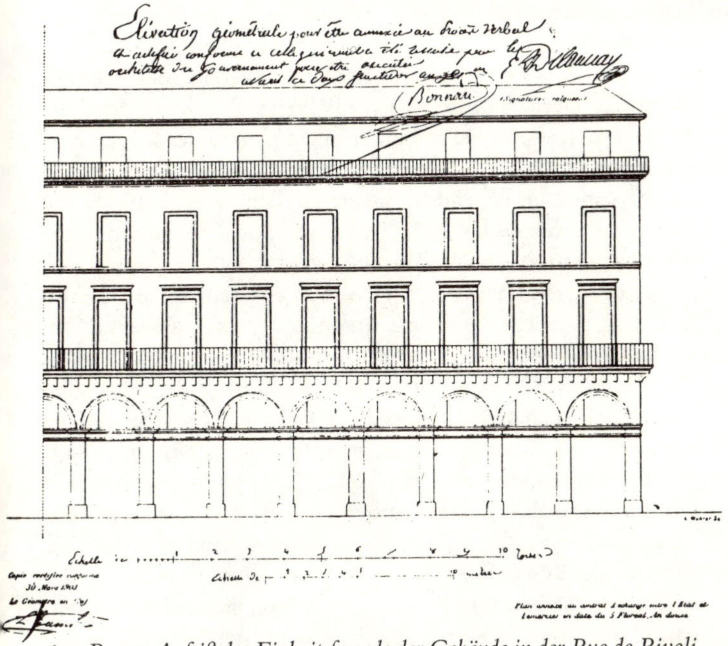

61 PARIS. *Aufriß der Einheitsfassade der Gebäude in der Rue de Rivoli von Percier und Fontaine aus dem Jahre 1806.*

nicht ohne Schwierigkeiten und Konflikte, wie in den beiden vorangegangenen Kapiteln angedeutet wurde, denn zuweilen stießen die Ambitionen bis an die Grenzen der kulturellen Möglichkeiten vor. Das Ergebnis bleibt jedoch Teil einer institutionellen und sozialen Wirklichkeit, die im nachhinein als *ancien régime* bezeichnet wird.

Zwar sind die politischen, religiösen und wirtschaftlichen Verhältnisse sehr unterschiedlich, doch nach wie vor ist es die öffentliche und die private Tätigkeit, die die gebaute Landschaft verändert. Jedes Bauvorhaben wird von einem Bauherrn initiiert, der einen obersten Bauherrn *(dominus eminens)* über sich hat. Dieser ist für die übergeordnete Organisation verantwortlich, ohne indessen die Eigenständigkeit des jeweiligen Bauherrn zu beschneiden. Der absolute Fürst ist beides in einer Person. Doch obwohl er sich nach außen omnipotent gibt, sind seinen Möglichkeiten durch andere Institutionen Grenzen gesetzt; insbesondere aber kann er nur auf begrenzte finanzielle Ressourcen zurückgreifen, so daß kein europäischer Souverän, anders als ein asiatischer Herrscher, in der Lage ist, nach Belieben Städte niederreißen zu lassen oder neu zu gründen. Aus dieser ausgewogenen Kräftekonstellation, die zwar nicht ganz starr ist, aber von keiner Seite grundlegend verändert werden kann, resultiert die organisch gewachsene, einheitliche und doch vielgestaltige Erscheinung Europas im 18. Jahrhundert.

Aus gewissen Bauprojekten läßt sich ableiten, daß die Befugnisse höherer Lenkungsinstanzen zugunsten von Privatinitiativen immer mehr zurückgehen. In Paris läßt Ludwig XIV. rund um die Place Vendôme auf eigene Rechnung Schaufassaden hochziehen, so daß das Reiterstandbild des Königs 1699 wie vor einem architektonischen Paravent eingeweiht wird, hinter dem die eigentlichen Häuser noch fehlen. In der Rue Royale errichtet die Stadtverwaltung auf fremden Grundstücken die Hausfassaden und verkauft sie zu einem festgesetzten Preis an die Grundeigentümer, wobei sie ab 1757 auch einen Teil des Grundstückspreises übernimmt. 1806 verpflichtet die Stadtverwaltung eine Reihe von Bauherren, die Fassaden ihrer Gebäude in der Rue de Rivoli nach jeweils identischen Plänen von Percier und Fontaine zu errichten.

Mit solchen sich überschneidenden Zuständigkeiten räumen die Revolution und später die Reformen um die Jahrhundertwende ganz auf. Eine neue Gesetzgebung bringt Rechtssicherheit auf dem Gebiet des Privateigentums und der Privatinitiative, so daß die öffentliche Gewalt nur noch bei einer genau definierten Rechtslage eingreifen kann. In den Notariatsakten und im Kataster werden die Immobiliengrenzen festgelegt, wodurch das Besitzrecht garantiert wird und die Besteuerbarkeit gewährleistet ist; auch dafür ist nun ein genauer Titel, entweder öffentlich oder privat, vorgeschrieben.

Die Gesetzesvorschriften, die Gewohnheitsrechte und alle anderen Regularien zwischen der Privatperson und dem Staat, die bisher die architektonische Landschaft geprägt haben, werden damit auf eine völlig neue Grundlage gestellt, sei es auf einen Schlag wie in Frankreich oder schrittweise wie in England. Was sich im Immobilienrecht durchsetzt, wird auch auf andere wirtschaftliche Bereiche übertragen und, nachdem die Eingriffsmöglichkeiten der öffentlichen Verwaltung abgeschafft worden sind, als geltendes Recht auch im Handel anerkannt. Jeder Eingriff der Verwaltung wird als Einmischung, als überflüssige Störung betrachtet, die es zu unterbinden gilt. Adam Smith rät deshalb der öffentlichen Hand, sich von ihren Staatsdomänen zu trennen.

Diese Entwicklung vollzieht sich gerade zu einer Zeit, als die Städte anwachsen und sich in einer seit dem 13. Jahrhundert nicht mehr gekannten Weise verändern. Die Macht der Lenkungskräfte schwindet, während sich die Umbrüche, die unbedingt gesteuert werden müssen, überstürzen. Aus dieser gefährlichen Konstellation erwächst eine fast unkontrollierbare Dynamik, wie sie in der ersten Hälfte des 19. Jahrhunderts etwa von Chadwick und Engels für England und Blanqui und Villermé für Frankreich beschrieben wird. Es bilden sich ausgedehnte Stadtrandgebiete mit neuerrichteten Behelfswohnungen mitten zwischen den Fabrikanlagen, die wegen unzureichender öffentlicher Versorgung und hygienischer Einrichtungen wie Wasserversorgung, Abwassersystem und Müllbeseitigung kaum bewohnbar sind. Heinrich Heine, der 1828 in London eintrifft, bietet sich folgender Eindruck:

«Ich habe das Merkwürdigste gesehen, was die Welt dem staunenden Geiste zeigen kann, ich habe es gesehen und staune noch immer – noch immer starrt in meinem Gedächtnisse dieser steinerne Wald von Häusern und dazwischen der drängende Strom lebendiger Menschengesichter mit all ihren bunten Leidenschaften, mit all ihrer grauenhaften Hast der Liebe, des Hungers und des Hasses ... Dieser baare Ernst aller Dinge, diese kolossale Einförmigkeit, diese maschinenhafte Bewegung, diese Verdrießlichkeit der Freude selbst, dieses übertriebene London erdrückt die Phantasie und zerreißt das Herz ... Ich erwartete große Paläste und sah nichts als lauter kleine Häuser. Aber eben die Gleichförmigkeit derselben und ihre unabsehbare Menge imponirt so gewaltig.»

Dieses Szenarium ist das Produkt des «laissez faire» und der ökonomischen Fehlentwicklung, insbesondere der fortschreitenden wirtschaftlichen Depression infolge der Befreiungskriege. Hier ist die «Stadt des Liberalismus», in der die Kluft

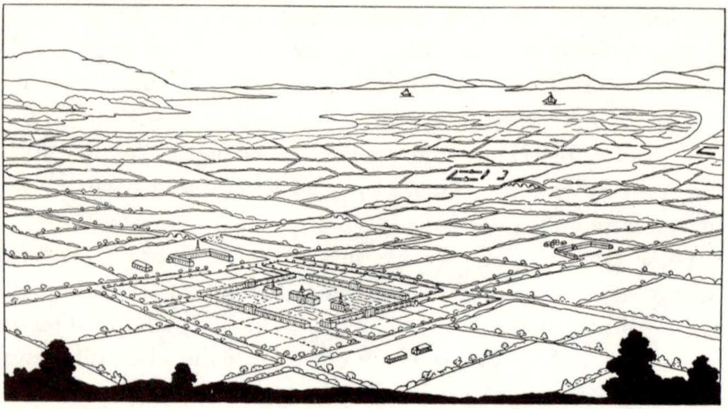

62 *Ein «harmonisches und kooperatives Dorf».*
Erläuternde Zeichnung zu dem Bericht von R. Owen, 1817.

zwischen theoretischem Ideal und der Realität offen zutage tritt, Wirklichkeit geworden.

Es gibt auch alternative, von Utopisten entwickelte Siedlungskonzepte, etwa von Robert Owen 1817 und von Charles Fourier 1822; letzteres wird zwischen dem dritten und vierten Jahrzehnt teilweise realisiert. Darüber hinaus erscheinen die beiden kritischen Schriften von Marx und Engels über «wilde» und planmäßige Industrieansiedlungen (1843, 1872), die lange als in philosophischer und politischer Hinsicht antithetisch gelten. Dies alles sind Beispiele dafür, daß man versucht, die Dinge, die sich hier abspielen, zu verstehen und in den Griff zu bekommen. Die Überzeugung setzt sich durch, daß die Städte und das Land nicht anders als durch eine grundlegende Veränderung der Gesellschaft beeinflußt werden können.

d) Technischer Fortschritt und Unternehmergeist, die dominierenden Kennzeichen dieser Epoche, machen eine Neuorientierung notwendig.

Für den Bau von Eisenbahnlinien, die in geraden Strecken oder schwachen Kurven verlaufen, ist die freie Verfügbarkeit der betreffenden Gelände erforderlich. Der Bau der Linien selbst wird – außer in Belgien – privaten Gesellschaften überlassen, doch der Bodenerwerb und die planmäßige Trassenfüh-

63 *«Eine christliche Stadt im Jahre 1440 und 1840» (aus: A. W. Pugin, Contrasts, or a Parallel between the Architecture of the 15th and 19th Centuries, 1841).*

rung über das Land verlangen ein Engagement des Staates. Das napoleonische Gesetz über Enteignungen aus dem Jahre 1810 wird 1833 unter der Julimonarchie vervollständigt. 1841, ein Jahr vor der Veröffentlichung des Landesplans über den Eisenbahnbau, mit dem das Monopol über die Hauptstrecken den großen Gesellschaften übertragen wird, werden die Kapitalanteile etwa je zur Hälfte auf private und öffentliche Geldgeber verteilt und bestimmt, daß die Eisenbahn nach 40 Jahren an den Staat fallen soll. Auch in England wird 1842 und 1845 der «erzwungene Grunderwerb» reglementiert. Die französischen Erlasse dienen vielen anderen Ländern als Modell, darunter auch dem 1875 eingebrachten Gesetzesentwurf zur Verstaatlichung der Eisenbahn in Italien.

So bildet sich aufs neue eine Verknüpfung von Privatinitiativen und staatlicher Gewalt, wenn auch unter anderen technischen und juristischen Voraussetzungen. Die Enteignung bildet

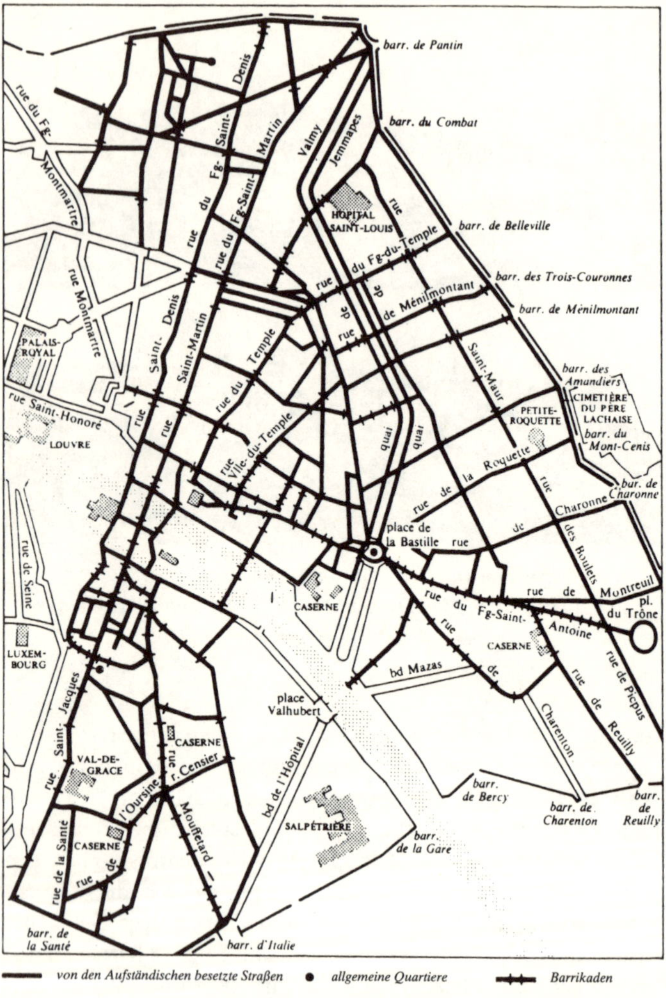

64 Paris. *Die Zonen der Aufstände im Juni 1848 (aus: M. Agulhon, Nouvelle histoire de la France contemporaine, 8: 1848 ou l'apprentissage de la république, Paris 1973).*

die Ausnahme, die die Regel, daß das Privateigentum geschützt ist, bestätigt. Überhaupt werden Enteignungen im offenen Gelände als weniger traumatisch empfunden als in den Städten, wo die individuellen Interessen eng miteinander verzahnt sind. Zudem fordern die Choleraepidemien, die nach 1830 um sich greifen, sowie eine neu aufkommende philantropische und reformistische Grundhaltung staatliche Eingriffe zur Verbesserung der hygienischen Verhältnisse in den alten und neuen Siedlungen geradezu heraus.

In England veranlassen der Bericht von Chadwick aus dem Jahre 1842 und die Erhebungen von 1845 in London erste Maßnahmen und führen 1848 zum ersten nationalen Gesundheitsgesetz, das zur Gründung des *Board of Health* führt. Gegen diese Eingriffe der öffentlichen Verwaltung in den Städten erheben sich Proteste, die uns heute widersinnig erscheinen. Der radikale «Economist» – nachdem er bedauert hat, sich mit Dingen wie Kloaken, Abfall und dergleichen beschäftigen zu müssen – kommt zu dem Schluß: «Leiden und Unglück sind Warnungen der Natur. Man kann sie nicht abschaffen, und die überstürzten Versuche der Philantropen, sie aus dieser Welt zu verbannen ..., haben stets mehr Schlechtes als Gutes bewirkt.»

In Frankreich verbinden sich ähnliche Reformbestrebungen mit der Revolution von 1848. Die Eingabe der Gesellschaft St. Vincente in Lille aus dem Jahr 1842 und der Bericht von Blanqui von 1848 führen zu einem Gesetzesvorschlag, der 1849 von den Gebrüdern de Melun der Nationalversammlung vorgelegt wird. Dort stößt er auf die Kritik sowohl der Liberalen als auch der Sozialisten. Aus dem Bericht geht deutlich die Tragweite der Neuerung hervor: «Die freie Nutzung des Eigentums, das freie Verfügungsrecht des Bürgers über seinen Besitz hat Anspruch auf vollsten Respekt, handelt es sich hierbei doch um die Grundlage der sozialen Ordnung. Aber durch nichts wird das Eigentum besser geschützt als durch ein Gesetz, das die praktische Durchführung desselben regelt.» Das Gesetz, das 1850 verabschiedet wird, ist enger gefaßt als das englische von 1848, enthält aber im Artikel 13 die wichtige Maßgabe: «Wird die Gesundheit durch äußere und andauernde Ursachen beeinträchtigt und können diese nicht anders als durch übergeordnete Maßnahmen beseitigt werden, kann die Kommune gemäß den

Vorschriften des Gesetzes vom 3. April 1841 das ganze Eigentum einziehen, auf das sich die Maßnahmen erstrecken.»

Im Unterschied zu England besitzt Frankreich eine effiziente Gesetzgebung für die Enteignung, die zusammen mit dieser Maßgabe eine explosive Mischung bildet. Es bedarf lediglich einer autoritären Regierung – derjenigen unter Napoleon III. – und eines Beamten, der entschlossen ist, seine Befugnisse voll auszuschöpfen – Baron Haussmann –, damit Paris auf dieser Basis so umgestaltet wird, daß die Stadt in den nächsten 50 Jahren zum überragenden Vorbild für die Städteplanungen in ganz Europa wird.

2. Die «Haussmannisierung»: Die postliberale Stadt und ihre Probleme

Zum besseren Verständnis der einschneidenden Veränderungen, die sich in den europäischen Städten im sechsten Jahrzehnt des 19. Jahrhunderts vollziehen, seien hier zunächst die vorausgehenden Ereignisse umrissen.

Die Stadt mit all ihren Problemen sieht sich im Zentrum einer Welt, die sich grundlegend gewandelt hat. Sie ist kein Symbol der Machtkonstellation, sondern eine Quelle der Macht selbst. Entscheidender aber ist, daß sie zu einem unberechenbaren Faktor für die politische Macht wird. Die Revolutionen, die Frankreich in den Jahren 1789, 1794, 1830 und 1848 erlebt, entscheiden sich in Paris. Für die Regime in Europa, die die Kämpfe von 1848 überstehen, ist es deshalb von existentieller Bedeutung, die Kontrolle über die Städte zu erlangen. Das gilt nicht nur für das Zweite Kaiserreich in Frankreich, sondern auch für das habsburgische konstitutionelle Kaiserreich unter Franz Joseph, für Disraelis neue Regierung der *Tories* in England und etwas später auch für Deutschland und das vereinigte Italien.

Drohende revolutionäre Entwicklungen machen es politisch unumgänglich, daß die öffentliche Hand wieder in das städtische Geschehen eingreift. Aber dagegen stehen die Interessen derer, die die siegreichen konservativen Regime unterstützen, so daß ein Kompromiß gefunden werden muß, der über die momentanen politischen Verhältnisse hinaus Bestand hat und dauerhafte Modernisierungen in den europäischen Städten gewährleistet. Dieser Kompromiß zeigt insofern die gewünschte Wirkung, als es gelingt, das Gleichgewicht zwischen politischer Macht und privater Initiative, zwischen Einheit und Vielheit unter neuen technischen und legislativen Rahmenbedingungen wiederherzustellen. Nicht erfolgreich dagegen ist der Kompromiß insofern, als er dazu führt, daß der in der Vergangenheit gewachsene Baubestand abgerissen und damit ein Teil der europäischen Tradition ausgelöscht wird.

Wieder ist es Paris, in dem sich die entscheidenden Vorgänge ereignen. Diese Stadt wird dem übrigen Europa nicht nur im Hinblick auf ihre funktionale Gliederung zum Vorbild dienen, sondern auch durch ihr Stadtbild eine suggestive Wirkung ausüben. Mit ihrem Facettenreichtum – sie ist staunenswert, aufregend, trist, leidend – spricht sie das Gefühl an, beflügelt die Phantasie und legt sich in der Erinnerung über die langsam verblassenden Bilder aus der Vergangenheit. Das ist durchaus nicht der planmäßige, gewollte Effekt eines politischen oder kulturellen Programms, sondern das Ergebnis eines Arrangements von Institutionen und Menschen, das eher zufällig als zwangsläufig zustande kommt.

Die treibende Kraft ist Georges Eugène Haussmann. Als er 1850 die Präfektur von Var aufgibt, erläutert er seine langfristigen, ganz klaren Absichten. Er will «unter dem Schutz der Ordnung und der Gesetze, zum gerechten Ausgleich aller ehrlichen und uneigennützigen Interessen alle rechtschaffenen und wohlmeinenden Menschen vereinen, zum Wohl des Landes, für die großen Ziele des Gemeinwesens».

Als Präfekt des Departement Seine von 1853 bis 1869 betätigt er sich als Bauunternehmer im Wettbewerb mit vielen anderen, die unter dem bonapartistischen Regime ein angemessenes Betätigungsfeld gefunden haben und den verschiedensten politischen Richtungen angehören. Ihm kommen das persönliche Vertrauen des Kaisers, die Gesetzgebung der Julimonarchie und der Zweiten Republik sowie die Effizienz der Bauämter und der Verwaltungsbehörden zustatten. Nach und nach arrangiert er sich mit allen Seiten und baut seine Position in den verschiedensten Bereichen des städtischen Gesamtorganismus aus. Nach manchen Erfolgen und Rückschlägen ist sein Einflußbereich abgesteckt und ein dauerhaftes Gleichgewicht zwischen öffentlicher Kontrolle und privater Unternehmertätigkeit in der modernen Großstadt hergestellt.

Eine der vordringlichsten Aufgaben besteht darin, die Funktionsfähigkeit der Stadt, die bereits über eine Million Einwohner hat, durch neue Projekte sicherzustellen, und zwar durch ein Abwassersystem, durch die Wasserversorgung, die Gasbeleuchtung, das öffentliche Transportsystem, Krankenhäuser, Märkte, Grünanlagen. Noch ist nicht darüber entschieden, wer die Leitung übernehmen soll. Auch Privatleute bewerben sich darum, so etwa der Bankier Lafitte, der eine privat unterhaltene Wasserleitung vorschlägt, die aus dem Seinewasser gespeist werden soll. Haussmann beansprucht das Vorhaben für die Stadtverwaltung und kann sich durchsetzen. Die hydraulischen Maßnahmen des Ingenieurs Belgrand verdoppeln die Länge des Leitungsnetzes und verdreifachen die verfügbare Wassermenge. Zur selben Zeit wird das Kanalnetz fast völlig erneuert, die Anzahl der Gaslaternen verdreifacht, werden die öffentlichen Verkehrsmittel vereinheitlicht und Droschken eingeführt, vier große öffentliche Gärten angelegt und die Verwaltungsgebäude für die Stadt und die elf Umlandgemeinden, die 1859 eingemeindet werden, errichtet. Eine vergleichbare öffentliche Bautätigkeit entfaltet sich auch in allen anderen europäischen Städten.

Schwieriger gestalten sich die Maßnahmen im Straßenbau und die damit verbundenen Eingriffe in die vorhandene Bausubstanz. Den neuen, breiten und geraden Straßen müssen die heruntergekommenen Quartiere weichen, in deren engen Gassen sich die revolutionären Volksversammlungen formiert hatten. So verbessert man zugleich mit den hygienischen Verhältnissen auch die Beweglichkeit der Truppen. Haussmann kann sich auf den Artikel 13 des Gesetzes über das Gesundheitswesen von 1850 und auf einen Erlaß des Senats von 1852 stützen, der es gestattet, Enteignungen aufgrund eines einfachen Verwaltungsbeschlusses vorzunehmen. Der Präfekt versucht durchzusetzen, daß alle enteigneten Grundstücke im öffentlichen Besitz verbleiben und die bebaubaren Grundstücke zu einem neuen Verkehrswert wiederverkauft werden. Doch der Staatsrat entscheidet im Jahre 1858, daß die Grundstücke entlang der neuen Straßen an die ehemaligen Eigentümer zurückzugeben seien.

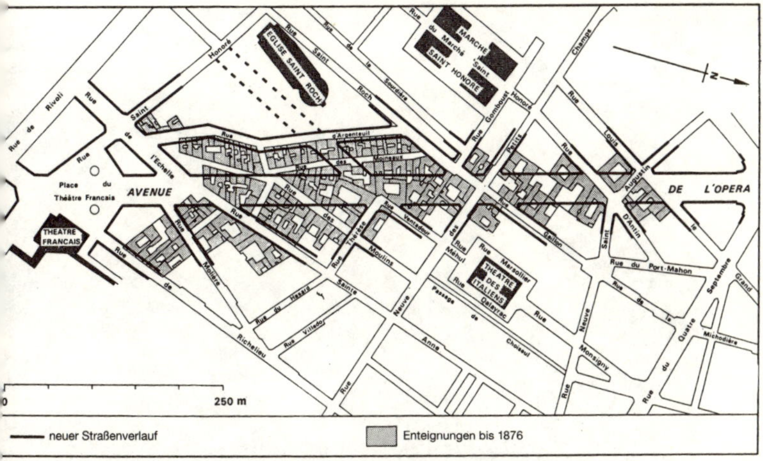

65 Paris. *Der Durchbruch der Avenue de l'Opéra.*

Haussmann protestiert und schreibt darüber in seinen Lebenserinnerungen: «Das neue Dekret gab den Eigentümern das Recht an den Grundstücken, die nicht zum öffentlichen Boden gehörten, zurück, nachdem die Stadt den Wert der ehemaligen Gebäude ersetzt und eine Entschädigung an die vormaligen Hausbewohner geleistet hatte. Damit floß den enteigneten Besitzern der dank der Stadt gestiegene Grundstückswert gratis zu, und die Stadt hatte keine Möglichkeit, einen gewissen Ersatz für ihre Aufwendungen zu erlangen.»

Doch mit dieser Kritik steht er allein. Außer den Eigentümern und ihren politischen Interessenvertretern hat er auch die Linksliberalen unter Jules Ferry gegen sich. In den Memoiren heißt es weiter, daß «auch der Kaiser Herrn Baroche [den Präsidenten des Staatsrats] nicht kränken wollte ... Im übrigen zeigte Seine Majestät nur beiläufiges Interesse an den Problemen der Verwaltung, solange sie noch keine sichtbaren Auswirkungen hatten».

In der Tat ist dies der große Fehler des Kaisers. Denn die Auswirkungen des Dekrets von 1858 sind enorm, verändert es doch das Stadtbild von Paris für immer; ähnliches gilt auch für andere europäische Städte. Durch das Dekret wird eine scharfe Grenze zwischen öffentlichem und privatem Raum gezogen, nämlich

66 PARIS. *Stadtplan von 1873 nach den Eingriffen von Haussmann*

(aus dem Führer von A. Joanne, Paris 1873).

die Bauflucht, die an die Stelle der zufälligen, gewachsenen Trennlinie tritt. Außerdem erzeugt es ein ökonomisches Ungleichgewicht zwischen dem Fiskus und den Privateigentümern, können diese doch einen Gewinn einstreichen, während die öffentliche Hand Verlust macht. Und schließlich wird auch das Stadtbild schwer in Mitleidenschaft gezogen, da nun über den augenblicklichen Bedarf hinaus und dichter gebaut wird, weil die Bodenpreise steigen, während die öffentlichen Einrichtungen mit dieser Entwicklung nicht Schritt halten können. Die Renditen steigen, und der Kontrast zwischen den verschiedenen Stadtvierteln wird stärker.

Dies ist das Ergebnis des Zusammenspiels der betroffenen Interessen, aber auch der Tatsache, daß die Kompetenzen der Beteiligten dringend neu bestimmt werden müssen. Die liberale Phase der Stadtentwicklung ist zu Ende, und es beginnt eine neue Phase, die «postliberal» genannt werden kann. Haussmann gewinnt die Auseinandersetzung mit Lafitte und verliert gegen Baroche. Die Interessenssphären sind nun klar abgesteckt, und es stellt sich ein Gleichgewicht ein, das von den Zeitgenossen sehr bewußt wahrgenommen wird und lange Zeit im kollektiven Gedächtnis lebendig bleibt.

Wenden wir uns einigen weiteren Konsequenzen zu:

1) Die private und die öffentliche Sphäre, bisher vielfach ineinander übergehend, sind nun deutlich gegeneinander abgegrenzt. Auf der einen Seite stehen, je für sich und isoliert, die Stadtpaläste, Wohnhäuser, Werkstätten, Büros, in denen sich das private tägliche Leben unter dem Schutz des Gesetzes und der Konventionen abspielt. Wollte man hier einen Blick hinter die Kulissen werfen, müßte man gleichsam die Dächer abheben können. Auch Theateraufführungen und sonstige öffentliche Veranstaltungen spielen sich eher in Abgeschiedenheit und in einem relativ kleinen Rahmen ab, der in keinem Verhältnis zur Größe der Stadt steht. Konnte etwa im antiken Athen noch die ganze Einwohnerschaft im Dionysos-Theater Platz finden, so verfügt die neue Pariser Oper über wenig mehr als 2000 Sitzplätze, während die Stadt zwei Millionen Einwohner hat. Auf der anderen Seite gibt es den öffentlichen Straßenraum (im italienischen Wort für Bürgersteig, «marciapiede», schwingt noch der Unterton von «marschieren» mit), wo man sich unter die

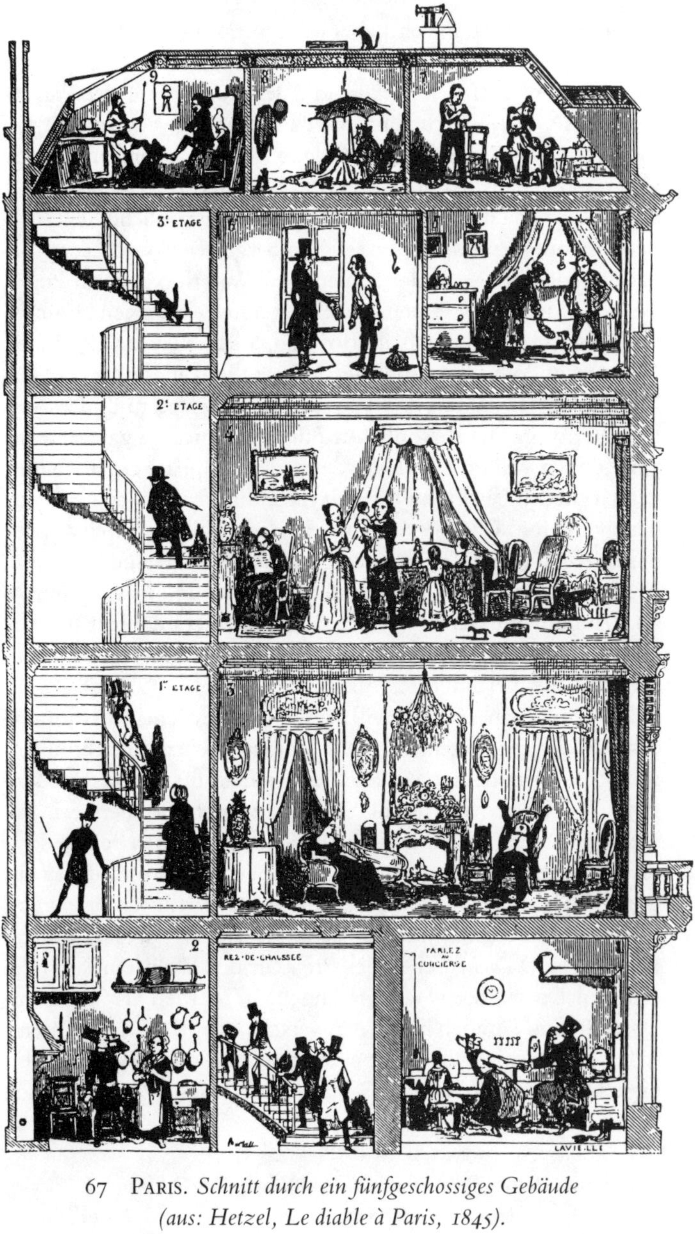

67 PARIS. *Schnitt durch ein fünfgeschossiges Gebäude (aus: Hetzel, Le diable à Paris, 1845).*

anderen Menschen mischt, aber eben unerkannt bleibt wie Baudelaire, der sich unter Millionen einsam fühlt.

Die ganze Aufmerksamkeit gilt der Autonomie der Privatsphäre, die erst seit kurzem gesetzlich garantiert wird und die man in theoretischen Erörterungen, in der Literatur und in Oper und Schauspiel immer wieder beschwört. Man denke nur an die Romane und Opern, in denen das persönliche Schicksal den öffentlichen Interessen gegenübergestellt wird, etwa an Fabrizio del Dongo in der Schlacht bei Waterloo oder an Pierre Besuchov in einer anderen, beliebig herausgegriffenen berühmten Schlacht, derjenigen in Borodin, oder etwa an die Liebe Normas zu Pollius Severus oder Aidas zu Radames über die Gräben zwischen Galliern und Römern bzw. Ägyptern und Äthiopiern hinweg. Die Persönlichkeit des Einzelnen, ja ganze Gruppen können sich im Labyrinth der privaten Sphäre entfalten und verwirklichen, während sie sich im indifferenten Straßenraum ganz verlieren. Das Geschäft mit den Immobilien, durch das der öffentlichen Hand Gelder entzogen werden und dann in private Taschen fließen, führt dazu, daß öffentliche und private Sphäre auch äußerlich in einen krassen Gegensatz geraten: hier das gut eingerichtete und instandgehaltene Interieur des Hauses, dort die ärmliche, heruntergekommene Straße.

Die Stadt Haussmanns will diesen verschiedenen Privatinteressen Rechnung tragen. Sie stellt zahlreiche Einzeleinrichtungen, immer auf dem neuesten Stand der Technik, für die verschiedensten Zwecke zur Verfügung. Das verzweigte Straßennetz, die vielen Plätze und die unterirdischen Kanalisationen liefern dazu die Versorgungsbasis. Den privaten Bereichen kommt das zugute, das große Ganze aber hat die wirtschaftlichen Folgen zu tragen. Daß die öffentliche Struktur darunter leidet, nimmt man in Kauf. Das ist eben der Preis für den Wohlstand und die schönen Dinge, die woanders angehäuft werden als im öffentlichen Raum, nämlich hinter den verschlossenen privaten Türen.

Die Trennlinie zwischen beiden Sphären, die Fassadenflucht, eignet sich vorzüglich für Geschäft und Handel; hier läßt sich

68 PARIS. *Der «öffentliche Straßenraum» (Stich aus: E. Texier, Tableau de Paris, 1853, und A. Joanne, Paris illustré, 1970).*

lohnender Gewinn machen. Man hat bereits erkannt, daß das Straßenraster auf Dreiecksbasis, das Haussmann und seine Nachfolger bevorzugen, bei gegebener Baufläche die längsten Häuserfluchten und die größte Anzahl der besonders begehrten Eckgrundstücke garantiert. Aber dem merkantilen Vorteil einer solchen Lage stehen auch Nachteile gegenüber, etwa der, daß die Wohnungen in den oberen Geschossen dem Straßenlärm stärker ausgesetzt sind und auch leichter eingesehen werden können. Um dem vorzubeugen, müssen einige Gebäude hinter die Straßenflucht zurückgesetzt werden und einen eigenen freien Vorraum, sei es einen Hof oder einen Garten, erhalten. Dadurch verringert sich der umbaute Raum, die Front wird nicht mehr genutzt, und das Gebäude erscheint erhabener.

So bilden sich die zwei charakteristischen Bauweisen in der postliberalen Stadt heraus, die geschlossene Häuserfront und die Einzelbauweise mit eigenem Garten. Dieser Garten, der einst ein Privileg der Paläste war, umgibt und isoliert die bürgerliche Villa zuweilen als ein nur wenige Meter schmaler Streifen.

2) Die Abgrenzung des privaten vom öffentlichen Raum unterscheidet die neue Stadt von der alten, aus der heraus sie sich entwickelt hat.

Die Zone zwischen der öffentlichen und der privaten Sphäre, ausgedrückt durch das System Straße-Fassade-Gebäude, ist sehr schmal. Die Gebäudefronten, die die Renditen einbringen, können je nach den allmählich steigenden Grundstückswerten umgebaut werden. Zwar geht die Straße des 19. Jahrhunderts aus der mittelalterlichen Straße hervor, sie tritt aber schließlich ganz an deren Stelle: Die alten Fahrwege werden verbreitert, die Häuserfronten neu hochgezogen, und das ganz unregelmäßige Straßennetz wird durch ein regelmäßiges ersetzt.

Die «Haussmannisierung» führt so zur Zerstörung der Altstädte. Deshalb glaubt man sich rechtfertigen zu müssen und redet gerne davon, daß die alten Stadtviertel baufällig, ungesund und öde seien, und diese Sprachregelung wird auch von

69 *Londoner Straßenszenen: Der Bierverkäufer, der Obdachlose, der Fliegenpapierverkäufer, spielende Kinder und Ansicht der Dudley Street (aus: B. Jerrold und G. Doré, London, a pilgrimage, London 1872).*

der Bürokratie aufgegriffen. So findet sich in der Piazza della Repubblica in Florenz, an der Stelle des mittelalterlichen Marktes, die Inschrift: «Der alte Stadtkern, nach dunklen Jahrhunderten einem neuen Leben zurückgegeben.» Die für solche Sanierungen typische Baumaßnahme, die Öffnung einer neuen, breiten Straße in einem engen Stadtgefüge, wird mit dem suggestiven Begriff «percement» («Durchbruch») bezeichnet. Der Abriß alter Stadtmauern, der allenthalben fortschreitet, wird mit der Befreiung aus den Fesseln der Vergangenheit, mit dem Schaffen von Luftraum, von Licht und Bewegungsfreiheit gleichgesetzt.

Nur den sehr alten und bedeutenden Gebäuden, die in der Kunstgeschichte als historische Dokumente und stilistische Vorbilder für das neue Bauen betrachtet werden und in den Augen der Allgemeinheit charakteristisch für den Ort sind, bleibt der Abriß erspart. Sie werden isoliert und bilden die Brennpunkte des neuen Stadtbildes, in dem sie aber nichtsdestoweniger versinken. Sie werden zu «Denkmälern», die aus dem Ambiente herausfallen, so wie die Ausstellungsstücke in einem Museum aus ihrem eigentlichen Funktionszusammenhang gerissen sind.

Damit wird der Keim gelegt für die Entfremdung der Kunst vom wirklichen Leben, für eine Verarmung der Umwelt und dafür, daß sich die Beschäftigung mit den schönen Dingen zu einem losgelösten Freizeitvergnügen entwickelt. Das wurde von den Zeitgenossen unbewußt und mit einem Gefühl des Unbehagens registriert, worüber nun zu sprechen ist.

3) Seit der Mitte des 19. Jahrhunderts stehen die Intellektuellen den Maßnahmen der öffentlichen Hand im allgemeinen reserviert gegenüber. Eugène Sue, Balzac, Hugo und auch Dickens schätzen das Konfuse, Geheimnisvolle und den inneren Zusammenhalt der traditionellen Stadtbilder. So unterschiedliche Schriftsteller wie Goncourt (im *Journal* von 1860), Proudhon (in der Beschreibung einer Arbeiterversammlung, 1863), Delvau (*Heures parisiennes,* 1866) und Sardou (*Maison neuve,* 1866) kritisieren die Gleichförmigkeit, die Symmetrie und die undurchschaubare Technik der Stadt Haussmanns, nennen sie vulgär und widerwärtig. Es gibt auch Zustimmung, aber die kommt von einer ganz anderen Seite. Während noch Blanc die Sanierung der hygienischen Verhältnisse als unbedingt notwendig verteidigt, schwärmen fast zur selben Zeit, 1856, Baron von

70 PARIS. *Boulevard Richard Lenoire (aus: S. Giedion, Space, time and architecture, 1941).*

Moltke und der Abgeordnete Picard von den Vorteilen der geraden Straßen. In diesen könne die öffentliche Ordnung besser aufrechterhalten werden, da ja «die Gewehrkugeln noch nicht um die Ecke gehen können».

Wieder anders Baudelaire, der in den Hugo gewidmeten *Fleurs du mal*, aus denen bereits in der Einleitung zitiert wurde, die beunruhigende Geschwindigkeit beklagt, mit der die Arbeiten von Haussmann fortschreiten können, weil öffentliche und private Eingriffe so nahtlos zusammengehen. Die Stadt, sagt er, verändere sich schneller als das Herz eines Sterblichen und wirke nicht mehr beruhigend im Strom der wechselnden Ereignisse. Es sind dies die Erinnerungen eines Menschen, der sich ein inneres Bild einer Stadt bewahren will, deren Erscheinung schon im Verlauf eines einzelnen Menschenlebens wandelbar und ungewiß geworden ist.

Am Ende jedenfalls haben die Intellektuellen das Vertrauen in die moderne Stadt verloren. Um 1865 erzählt Maxime du Camp in seinen *Souvenirs littéraires*, wie er zum Brillenmacher gehen muß, um sich Gläser anpassen zu lassen. Während er darauf wartet, daß der Optiker die Brille anfertigt, beobachtet er vom Pont Neuf aus das Treiben in der Stadt:

«Die Seine herab kam eine Fuhre Bauholz; man reparierte gerade eine Schwimmanstalt; über dem Schornstein des Hotel de la Monnaie ragte eine Rauchfahne in die Wolken; eine Reihe öffentlicher Droschken hielt am Kai, wo die Omnibusse passierten; Polizisten kamen aus dem Polizeiposten und marschierten in verschiedenen Richtungen ab; ein Polizeiwagen erschien in der Place Dauphine mitten zwischen Fußgängern und Fahrzeugen; ein Gemüsehändler schob seinen Karren. Warum dieses Schauspiel, das schon so häufig meinen Blick auf sich gezogen hatte, mich an jenem Tag besonders berührte? Weil mir dieses Treiben wie die Manifestation einer höheren Vorsehung vorkam? Ich weiß es nicht, aber plötzlich erschien mir Paris wie ein riesiger Körper, dessen Funktionen durch besondere, kontrollierte und einzigartig präzise Organe in Bewegung gehalten wurden. In meiner Phantasie wurden die Bewegungen und das Lärmen immer stärker, ... und als die Dämmerung kam, wurde mir klar, daß ich den Optiker vergessen hatte, der seit zwei Stunden auf mich wartete; aber ich hatte mich entschlossen, eines nach dem anderen alle Räder zu studieren, die die Wirklichkeit von Paris in Bewegung setzen.»

Tatsächlich schreibt er in den nächsten Jahren unter großen Mühen die sechs Bände seines 1869 erschienenen Werkes *Paris, ses organes, ses fonctions et sa vie dans la seconde moité du Dix-neuvième Siècle.* Flaubert warf ihm ausgerechnet das Bestreben, «Paris zu sezieren, um zu beschreiben, wie es funktioniert», vor, anstatt darüber einen Roman zu schreiben, der wahrer als jede Beschreibung sei; überhaupt habe Maxime «eine unmögliche Schreibe», weil er den Gänsekiel gegen einen Metallstift eingetauscht habe. Allein, der kolossale Mechanismus als Ganzes entzieht sich ihm und flößt Maxime du Camp nur scheue Bewunderung ein.

Auch die bildenden Künste versuchen, mit konventionellen Mitteln einen Zugang zu der neuen Realität zu finden. Gustave Doré veröffentlicht 1861 einen Band mit Stichen über Paris, und 1872 folgt ein ähnliches Werk über London. Die alte und die neue Stadt sind malerisch in ein Bild verwoben, und die – bühnenartig mit seitlicher Beleuchtung dargestellte – Wirklichkeit wird subtil verfremdet. Künstlerische Freiheit läßt ihn zu diesem Gestaltungsmittel greifen. «Es ist das Recht des Künstlers auszuwählen», und so wählt er solche Motive, die sich in der Form dramatischer Schauspiele darstellen lassen, wobei er besonders das fremdartig Wirkende betont. Darstellungen wie diese fällen kein Urteil über die äußeren Veränderungen der Stadt, und sie wollen erst recht keine Ratschläge geben, wie man sie beeinflussen kann. Was in der Wirklichkeit in Bewegung ist, ist hier zeitlos erstarrt, und so kann man es vervielfältigen und unter die Leute bringen.

Der Textautor des Bandes über London, Blanchard Jerrold, beschreibt, wie in dieser größten Stadt Europas ähnlich wie in Paris ernsthaft versucht wird, die öffentliche Verwaltung einer rationalen Kontrolle zu unterwerfen: die *embankments* entlang der Themse aus den Jahren 1848–65, die Untergrundbahn von 1863, die Sanierung der Elendsviertel aufgrund des Gesetzes über Sozialwohnungen von 1866. London wird als eine beängstigende und exotische Welt in einem Tonfall geschildert, der an die Berichte über die Orientreise von Loti und die Alpenbesteigungen von Whimper erinnert. Es handelt sich in der Tat um den ersten Versuch, die Realität der Stadt, die schon eine Generation zuvor während der sozialen Erhebungen beschrieben worden war, in Form einer illustrierten journalistischen *Reportage* darzustellen. Allerdings entgeht dem Autor die planmäßige Veränderung dieser Realität, zu der er denn auch keinerlei Stellung bezieht.

Unzulängliche Darstellungen solcher Art werden im übrigen nicht seltener, und in gewisser Weise fördern sie sogar die Baumaßnahmen, die als ebenso unvermeidlich angesehen werden wie viele andere Manifestationen des «Fortschritts». Die Stadtlandschaft von Paris, die schon in den 60er Jahren durch die *grands traveaux* entsteht, ist das erstrebenswerte Ziel, und auf diese «Modernität» hält sich die ganze zivilisierte Welt ein Dreivierteljahrhundert lang etwas zugute.

Die Vorbilder, auf die Haussmann bei der Neugestaltung von Paris zurückgreifen kann, werden ihm von der zeitgenössischen Kulturdebatte geliefert. Aus dem ideologisch geführten Wettstreit zwischen den *revivals* der historischen Stile, dem Neuklassizismus, der Neugotik usw., ist kein Sieger hervorgegangen. Es bleibt vielmehr dabei, daß nunmehr ein erweitertes Repertoire, das alle Stilepochen der europäischen Geschichte und daneben auch die exotischen Stile umfaßt, zeitlos nebeneinander besteht.

Die Frage, in welchem Stil man bauen soll, ist ohnehin nur bei Gebäuden relevant, nicht aber bei der Stadtplanung. Hier wirkt noch die Tradition des 17. und 18. Jahrhunderts mit den perspektivischen Entwürfen in großem Maßstab nach, von denen im vorhergehenden Kapitel die Rede war. Die neue herrschende Klasse, deren typische Repräsentanten Napoleon III. und Haussmann sind, erhofft sich von dieser Tradition, die seit langem mit der Macht assoziiert ist, die Legitimierung ihres Aufstiegs. Was den architektonischen Formenvorrat betrifft, so legt sie eine offene Vorliebe für jene Epoche an den Tag, deren Formen in zwei Jahrhunderten beständig wiederholt und dabei simplifiziert, ja banalisiert worden sind.

Besteht auch der Wunsch, eine historische Brücke zwischen dem Absolutismus und dem herrschenden Bürgertum zu schlagen, so hat sich doch der Ton entscheidend geändert. In den Baumaßnahmen des Sonnenkönigs machte sich eine innere Spannung bemerkbar, die auf die Kluft zwischen einem ambitionierten, genialen Entwurf und einer mangelhaften Ausführung aufgrund unzureichender wirtschaftlicher und verwaltungstechnischer Möglichkeiten zurückging. Diese Spannung hat nun nachgelassen und ist geradezu einer Umkehrung gewichen: ein operativer Mechanismus von hoher Effizienz und ein bescheidener Entwurf, der sich häufig mit einem konventionellen stilistischen Rahmen begnügt. Haussmann hat vieles gemeinsam mit Colbert – die Willenskraft, die Liebe zum Detail, die Hartnäckigkeit und den Sinn für die große Geste –, aber Jakob Ignatz Hittorf, Viktor Baltard oder Charles Carnier sind eben nicht Le Brun, Le Nôtre oder Hardouin-Mansart, und sie unterstehen zudem Verwaltungsbeamten wie Alphand und Deschamps, die die eigentlichen Protagonisten der Projekte Haussmanns sind.

Wie sehr die Kraft der Entwürfe nachgelassen hat, zeigt sich an der geringeren Fähigkeit, Entfernungen und Raumbezüge zu beherrschen. Haussmann rühmt sich, für seine Straßen auch stets die Prospekte vorgesehen zu haben, seien es bereits vorhandene Bauten oder neue öffentliche Gebäude wie die Bahnhöfe oder die Oper. Aber der Länge und der Breite der perspektivischen Straßenzüge sind sie oft nicht angemessen. Die enormen Dimensionen der Straßen und Hauptplätze, beispielsweise der Place de l'Etoile, verzehren gleichsam die angrenzenden, unglücklich einförmig geratenen Gebäude. Der Verkehr und die städtischen Anlagen drängen sich vor und schieben die Architektur in den Hintergrund. Darüber hinaus konterkarieren nicht miteinberechnete Unebenheiten des Geländes die planimetrische Regelmäßigkeit des Entwurfs.

Die offizielle Kultur nimmt diese Schwächen nicht zur Kenntnis, und auf den akademischen Bildern werden sie unterdrückt. Doch die Dichter des Realismus, etwa Flaubert und Zola, schreiben darüber, und die Maler der Avantgarde, die der Ansicht sind, die bildende Kunst bedürfe keiner Rechtfertigung und sei nicht darauf angewiesen, ein erhabenes oder ein erbauliches Bild der Stadt zu zeichnen, malen die pure, farbige Form von dem, was sie sehen. Daß die erste Impressionistenausstellung 1874 ausgerechnet im Atelier des Photographen Nadar eröffnet wird, ist kein Zufall. Auf Monets Bild *Boulevards des Capucines* aus dem Jahre 1873 hat die Architektur so sehr ihre konzise Form verloren, daß der Baustil nicht mehr identifizierbar ist und die Gebäude zu einer fernen, helldunkel gestreiften Mauerfolie geraten. «Der drängende Strom lebendiger Menschengesichter», von dem Heine 1828 spricht, ist zu einer ununterscheidbaren Menge immer gleicher Schatten verkümmert, hinter denen «all ihre bunten Leidenschaften» verborgen sind. In dem, was Le Corbusier den *rue corridor* nennt, werden die Menschen zu Dingen unter Dingen, aber die Dinge sind von so prekärer Gestalt, daß dahinter keine Menschen stecken können.

Diese Bilder zeigen die Widersprüche der neuen Stadt, die sich nun herausbildet, und zugleich die Möglichkeit einer neuen, offenen, wandelbaren, grenzenlosen Landschaft, die noch niemand zu beherrschen weiß und die einer zukünftigen Architektur vorbehalten bleiben soll.

Die bis hierher beschriebene Stadtplanung, die die Zeitgenossen «Haussmannisierung» nennen, leidet unter einem prinzipiellen Fehler: Die Erträge aus den öffentlichen Aufwendungen kommen der privaten Rendite zugute, anstatt in den Geldkreislauf zurückzufließen. In seiner siebzehnjährigen Tätigkeit gibt Haussmann ungefähr 2,5 Milliarden Francs aus, erhält vom

Staat aber nur 100 Millionen und erhöht nicht die Steuern. Es werden langfristige Kredite aufgenommen, weil die öffentlichen Maßnahmen zu einem Anwachsen der Stadt führen – sie wächst von 1,2 auf fast 2 Millionen und erreicht noch während des Jahrhunderts 3 Millionen Einwohner. Das Durchschnittseinkommen steigt von 2500 auf 5000 Francs, die jährlichen Einnahmen der Kommune von 20 auf 200 Millionen Francs.

So ist zwar der Finanzkreislauf in Bewegung, aber nur in Zeiten guter Konjunktur. Die Stadtplanung ist von der Preissteigerungsrate abhängig; bei steigenden Preisen belebt sie sich, bei fallenden Preisen stagniert sie. Aufgrund dieses Zusammenhangs können in den zwanzig Jahren steigender Preise von 1850 bis 1870 in ganz Europa viele Projekte entworfen und ausgeführt werden: in Lyon die Arbeiten des Präfekten Vaisse, in Brüssel die des Bürgermeisters Anspach, in Florenz der Plan von Poggi für die Hauptstadt des neuen geeinten Staates, in Wien die Ringstraße nach dem Wettbewerb von 1857, in London die großen öffentlichen Projekte von Bazalgette und der erste Abschnitt der Untergrundbahn, in Barcelona der Erweiterungsplan von Cerda, in Berlin der Bebauungsplan des Polizeipräsidiums von James Hobrecht (1862), in Stockholm der Plan von Lindhagen. Für die außereuropäischen Gebiete seien hier die Arbeiten in Mexiko-Stadt nach der kurzen Zeit unter Maximilian von Habsburg sowie die «europäischen Städte» genannt, die in allen Kolonialländern neben den einheimischen Siedlungen entstehen.

Diese Entwicklungen laufen bei aller Verschiedenheit der lokalen Verhältnisse nach dem Muster von Paris ab. Durch die Anleihen aus allen Epochen der Baugeschichte und die «Aufwertung» der historischen Monumente zu Brennpunkten der neuen Stadtgefüge bilden sich neue, sehr differenzierte Stadtbilder heraus. Es handelt sich hierbei um den letzten Versuch, die historische Kontinuität der europäischen Städte zu bewahren, während sie erweitert und einem neuen technischen Standard angepaßt werden; dabei kommt es auch noch einmal zu einer gezielten Anknüpfung an überkommene Formen. Andererseits aber müssen die Bauformen und die Stadtplanungen einer Schematisierung unterworfen werden, damit sie für die zeitgenössische Entwurfspraxis modellhaft verwendbar sind. Dies führt zusammen mit den Straßenverbreiterungen, der Isolierung der «Monumente» und der Ersetzung alter Gebäude durch stilistische Kopien dazu, daß große Teile der historischen Kerne zerstört werden. Europa beginnt sein historisches Erbe zu vergeuden. Dieser Prozeß wird auch nicht dadurch aufgehalten, daß man einzelne, besonders wertvolle Überreste in geschlossene Museen transportiert oder einzelne Ensembles in einer Art Freilichtmuseen zur Schau stellt. Die glücklichsten Lösungen sind noch die, bei denen ein Gesamtentwurf moderne und historische Teile verbindet. Das ist der Fall in Barcelona, dessen Altstadt inmitten des *ensanche* steht, oder in Wien, wo der moderne Ring zwischen den mittelalterlichen Stadtkern und die barocke Peripherie eingefügt ist. Wo dagegen gewachsene Strukturen durch neue überlagert werden, führt dies früher oder später zur völligen Zerstörung des alten Organismus (Mailand, Brüssel).

Die sogenannte «große Depression» in den zwanzig Jahren zwischen 1870 und 1890 bewirkt, daß die Eingriffe schleppender und neue Planungen schwieriger werden. Die Schulden, die Haussmann in Paris hinterläßt, können erst am Ende des Jahrhunderts abgezahlt werden. Der Zufall will es, daß die Umgestaltung von Rom, das 1870 dem italienischen Königreich einverleibt wird, gerade in dieser Zeit einsetzt und sogleich in die Hände der öffentlichen Verwaltung übergeht, was die Entwicklung der Stadt behindert, ein Versäumnis, das wohl nicht wieder aufzuholen sein wird.

Nach 1890 beginnt eine neue, günstige Periode, in der die Stadtentwicklungen planmäßig vorangetrieben werden können. Es ist eine Zeit der Realisierung großer öffentlicher Bauvorhaben, die bisher zurückgestellt worden waren. Hierher gehören etwa die Untergrundbahnen von Berlin (1896), Paris (eingeweiht 1900) und Wien (1904), vor allem aber die großen Programme des sozialen Wohnungsbaus, mit denen der spekulationsbedingte Nachfrageüberhang an Wohnraum beseitigt werden soll. In England ist dies der *Housing of the Worker Class Act* von 1890, in Deutschland der Wohnungsbau nach dem Gesetz Adickes von 1901, in Frankreich der Plan der *Société française des habitations à bon marché* von 1890, in Italien derjenige der *Istituti per le Case Popolari* aus dem Jahre 1902. Schließlich ist die

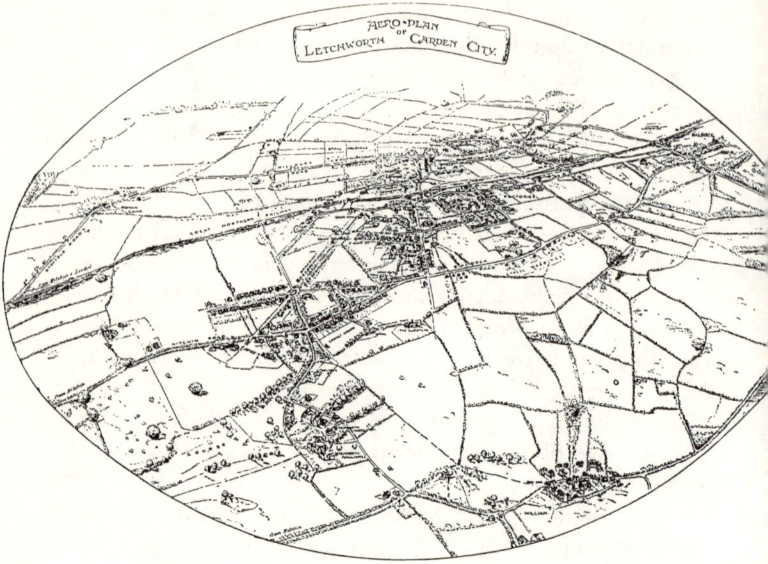

71 *Vogelschau von* LETCHWORTH GARDEN CITY
(aus: C. R. Ashbee, Where the Great City Stands, London 1917).

Gartenstadtbewegung zu nennen, die sich, ausgehend von England, in den ersten beiden Jahrzehnten des 20. Jahrhunderts über ganz Europa ausbreitet. Seitdem ist der «Städtebau», basierend auf den Schriften von Baumeister (1876), Stübben (1890) und Unwin (1909) eine anerkannte Disziplin.

Die Bodenrendite wirkt zwar für kurze Zeiträume als Impuls für die Urbanisierung, ist aber zugleich eine schwere Hypothek für eine rationale und angemessene Planung: Die Baudichte wird zu hoch, offene Flächen werden selten, und das Gesicht der Städte und die Bauten selbst verlieren an Vielfalt. Die Verwaltung und die Grundeigentümer erlangen ein Übergewicht; weder wird den Wünschen der Bewohner angemessen Rechnung getragen, noch werden die Spezialisten, Techniker und Künstler herangezogen, die zur Planung einer neuen Stadt nötig sind. Wer sich nicht auf die gegebenen Abhängigkeiten einlassen will, muß aus diesem Kreislauf ausscheren und unter neuen Bedingungen arbeiten.

So formiert sich seit der zweiten Hälfte des 19. Jahrhunderts eine Avantgarde, die sich nicht den vorherrschenden Interessen beugt, sondern nach Möglichkeiten eines anderen Kreislaufs von Produktion und Organisation sucht und ein neues städtisches Ambiente anstrebt. Die Ansätze dazu kommen aus den verschiedensten Richtungen: die einsamen Träume von Baudelaire, die kategorischen Schriften von Flaubert, William Morris' Reform des Kunstgewerbes oder die Arbeit der Impressionisten. Erst spät, im letzten Jahrzehnt des 19. Jahrhunderts, nehmen auch Architekten an dieser Bewegung teil, zu einer Zeit, als die Kräfte nicht mehr so ungleich verteilt sind und das «Neue» bereits allgemein anerkannt ist.

Siebtes Kapitel

Die europäische Stadt in der Gegenwart

1. Die Städte der europäisierten Welt

Die Umwälzungen des 20. Jahrhunderts in Europa und seinen Städten festigen auch die europäische Hegemonie über die übrige Welt. Zwar sind die europäischen Staaten bereits im 16. Jahrhundert technisch und organisatorisch soweit entwikkelt, daß ihre Schiffe jeden Kontinent erreichen können, aber noch gelingt es ihnen nur, die menschenleeren Gebiete der Neuen Welt zu besiedeln; überall sonst müssen sie sich mit ebenbürtigen Staaten arrangieren. Nun jedoch ist die Überlegenheit Europas so groß, daß es alle Länder unterwerfen kann. Als auf dem Berliner Kongreß 1878 über die Aufteilung Afrikas verhandelt wird, ist der Prozeß der Kolonisierung der Welt praktisch abgeschlossen.

Die zahlreichen Siedlungen überall in der Welt, die im Zuge der europäischen Kolonisierung entweder neu gegründet oder umgestaltet werden, würden sicherlich eine eigene Studie verdienen. Sie steht noch aus und kann auch an dieser Stelle nicht geleistet werden, obwohl sie für unser Thema wichtig wäre, weil sie die europäischen urbanen Traditionen und vor allem die Grenzen ihrer Möglichkeiten in ein klares Licht rücken könnte. In verschiedenen Teilen der Welt treffen die Europäer nicht nur auf fremde Völker, sondern bereits auch auf ihresgleichen und gewinnen dadurch ein neues Bewußtsein ihrer Identität.

In der zweiten Hälfte des 19. und des 20. Jahrhunderts sind die meisten neuen Siedlungen in Übersee von einer postliberalen Praxis geprägt. Aber schon diejenigen aus der ersten Hälfte des Jahrhunderts nehmen merkwürdigerweise postliberale Methoden und Modelle vorweg. Der Kompromiß nach dem Modell Haussmanns geht aus dem Zusammenspiel der öffentlichen Gewalten und der Privatinteressen innerhalb dichtbesiedelter Bereiche hervor; außerhalb Europas indessen führen die Verfügbarkeit großer Landflächen und die von Anfang an nahezu uneingeschränkte Handlungsfreiheit der öffentlichen Hand schon vorher zu denselben Resultaten. Man kann deshalb sagen, daß außerhalb Europas die liberale Phase fehlt. Dort folgt auf die vorindustrielle unmittelbar die postliberale Phase.

Am zahlreichsten sind die englischen Siedlungsunternehmungen. Die Küstenstützpunkte aus der Zeit der Kolonisierung Indiens im 17. Jahrhundert entwickeln sich im Laufe der Zeit zu großen Städten; einige andere werden des Klimas wegen als Sommeraufenthalte für die Europäer *ex novo* gegründet: Simla (1827), Darjeeling (1835). 1819 kommt es an der Meerenge von Malakka zur Gründung der strategisch wichtigen Militär- und Handelsbasis Singapur. Nach den Rechtsreformen im dritten Jahrzehnt des Jahrhunderts wird Australien besiedelt; auf Sydney (Strafkolonie seit 1788) folgen Melbourne (1835), Adelaide (1836) und Brisbane (1840). Die Franzosen besetzen 1830 Algerien und erweitern die bereits vorhandenen Küstenstädte, kolonisieren unter dem Zweiten Kaiserreich Indochina und beginnen 1865 mit dem Ausbau von Saigon, dem die ursprüngliche Stadt gänzlich zum Opfer fällt. Ähnlich verhält es sich in Griechenland nach der Vertreibung der Türken im Jahre 1829. Auf Betreiben des griechischen Königs Otto I. von Wittelsbach wird Athen als Hauptstadt neu konzipiert und 1834 nach Plänen von Leo von Klenze umgestaltet. Darüber hinaus werden an der Stelle ehemaliger antiker Städte neue Siedlungen mit den antiken, mythischen Namen errichtet. Am Suezkanal entstehen mit Port Said (1859), Port Tewfik und Ismailijja (beide 1862) drei neue Städte, während zur gleichen Zeit Kairo modernisiert wird. Rußland beginnt mit der Besiedlung seiner riesigen asiatischen Gebiete, in deren Verlauf die Stadt Wladiwostok als Endstation der transsibirischen Eisenbahn am Pazifik gegründet wird.

In allen diesen Fällen kann ohne weiteres ein regelmäßiger Stadtgrundriß zugrunde gelegt werden. Die alten Siedlungen, einschließlich der türkischen Dörfer an der Stelle der berühmten antiken Städte Griechenlands, können nicht in die neuen Städte integriert werden. In der Regel leben Europäer und Einheimische getrennt; die historischen Besonderheiten und die lokale Kunsttradition haben keinen Einfluß. Die vorhandenen Siedlungen werden entweder zerstört (Saigon) oder spielen nur noch eine untergeordnete Rolle in den Außenbezirken der europäisierten Stadtteile (Athen, Algier, Tunis). Sind sie abgerissen worden, bilden sich zwangsläufig neue Stadtviertel aus festen oder behelfsmäßigen Gebäuden, in denen die einheimische Bevölkerung unterkommt.

Daraus wird deutlich, daß das Entwicklungsmodell nach der Mitte des 19. Jahrhunderts nicht mehr universell, sondern nur noch eingeschränkt anwendbar ist. Das postliberale Konzept ist auf die hohe Bevölkerungsdichte Europas zugeschnitten, während sich in Gebieten mit geringer Siedlungsdichte, namentlich in den Vereinigten Staaten von Amerika, die Besiedlungspraxis der ersten Kolonisatoren, nämlich die schrittweise Landnahme nach einem festgelegten geometrischen Raster, mühelos fortsetzen läßt. Dieses Vorgehen ist besonders einfach und deshalb international am weitesten verbreitet. Nur wenn die Stadtentwicklung bereits stark fortgeschritten ist, wenn es also darum geht, einen vorhandenen Baubestand zu verändern, greift man wieder zu den europäischen Mustern. Nicht selten spielt dabei der Wunsch nach einem würdigen Stadtbild eine Rolle, wie im Falle der Bewegung *beautiful city*, die sich gegen Ende des 19. Jahrhunderts in Amerika formiert.

Die eklektizistische europäische Kultur, die die Trennung von öffentlichem und privatem Raum ausgebildet hat, ist grundsätzlich für alle Kunstrichtungen der Welt offen. Auf den Pariser Weltausstellungen seit 1867 werden Bauten in exotischen Stilen gezeigt, und Viollet-le-Duc klassifiziert sie in den *Habitations modernes* (1875–77). Aber die historischen Traditionen werden nur in der auf den «Stil» reduzierten Form rezipiert, also losgelöst von der sie tragenden Struktur, und auch das nur als Gebäudeschmuck. Im Stadtentwurf dagegen herrschen, wie bereits erwähnt, weiterhin die Kompositionsmittel des 17. und 18. Jahrhunderts vor, und gerade sie sind es, die einer neuen Stadtlandschaft ihre innere Geschlossenheit verleihen. Insgesamt aber wird der ursprüngliche Charakter der betreffenden nichteuropäischen Siedlungsanlage unterdrückt, ohne in die Kolonialstadt einfließen zu können. Begriffe wie architektonischer und städtischer Maßstab, Baudenkmal und gewöhnliches Gebäude, Straße, Platz, bebaubares Grundstück und dergleichen entstammen den speziellen europäischen Verhältnissen und sind auf die Bedin-

72 SHANGHAI. *Plan von 1915 mit dem ursprünglichen chinesischen Stadtkern (links unten) und den Konzessionen der europäischen Staaten.*

gungen in anderen Kulturkreisen schlechterdings nicht anwendbar.

Eine weitere Bestätigung für den problematischen Dialog der Kulturen liefert die «Modernisierung» ferner Länder. Der Vertrag von Nanking aus dem Jahre 1842 öffnet den Europäern fünf Tore nach China. Shanghai, eines davon, hatte sich bereits zu einer kleinen befestigten Stadt entwickelt. Sie wird zum einen deshalb bevorzugt, weil sich hier nicht dieselben Probleme wie in einer großen, traditionellen Stadt stellen, und zum anderen wegen ihrer günstigen strategischen Lage an der Mündung des schiffbaren Hauptstroms Jang-tse. Nicht zuletzt aufgrund einer fehlenden Stadtentwicklungsplanung – die europäischen Ansiedlungen nach 1860 werden in exterritoriale Gebilde mit eigener Rechtshoheit umgewandelt – nimmt Shanghai einen raschen Aufschwung und ist am Ende des Jahrhunderts die größte Stadt in China.

Die herrschende Klasse Japans, die mit dem Ende der Isolationspolitik 1854 an die Macht kommt, löst sich in kurzer Zeit aus der Abhängigkeit von fremden Mächten und leitet eine beispiellose Modernisierung des Landes ein. 1868 wird die Hauptstadt von Kyoto nach Edo verlegt, das nun den Namen Tokio,

«Hauptstadt des Ostens», erhält. Edo war bereits Sitz des Shogun, und seit 1633 sind sämtliche Feudalherren verpflichtet, mitsamt ihren Familien dort ständig anwesend zu sein, so daß die Stadt 1785 1400000 Einwohner zählt. Wichtige Einschnitte in der Geschichte dieser Stadt bilden das Gesetz von 1872, mit dem privater Grundbesitz eingeführt wird, die Gliederung in 15 Stadtbezirke *(ku)* durch die Verwaltungsreform von 1878 sowie die Einführung des Telegraphendienstes (1869), des Postwesens (1871) und der Gasbeleuchtung (1874). Die Einwohnerzahl, die bis 1872 auf 600000 sinkt, steigt bis 1889 wieder auf 1370000 an und erreicht bei der ersten Volkszählung im Jahr 1920 3360000.

Diese Entwicklungen, mögen sie nun planmäßig vorangetrieben worden sein oder nicht, bedeuten einen sehr viel tiefergehenden Bruch mit der Vergangenheit als in Europa. In der asiatischen Welt sind die Städte einer oberen Gewalt unterstellt, die meist über ein riesiges Territorium herrscht und die Beziehungen zwischen sozialen Gruppen und Individuen auf einer hierarchischen Basis regelt. Diese Macht ist, europäisch gesprochen, der Staat. Er steht über den Einzelindividuen, die aufgrund der modernen Rechtsordnungen gleiche Rechte haben. Eine vermittelnde, autonom und eigenverantwortlich handelnde Verwaltung, die in der Lage wäre, ein für jede einzelne Stadt typisches Normensystem zu schaffen, bildet sich jedoch nicht heraus. Die «Modernisierung» ist infolgedessen nichts anderes als die Einführung des Bodenrechts auf der Basis liberaler europäischer und amerikanischer Vorstellungen. Dadurch ist es der Privatperson mit einem Schlag erlaubt, frei über eigenen Grund und Boden zu verfügen. Wie dies im einzelnen zu geschehen hat, wird nur durch ganz allgemein gehaltene Verwaltungsvorschriften geregelt, die eventuell kollidierende Interessen anderer Stadtbewohner nicht angemessen berücksichtigen. In Japan beispielsweise wird der Rahmen für die Reformschritte im Verwaltungswesen durch die Verfassung von 1889 vorgegeben, die nach französischen und deutschen Vorbildern der Zeit ausgearbeitet ist. Das hat eine äußerst liberale Stadtplanung zur Folge, die immer stärker in Widerspruch zur wirtschaftlichen Entwicklung des Landes gerät, aber nie reformiert, ja durch die Verfassung von 1947 auf Druck der amerikanischen Siegermacht sogar bestätigt wird. So hat das überentwickelte Japan heute mit einer ungehemmten Bodenspekulation zu kämpfen, die sich in den Städten verheerend auswirkt und in regelmäßigen Abständen das Geschehen an der Börse belastet. Wäre die Modernisierung Japans nur eine Generation später eingeleitet worden, hätte es die dann fortschrittlichere Gesetzgebung und Stadtplanungspraxis Englands und Deutschlands übernehmen können. Japan wäre heute ein anderes Land.

Kurz: Es hat sich gezeigt, daß die Stadtplanungsmodelle zu spezifisch europäisch sind, als daß sie in der entscheidenden Phase der weltweiten Kolonisierung hätten übernommen werden dürfen. Die Stadt nach dem Muster Haussmanns, in der sich die öffentliche und die private Hand das Recht an Grund und Boden teilen, ist eine letzte Verkörperung des Grundthemas, das im Verlauf der europäischen Geschichte immer wieder anklingt, nämlich die Schaffung eines ausgewogenen Verhältnisses von Individualrecht und öffentlicher Kontrolle. Nur dort, wo die Interessen beider Seiten angemessen vertreten sind, ist dieses Modell wirklich funktionsfähig. Was die Kolonialisten vielleicht aus innerer Verbundenheit mit ihrer Heimat überall in die Welt hinaus exportierten und was im übrigen als Symbol der Überlegenheit Europas allenthalben mit Bewunderung übernommen wird, mag für die europäischen Städte ganz zweckmäßig sein – außerhalb Europas jedenfalls werden dadurch Schäden verursacht, die kaum wiedergutzumachen sind.

Die *rue corridor,* ein Ableger des mittelalterlichen und barokken Straßenraums, auf den hinaus sich die Häuserfassaden öffnen, ist weder für den islamisch-orientalischen Raum geeignet, wo die Häuser auf einen Innenhof blicken, während die Straße selbst von untergeordneter Bedeutung ist, noch für die zeremoniellen Aufzüge in den Großstädten Asiens, deren Straßenzüge eher als eine axiale Aneinanderreihung von einzelnen, selbständigen Einfriedungen betrachtet werden können. Mit dem Erscheinen des Automobils wird das Dilemma offenkundig. Das Auto, für das die orientalischen Straßendurchlässe gänzlich unzweckmäßig sind und das auf Prozessionsstraßen fehl am Platze ist, fügt sich nur in den Straßenraum Haussmannscher Provenienz einigermaßen ein. So kommt es, daß die Asphaltstraßen der letzten 70 Jahre die gewachsenen Stadtbilder außerhalb Europas völlig zerstört haben.

Insgesamt führt die im 20. Jahrhundert aus Europa übernommene Technik und Verwaltung auf anderen Kontinenten zu denselben Krisensymptomen, die in der ersten Hälfte des 19. Jahrhunderts in den europäischen Städten zu beobachten sind: Verdichtung, Planlosigkeit, gesundheitsschädliche Zustände, zügellose Spekulation und ein Versagen der öffentlichen Ordnungsinstrumente. Bislang ist keine Überwindung dieser Gesamtkrise der Städte in Sicht; der unselige Gegensatz zwischen menschenwürdigem Dasein und baulichem Ambiente muß noch überwunden werden. Mit den ersten Situationsanalysen durch Turner, Abrams und Payne, die den 150 Jahre früher verfaßten Studien von Chadwick, Blanqui und Villermé vergleichbar sind, ist nur ein Anfang gemacht. Erst ganz vereinzelt werden in Indien, Brasilien und Ägypten praktische Schritte unternommen, was immer wieder auf bislang unüberwindliche politische, wirtschaftliche und kulturelle Widerstände stößt.

2. Auf dem Weg zu einer neuen Stadt

Die zweite Hälfte des 19. und die ersten Jahrzehnte des 20. Jahrhunderts stehen international im Zeichen einer lebhaften Auseinandersetzung mit der Tradition, bei der es vor allem um das Gleichgewicht zwischen öffentlicher und privater Sphäre und damit letztlich um die Frage geht, wie die aristotelische Idee der Stadt als Ort der Vervollkommnung menschlichen Daseins in einer industrialisierten Welt verwirklicht werden kann.

Die Entwicklung der 1850er Jahre in Paris und auch sonst in Europa wird von der intellektuellen Welt und der Öffentlichkeit überhaupt, wie erwähnt, vorwiegend mit Skepsis, ja mit völliger Ablehnung quittiert. Dennoch ist damit in der Mitte des Jahrhunderts ein Anfang gemacht, der dazu führt, daß die Stadtentwicklung auf eine neue kulturelle und organisatorische Basis gestellt wird.

Flaubert, der sich von der prosaischen Realität der Dinge ganz bewußt abwendet, will sie weder verständlich machen noch beeinflussen. Aber indem er den Roman über die konventionelle Erzählung stellt, verteidigt er die *condition humaine* gegen alle äußere Normierung. Als er 1871 vor den Resten der von den Kommunarden in Trümmer gelegten Tuilerien steht, meint er nachdenklich, «bei richtiger *éducation sentimentale* wäre dergleichen nicht geschehen». Und im dritten Teil des Romans, den er 1867 bis 1869 schreibt, ist er dann nicht mehr nur der unbeteiligte Erzähler, sondern setzt den Ereignissen vom Juni 1848 das zwar banale, aber authentische Liebesabenteuer Frédérics mit Rosannette entgegen. Das Banale und endlich das Dekadente, die erstickende Fülle der *idées reçues*, bilden in *Bouvard et Pécuchet* den Schlußpunkt seines literarischen Schaffens.

Baudelaire sucht dem *spleen* der Stadt der Gegenwart entweder dadurch zu entrinnen, daß er sich in die Erinnerungen an Vergangenes flüchtet, oder dadurch, daß er – noch subtiler – eine zukünftige Welt erträumt. In *Rêve parisien* von 1861 scheint er bei Delacroix entliehene, exotische Bilder zu einem fragmentarischen Bild der Zukunft zu verweben:

Le sommeil est plein de miracles
Par un caprice singulier
Javais banni de ces spectacles
Le végétal irregulier.

Et, peintre fier de mon génie
Je savourais dans mon tableau
L'énivrante monotonie
Du métal, du marbre, de l'eau
(Mies van der Rohe?)

In dem großen, Maxime du Camp gewidmeten Gedicht ist *le voyage* zu einem Symbol mit vielen subjektiven und objektiven Bedeutungen geworden. Es steht für die Flucht aus der Gegenwart hin zu einem unbeschriebenen und unbeschreibbaren, aber dennoch vorgegebenen Ziel: «Au fond de Inconnu pour trouver du *nouveau*!»

Baudelaire selbst wollte, daß in der Ausgabe von 1861 das letzte Wort kursiv gesetzt wird. Es wird sogleich zu einem Programm für die Schriftsteller und Maler, die dem offiziell verordneten Eklektizismus den Rücken kehren: Manet debütiert im Salon von 1861, und 1866 findet der Salon des Refusées statt. Eine Generation später steht es hinter den avantgardistischen Strömungen in Architektur und Kunstgewerbe *(Art nouveau, Ju-*

gendstil, Liberty), die nach 1890 in eine neue, gefühlsorientierte Stilrichtung einmünden, die zwischen den einzelnen Menschen, zwischen dem Künstler und dem, an den sich die Kunst richtet, eine neue Beziehung herstellt.

Einige Künstler des ausgehenden Jahrhunderts, etwa Horta, van de Velde, Olbrich, Hoffmann, Voysey und Mackintosh, wollen das Stadtbild und den Wohnbereich sofort, zumindest teilweise, verändern und nehmen dabei sogar in Kauf, daß die Funktionsfähigkeit des Ganzen unter vielleicht unbedachten Eingriffen leidet. In Belgien, Holland, Schottland, Katalonien und in Österreich blühen regionale Schulen auf, die das europäische Formenrepertoire erneuern und zuweilen auch auf dem Gebiet der Städteplanung aktiv werden (Wagner in Wien, Berlage in Amsterdam). Wieder andere, etwa Cézanne und Matisse, nehmen ihre Mitverantwortung an der Formung der Stadt nicht wahr, sondern arbeiten in Zurückgezogenheit. Sie entkleiden das Gefüge der Stadt seines Formenapparats, der das Stadtbild bestimmt, und schaffen damit die Voraussetzungen für eine noch radikalere Erneuerung auf lange Sicht.

Daß solche Vorstöße ins unbekannte Neue manchmal am Ziel vorbeischießen, ist verständlich. Daneben gibt es aber auch zunehmend Versuche, die Lösung der städtischen Probleme auf wissenschaftliche Grundlagen zu stellen. So entzündet sich an einzelnen Fehlentwicklungen eine präzise formulierte Kritik mit dem Ziel, die postliberale Stadt zu retten. Am Ende wird dies aber zu ganz anderen Grundsätzen der Stadtplanung führen.

Der Zwang, Rendite zu erwirtschaften, treibt die Wohnungspreise in die Höhe; darunter leiden gerade die weniger wohlhabenden Schichten, von denen das Funktionieren des städtischen Organismus abhängt. Die Dichte der Bebauung steigt, für öffentliche Einrichtungen bleibt immer weniger Platz, und flächenintensive Industriebetriebe werden in wachsendem Maße ausgegliedert. Als sich in den letzten Jahrzehnten des 20. Jahrhunderts die «Urbanistik» als Spezialdisziplin etabliert, machen sich Reformbemühungen geltend, die diesen Fehlentwicklungen entgegensteuern wollen. Es werden Programme zur Förderung des sozialen Wohnungsbaus aufgelegt, die mit öffentlichen Geldern finanziert werden. Das Konzept der «Gartenstadt» wird entwickelt und die «Industriestadt» anvisiert, in der die Industriebetriebe mit anderen Einrichtungen zusammen ein funktionierendes Ganzes bilden sollen.

In den beiden ersten Jahrzehnten des 20. Jahrhunderts laufen diese beiden Entwicklungslinien zusammen:

– Auf dem Gebiet der Kunst entwickeln sich die Dinge so rasch, daß der Formenvorrat der Vergangenheit bald aufgezehrt ist. Man propagiert die *«kahle Wand»* (Kandinsky), die für völlig neue Aufgaben bereitsteht.

– Eine Reihe konkreter Experimente wie der subventionierte Wohnungsbau oder die Gartenstadt führen zu der Erkenntnis, daß eine Stadtentwicklung unter Einbeziehung der Öffentlichkeit durchaus eine Alternative darstellt, ja im modernen Sinne der Schlüssel zur Herstellung eines ausgewogenen Gleichgewichts zwischen den Bedürfnissen des Einzelnen und der Gemeinschaft ist. Die Verwaltungen und die Unternehmer arbeiten nicht mehr an verschiedenen, sondern zeitlich nacheinander an denselben Projekten. Dabei erwirbt die öffentliche Hand das Bauland, erschließt es und teilt es parzelliert verschiedenen öffentlichen und privaten Unternehmern in einem möglichst ausgewogenen wirtschaftlichen Verhältnis zu. Damit ist nicht nur eine Gesamtplanung ohne Behinderung durch Eigentumsgrenzen möglich, sondern es kann nun auch ohne den Druck der Grundrendite gebaut werden. Das eröffnet auch der Kunst neue Spielräume, denn sie kann sich jetzt von den Beschränkungen, denen sie in der Vergangenheit ausgesetzt war, befreien.

Damit streben beide Ansätze auf ein und dasselbe Ziel zu: Einerseits nimmt die Stadtplanung in verschiedenen Projektstadien künstlerische Impulse auf, andererseits werden öffentliche und private Interessen unter Beachtung der Regeln des freien Marktes und des unternehmerischen Wettbewerbs vernünftig miteinander kombiniert. Das Ziel ist eine neue Stadt im weitesten Sinne des Wortes, ein urbaner Rahmen, der dem Menschen in vollem Umfang gerecht wird. Die Künstler des Neoplastizismus, wie van Doesburg oder Mondrian, erkennen sehr deutlich, daß sie ihre Arbeit nun ins alltägliche Leben hinaus verlagern müssen. Folglich übernimmt einer von ihnen, Cor van Eesteren, die Leitung des Amsterdamer Bebauungsplans, der 1934 genehmigt wird. Es ist die erste große moderne Stadtplanung überhaupt. Dazu Mondrian:

«Die Umwelt erscheint mangelhaft wie das Leben selbst, unvollständig, gefühllos, notwendig. Deshalb flüchtet man sich in die Kunst. In ihr sucht man nach der Schönheit, nach der Harmonie, die im Leben und in der Umwelt fehlen oder die man dort nicht findet. So sind die Schönheit und die Harmonie zu unrealisierbaren Idealen geworden: da sie auf die Kunst beschränkt werden, wurden sie aus dem Leben verdrängt» (1922).

«Zukünftig wird die Schaffung eines dynamischen Gleichgewichts in der faßbaren realen Umwelt das Kunstwerk ersetzen. Wir werden dann keine Malerei oder Skulptur mehr brauchen, weil wir inmitten der realisierten Kunst leben werden. Die Kunst ist nur ein Ersatz, weil im Leben selbst zuwenig Schönheit ist. Im selben Maße, in dem das Leben an Ausgewogenheit hinzugewinnt, wird sich die Kunst aus ihm zurückziehen» (1942).

Die Bewegung mit Namen «Neues Bauen» tritt im einzig richtigen Augenblick auf den Plan. Es sind viele Voraussetzungen gegeben, die nur verknüpft werden müssen, damit daraus etwas Neues entsteht: die Erschöpfung der postkubistischen Malerei, der Wunsch nach einer Wiederbelebung moralischer Werte nach der Tragödie des Ersten Weltkriegs, die großen Wiederaufbauprogramme nach dem Krieg, der Beginn der wissenschaftlichen Erforschung von individuellem und kollektivem Verhalten. So kurz die Periode auch ist – sie beginnt 1924 mit dem wirtschaftlichen Aufschwung und endet mit der Weltwirtschaftskrise 1929 –, stellt sie doch einen Wendepunkt der europäischen Kultur dar. Im Bauhaus unter Gropius arbeiten Vertreter vieler Kunstrichtungen zusammen (1919–1928), und aus diesem Schmelztiegel erwachsen die außergewöhnlichsten Architektenbegabungen seit vielen Jahrhunderten in Europa: Mies van der Rohe, Le Corbusier, Aalto.

Es ist zugleich die *Klimax* der europäischen Kunsttradition und ihr abruptes Ende. Nun stehen Konzepte zur Modernisierung aller anderen Kunsttraditionen der Welt bereit. Im nächsten Abschnitt werden wir die Konsequenzen untersuchen, die sich daraus für Europa ergeben; vorab aber müssen wir uns den weitreichenderen Auswirkungen auf die allgemeinen Vorstellungen über die Stadt zuwenden.

Um die Grenzen der postliberalen Theorie und Praxis zu durchbrechen, mußte zunächst die ganze Last der formalen Konventionen abgeworfen werden. Die Geschichte Europas hatte sich in einem Musterkatalog von Stilen kondensiert, der wie die «idées reçues» Flauberts überflüssig geworden war. Sowie dieses Hindernis beseitigt ist, ist der Weg für die Innovationen der zwanziger Jahre frei, der in den beiden letzten Jahrzehnten des 19. Jahrhunderts vorbereitet worden war. So kann man sich dem kulturellen Erbe neu zuwenden, mit kritischem Abstand zwar, aber dafür auf allen Gebieten des menschlichen Lebens. Die Kontinuität der europäischen Entwicklung wird durchbrochen, aber zugleich objektive Klarheit darüber gewonnen, wie der Mensch seinen Lebensraum gestalten kann. Man möchte wieder einen Weg finden, den Lebensraum in verantwortbarer Weise, behutsam und gemeinschaftlich, gestalten und in diesem Sinne jede tendenziöse und künstliche «Modernität» überwinden zu können.

Während zuvor Stadt und Landschaft als zwei getrennte Dinge betrachtet wurden, bilden Stadt- und Landesplanung nun eine Einheit.

Zunächst werden die verschiedenen Funktionen der Stadt – Wohnen, Arbeiten, Erholung, Bildung sowie Verkehr (Le Corbusier) – unterschieden und der postliberalen Stadt entgegengesetzt. Die Wohnung, in der man den größten Teil des Tages zubringt, wird das wichtigste Element der Stadt, aber nicht getrennt von den übrigen Elementen, seinen «Verlängerungen», gesehen. Der Bereich der Arbeit legt die drei Grundformen einer Siedlung fest: die locker in die Landschaft eingebettete Stadt, die lineare Industriestadt und die radiale Stadt des Handels. Das Bedürfnis nach Erholung verlangt nach weiten, freien Flächen, wobei es nicht ausreicht, dafür bestimmte isolierte Zonen bereitzustellen, sondern diese müssen gemeinsam mit den Flächen für die anderen Funktionen der Stadt einen einzigen, zusammenhängenden Raum bilden. Der Park des 19. Jahrhunderts ist bereits ein Vorläufer der neuen Stadt; diese soll ein großer Park sein mit allem, was zum menschlichen Leben nötig ist. Der Raum für den Verkehr muß entsprechend den verschiedenen Transportmitteln gestaltet sein. An die Stelle der *rue corridor* tritt ein System getrennter Verkehrswege für Fußgänger,

73 *Entwürfe von Le Corbusier zur Organisation der modernen Stadt (aus: La ville radieuse, 1933).*

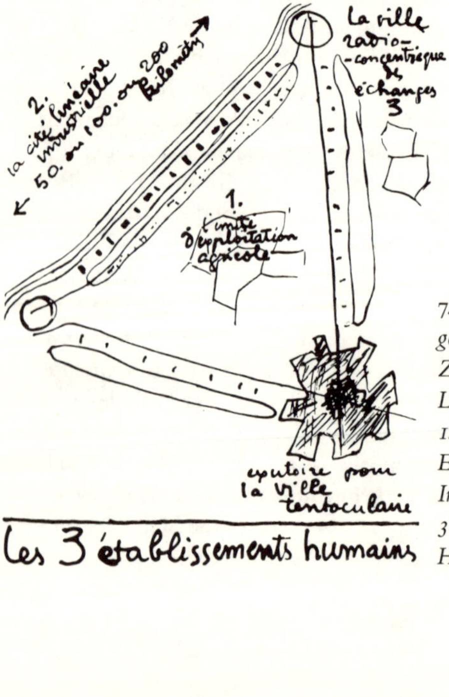

74 *Die drei menschengerechten Siedlungen. Zeichnung von Le Corbusier, 1947. 1. die landwirtschaftliche Einheit, 2. die lineare Industriestadt, 3. die radiale Stadt des Handels.*

Fahrräder sowie langsame und schnelle Fahrzeuge, das die ganze Park-Stadt durchzieht.

Die Stadtplanung geht von einem Minimum an notwendigen Funktionsbereichen aus, die nach Bedarf durch typisierte, wiederholbare Elemente ergänzt werden können. Die Grundeinheit des Wohnens ist nicht das Gebäude – das einzelstehende Haus oder die Villa –, sondern die Wohnung. Sie setzt sich zusammen aus den herkömmlichen Elementen, die zum Wohnen nötig sind. Diese werden entsprechend den neuen Bedürfnissen durch weitere Komponenten ergänzt. Erste Versuche in dieser Richtung erweisen sich später freilich oft als utopisch, aber ohne den gänzlichen Neubeginn, ohne die bewußte Abkehr vom Hergebrachten wäre man nicht wirklich zur Entwicklung der modernen Stadt gelangt, hätte nicht erkannt, aus welcher Vielzahl von Einzelfunktionen sie sich zusammensetzt, und hätte auch nicht den ganzen Reichtum an lokalen Bautraditionen aufgedeckt, der nun unter dem Stilschematismus zum Vorschein kommt.

Gemeint ist damit nicht die Ausbildung eines neuen Stils, sondern die Vereinigung von Konstruktionstechniken. «Kunst und Technik sind nicht voneinander zu trennen», so Mondrian, oder anders gesagt, sie müssen wieder vereinigt werden, wie es zwei Jahrhunderte zuvor schon einmal der Fall war. Mit der wissenschaftlichen Vorgehensweise beim Entwurf einer Stadt wird unterschieden, welche Elemente die Funktion des Ganzen betreffen und wo der private Bereich des Einzelnen beginnt. Nachdem europäische Wissenschaft und Technik zu Vorbildern für die Welt geworden sind, werden nun auch die lokalen Traditionen überall in der Welt freigelegt und neu bewertet.

3. Die Erneuerung der europäischen Städte in den letzten fünfzig Jahren

Zur kulturellen Wende mit ihren heute nicht mehr zu übersehenden universellen und systematischen Auswirkungen kommen äußere, einschneidende Ereignisse hinzu. Die Wende ereignet sich nach dem Ersten Weltkrieg, und gerade die Erfahrung dieser Kriege ist es, die zu einer kritischen Auseinandersetzung der europäischen Kultur mit ihrer eigenen Geschichte führt.

Eine günstige Gelegenheit dafür bietet sich in den zehn Jahren des materiellen und moralischen Wiederaufbaus nach dem Ersten Weltkrieg. Nach 1929 kommen indessen die meisten langfristigen Projekte infolge der Wirtschaftskrise und dann des Zweiten Weltkriegs zum Erliegen. Aber damit nicht genug; Europa wird nach dem Krieg in zwei Blöcke geteilt, wodurch im Osten, und bis zu einem gewissen Grade auch im Westen, der experimentelle Spielraum noch geringer wird. Erst der Umsturz des Jahres 1989, welche Folgen auch immer er noch zeitigen mag, hat die starren Grenzen beseitigt. Nun wäre es Zeit für eine Bestandsaufnahme der Probleme und Möglichkeiten des ausgehenden Jahrhunderts.

Die Stadtplanung ist von zahlreichen Bedingungen kultureller, institutioneller und wirtschaftlicher Art abhängig, und es ist schwierig, sie miteinander in Einklang zu bringen. So schlagen sich die neuen Gedanken, die in der Zeit zwischen den Kriegen entwickelt werden, zunächst nur bei vielen einzelnen Gebäuden nieder, Bauten, von denen die Bücher zur Baugeschichte voll sind. Hier seien nur einige wichtige aus der Zeit seit 1929 genannt: Villa Savoye in Poissy, Villa Tugendhat in Brünn, das Kolumbushaus in Berlin, das Sanatorium in Paimio, das Fabrikgebäude Van Nelle in Rotterdam und Haus Narkomfin in Moskau. Dazu kommen einige Gebäudekomplexe und öffentliche Neuplanungen in Holland sowie in der Weimarer Republik, Arbeiten von J. J. P. Oud in Rotterdam, von Ernst May in Frankfurt und Martin Wagner in Berlin, aber nur eine einzige nennenswerte Stadtplanung im großen Stil, nämlich der Bebauungsplan für *Amsterdam* aus den Jahren 1928 bis 1934 unter der Leitung von van Eesteren. Er wird in den folgenden 30 Jahren verwirklicht, unterbrochen nur durch die Besatzungszeit von 1940 bis 1945. Hier geht man nach den Grundsätzen der präventiven Melioration vor, wie sie schon im Plan von 1609 vorgesehen und noch im 17. Jahrhundert ansatzweise durchgeführt worden war.

In Amsterdam wird zum ersten Mal der Unterschied zwischen einer neuen, aus wenigen funktionalen Elementen in freier Weise komponierten Peripherie und der bogenförmigen barocken Stadtanlage mit ihren Erweiterungen aus der Zeit bis in die zwanziger Jahre deutlich. Man verzichtet darauf, den alten

75 AMSTERDAM. *Schema des Bebauungsplans von 1934. Die Grünzonen in Schwarz, die neuen Stadtteile gerastert.*

Stadtkern zu «haussmannisieren» und läßt ihn in seiner alten Form bestehen. Zusammengebunden werden die beiden Teile durch die umgebende Landschaft. Sie schiebt sich in die Stadt hinein und verbindet das Neue mit dem Alten. Die traditionellen Parkanlagen erfüllen eine neue Aufgabe im Gesamtgefüge, ja werden geradezu dominant: der See Sloterplas, um den herum sich die neuen westlichen Stadtteile gruppieren, sowie der 900 Hektar große Wald, der auf einem sandigen Gelände im Süden der Stadt *ex novo* angepflanzt wird.

In England löst die Begegnung des traditionellen Hausbaus (Ruskin, Howard, Geddes) mit der kontinentalen Baukultur am Ende der dreißiger Jahre das größte europäische Unternehmen

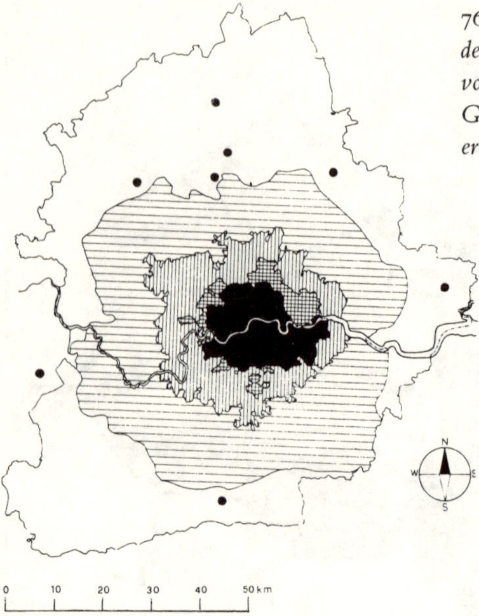

76 LONDON. *Schema des Bebauungsplans von 1944 und des Green Belt, 1964 erweitert.*

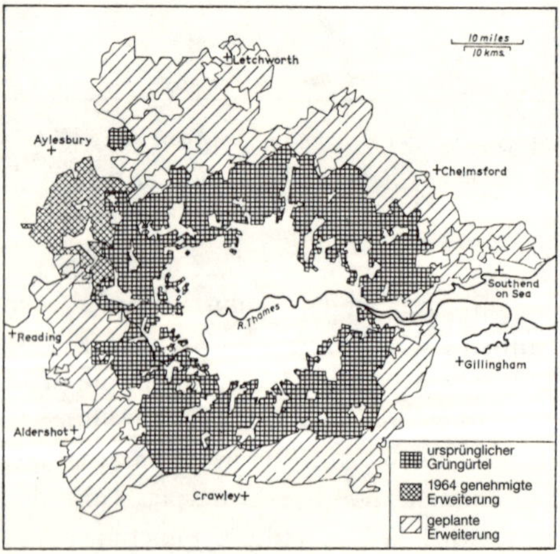

auf dem Gebiet der Stadt- und Landesplanung aus. Es geht um *London*, die einwohnerreichste und stadtplanerisch problematischste Stadt. Der Kernpunkt des Gutachtens von Barlow (1937–40) ist die Kritik an der ungünstigen Siedlungsstruktur des Areals. Bereits 1938 fällt der Entschluß, das Auswuchern der Stadtrandgebiete zu unterbinden und rund um die Stadt einen Grüngürtel freier Landschaft, den *green belt*, zu ziehen. Auch während des Krieges wird über den Plan von London weiterberaten und 1944 das Projekt von Abercrombie und Forshaw genehmigt, das die Umsiedlung der Bewohner des *green belt* in neu zu schaffende Ortschaften vorsieht. 1946 startet das nationale Programm der *new towns*; acht Orte werden im Londoner Raum und sechs in anderen Landesteilen gegründet. Erste konkrete Ergebnisse setzen eine Diskussion in Gang, die wiederholt zur Revision der jeweils laufenden Arbeiten führt. In den 50er und 60er Jahren werden weitere *new towns* angelegt. Ihre Größe, die ursprünglich auf etwa 50000 Einwohner festgesetzt war, steigt auf 100000, im Falle von Milton Keynes sogar auf 250000 an. Vom Staat eigens gegründete Gesellschaften, die *development corporations*, haben die Aufgabe, die Stadtplanungen zu erarbeiten und die Gelände zu erwerben, zu erschlie-

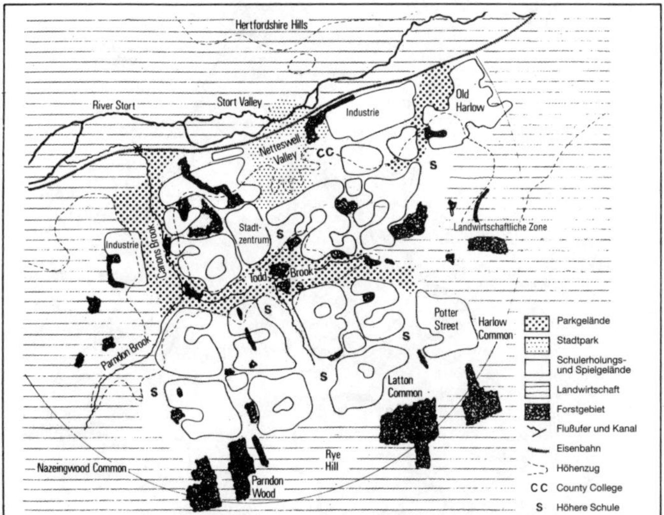

77 Harlow New Town, *Gesamtgrundriß (aus: F. Gibbert, B. Hyde Harvey und L. White, Harlow, the Story of a New Town, Harlow 1980).*

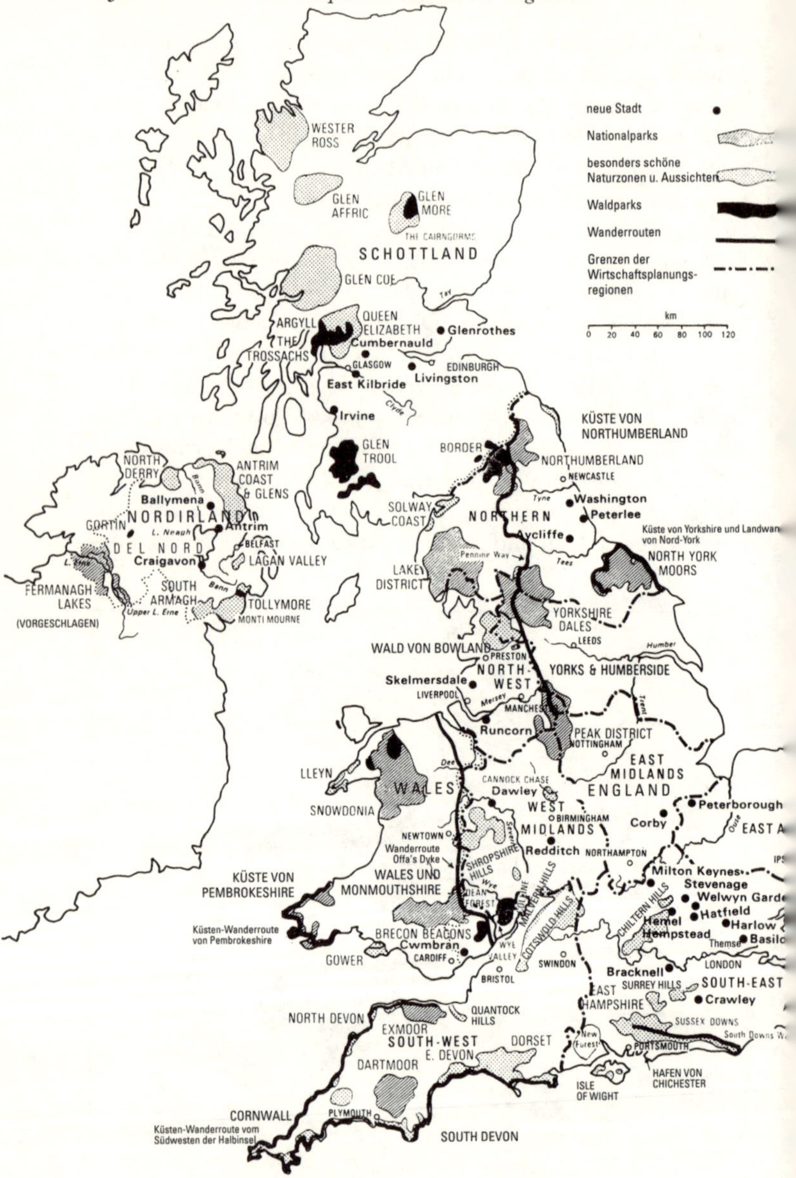

78 *Übersicht über die englische Landesplanung (aus den Unterlagen des Central Office of Information, London 1968).*

ßen und weiterzuverkaufen. So werden Millionen Menschen angesiedelt, ohne dafür öffentliche Gelder ausgeben zu müssen. Man erzielt sogar noch einen geringen Überschuß, wie die Darstellung von Osborn und Whittick aus dem Jahre 1963 ausweist. Um die Zentren der neuen Ansiedlungen funktionsfähig zu machen und das Wohnen im Grünen mit den Erfordernissen einer Stadt in Einklang zu bringen, werden die neuesten Erkenntnisse auf dem Gebiet der englischen Architektur aufgeboten.

Schweden, dank seiner Neutralität nicht von den Folgen des Zweiten Weltkriegs betroffen, verwirklicht in den 40er und 50er Jahren sorgfältig ausgearbeitete Pläne zur Erweiterung von Stockholm und von anderen Städten. Dabei wird besonderer Wert auf abwechslungsreiche Stadtbilder und die Einbettung in die Landschaft gelegt. Die Länder, in denen nach dem Krieg der Wiederaufbau stattfindet, greifen diese Anregungen auf.

Die Neuplanungen in Frankreich setzen zunächst abseits der großen Kulturzentren ein. Die Arbeiten Le Corbusiers in Marseille und Perrets in Le Havre und Amiens bleiben wenig einflußreiche Ausnahmeunternehmen. Erst die Fünfte Republik wagt sich an öffentliche Stadtplanungsvorhaben in großem Maßstab. Die *zones à urbaniser en priorité* (ZUP) aus dem Jahre 1958 imponieren aufgrund ihrer Größe (bis zu 100000 Einwohner), sind aber hinsichtlich der Bautypen und der Gestaltung

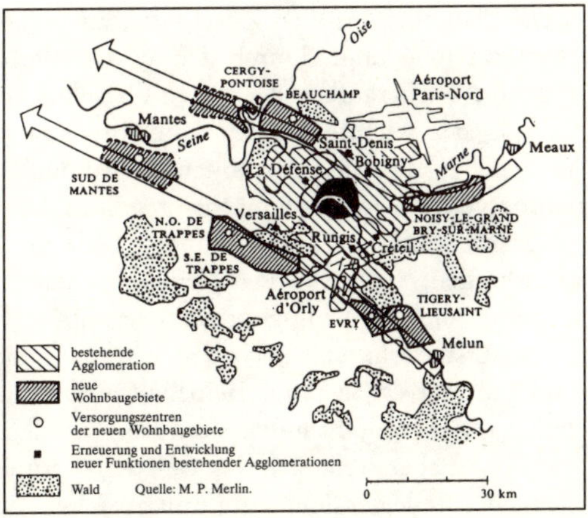

79 *Schéma directeur des Großraums* PARIS *von 1969. Eng schraffiert die vier villes nouvelles.*

des Umraums eher konventionell. Dagegen sind die zwischen 1965 und 1970 entworfenen *villes nouvelles* – es handelt sich um fünf Städte um Paris, vier bei Lille, Rouen, Lyon und Marseille – Teil eines nationalen Plans zur Sanierung des Großraums Paris. Dieser soll durch die Schaffung von *métropoles d'équilibre* entlastet werden, und zwar durch Lille-Roubaix-Turcoing, Nancy-Metz, Straßburg, Lyon-St. Etienne, Marseille, Toulouse, Bordeaux und Nantes. Schon diese neuen, enorm großen Ansiedlungen für 300000 bis 400000 Bewohner entsprechen, in unterschiedlicher Weise, formalen Ansprüchen und umwelttechnischen Erfordernissen. Aber die Schätzungen aus den 60er Jahren über die voraussichtliche Bevölkerungsentwicklung, die auf die Zahl von 14 Millionen Bewohner des Großraums Paris und auf 75 Millionen Einwohner Frankreichs im Jahre 2000 lauten, werden sehr bald nach unten korrigiert, und anstelle des Planungsziels der Vergrößerung tritt allmählich das der Neugestaltung bereits vorhandener Ansiedlungen.

Deutschland steht vor der Aufgabe, die stark zerstörten Städte wiederaufzubauen. Dieser Wiederaufbau geht zunächst schleppend und ohne eine ambitionierte Planung voran. Zu den bleibenden Ergebnissen dieser Phase zählen die Zentren vieler großer und mittlerer Städte, wobei sich jedoch die Sorgfalt, die in die Wiederherstellung wichtiger Einzelbauten investiert wird, nicht auf den eher nachlässig behandelten baulichen Kontext erstreckt. Erst nach 1960 entstehen auf Länder- oder Kreisebene Planungen großen Zuschnitts, zu denen etwa der Ruhrplan von 1966 zählt. Durch den Wirtschaftsaufschwung wird der reine Wiederaufbau der ersten Phase bald durch die Umgestaltung der wichtigen Städte abgelöst (Frankfurt, Hamburg, München). Aufgrund der hohen Besiedlungsdichte – mit Ausnahme von Berlin, das zunächst geteilt und isoliert bleibt, sind die Städte klein und überschaubar – bedarf es keiner Stadtneugründungen. Statt dessen werden einige Städte in vertretbarem, mitunter auch großzügigem Maß erweitert (Wolfsburg, Duisburg). Ost-Berlin soll nach einem umfangreichen Programm aus dem Jahre 1984 unter Beibehaltung des Straßennetzes aus dem 19. und 20. Jahrhundert erneuert werden. Nach dem Fall der Mauer aber stellt sich das weit schwierigere Problem, wie die beiden Teile der Stadt zusammenwachsen können. Hier werden wohl kühne Neuplanungen im gesamten Stadtgebiet vonnöten sein.

In Holland geht die Stadtplanung auf einem hohen Niveau voran, während daneben auch die Landesentwicklungsplanung weiter forciert wird: Systematisierung der Mündungsgebiete der Flüsse und Trockenlegung der Zuiderzee. Mit einem Gesamtplan für die größeren Städte, die sogenannte *Randstad*, die sich in einem Bogen von Amsterdam nach Rotterdam hinzieht, soll ein Zusammenwachsen der Großstädte verhindert werden. Den skandinavischen Ländern, der Schweiz und Österreich, Ländern also, die keine drängenden Probleme zu lösen haben, gelingt es, ein erträgliches Gleichgewicht zwischen Stadt und Land zu bewahren.

Italien und Spanien dagegen finden nicht zu einer qualifizierten Landesplanung. In beiden Ländern verhindern die Diktaturen eine Erneuerung der Stadtplanungsgesetze, wie sie im übrigen Europa zustande kommt. Dabei bleibt es wegen der inzwischen konsolidierten Interessen auch nach der Wiedereinführung der Demokratie 1945 bzw. 1975. Das führt dazu, daß fast das gesamte Bauvolumen der letzten Jahrzehnte auf privatem Bauland errichtet wird. Rund um die Altstädte wuchern spekulationsträchtige Stadtrandzonen, weil die Planung der Gemeinden nicht durch eine politische Gesamtplanung koordiniert ist. Freilich werden hier und dort gute Einzelbauten errichtet, doch ein angemessener städtischer Gesamtrahmen fehlt. Nachdem die Fehlentwicklungen überhand genommen haben, versucht man in den letzten Jahren, die geschädigten Stadtlandschaften zu sanieren. Daß dies mit Einfallsreichtum und nicht ohne Erfolg geschieht, sieht man an Barcelona oder an einigen mittelgroßen italienischen Städten wie Bologna, Modena und Brescia.

In den Ländern Osteuropas führt die Verstaatlichung des Bodens nicht zu einer Verbesserung der städtischen Strukturen, sondern zu ihrer weitgehenden Zerstörung. Die Dialektik von Einzel- und Gesamtentscheidungen ist eben außer Kraft gesetzt, da die entscheidenden Stellen über jede Bodenfläche verfügen können, ohne sich mit privaten Eigeninteressen auseinandersetzen zu müssen. So entstehen willkürliche, unmotivierte Projekte, große Kollektive, entworfen nach beliebigem Gutdünken der Architekten, ohne Rücksicht auf Verkehrs- und Wirtschafts-

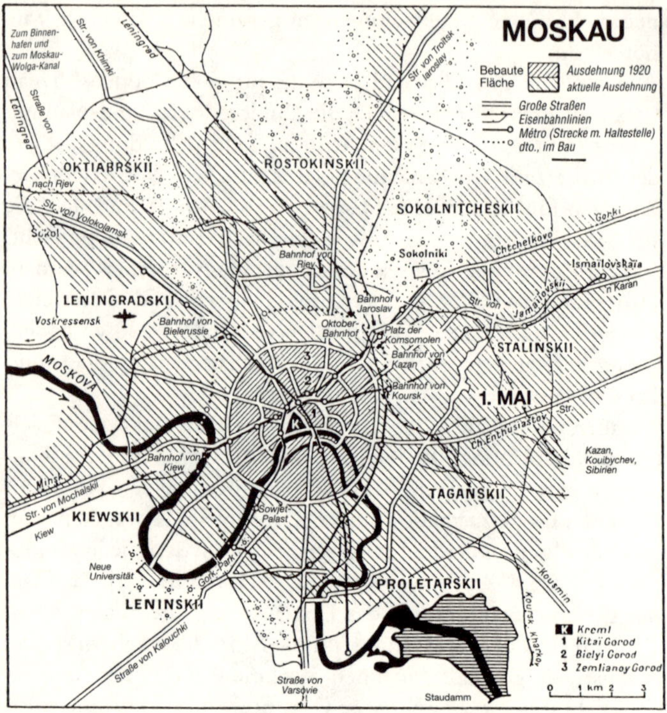

80 Moskau *(aus: P. George, La ville, Paris 1952).*

infrastruktur, trist und gänzlich ungeeignet, den Anforderungen der Zeit zu genügen.

Man ist zwar um eine Rationalisierung der öffentlichen Planungen bemüht, die besonders in Polen bemerkenswert sind, aber nicht dazu in der Lage, deren Fehler zu vermeiden. Zudem sind die technischen Mittel veraltet. So wird nach der politischen Wende nun das ganze verheerende Ausmaß der Schäden sichtbar: schwerste Umweltschäden, enorme Stadtrandgebiete mit vielgeschossigen Mietshäusern, die buchstäblich auseinanderfallen und nicht mehr zu sanieren sein dürften, öffentliche Flächen, die wieder umgewidmet werden müssen, sowie der Verlust der Lebensfähigkeit großer und kleiner Städte. In der Tschechoslowakei, die der Krieg weitgehend verschonte, erstaunt, daß einige alte Kleinstädte, sei es aus Absicht oder aus Zufall, völlig intakt geblieben sind (Cesky Krumlow, Hradec Kralowe, Kutna Hora), aber das um den Preis einer wirtschaftlichen und sozialen Rückständigkeit, die so in Zukunft nicht andauern kann.

Aufs Ganze gesehen bietet sich also ein heterogenes, teils vorteilhaftes, teils nachteiliges Bild, und so scheint es sich stabilisieren zu wollen. Ganz anders die übrige Welt, die noch in lebhaftem Wachstum und in raschem Wechsel begriffen ist. In Europa dagegen stagniert die Bevölkerungszahl, die Baumasse wächst langsamer, Industrieanlagen werden kaum noch ausgebaut, sondern entweder modernisiert oder stehen zum Abbruch. Die Aufgabe besteht hier vielmehr in einer inneren Veränderung, und diese wird, namentlich im Osten, schwierig und langwierig sein. Was sich zukünftig im ökonomischen, sozialen und politischen Bereich abspielt, wird sich weniger augenfällig auf die Stadtbilder auswirken, sondern stärker das innere Gefüge betreffen. Es wird um qualitative Verbesserungen gehen, die wegen der rasch aufeinanderfolgenden und tiefgreifenden Umwälzungen bislang verhindert wurden.

Hier muß die historische Dimension der Stadt wieder in den Mittelpunkt der Betrachtungen rücken. Was von der vorindustriellen Stadt geblieben ist, besitzt einen höheren Stellenwert als das, was später hinzukam. Es ist zwar nur ein Bruchteil des baulichen Erbes, aber es ist wie eine tragende Stütze, auf der das Ganze ruht, ein Zeichen der Identifikation des Ortes, ein Ruhepunkt im Bewußtsein der Allgemeinheit, und nicht bloß eine leblose Ansammlung von «Kulturgütern» wie Baudenkmälern, Gemälden, Statuen, sondern ein Geschenk für alle Menschen. Es kommt sicherlich auch vor, daß Stadtranderweiterungen ebenbürtig sind, aber oft sind sie es eben nicht, sondern sie wirken eher ungastlich und bedrückend. Nicht die Altstädte müssen ihnen angepaßt werden, wie es noch vor einem Jahrhundert gang und gäbe war, sondern umgekehrt sie den Altstädten.

Seit längerer Zeit hat sich in vielen Ländern die Überzeugung durchgesetzt, daß die alten Stadtteile, die zu den Mittelpunkten der modernen Städte geworden sind, geschützt werden müssen. Seit 1972 ist der Europarat auf diesem Gebiet tätig und bemüht, die nationalen Regierungen dahingehend zu beeinflussen. Hier sei besonders an Alfred Schmidt erinnert, den Präsidenten des *Comité des monuments et sites*. Der wichtigste Beitrag zu Theorie und Praxis der Stadterhaltung kommt aus Italien, das die berühmtesten und im industriellen Zeitalter am wenigsten veränderten «centri storici» besitzt, sie nun aber, wie angedeutet, durch eine unkontrollierte Entwicklung bedroht sieht.

Seit den 70er und 80er Jahren setzen sich folgende denkmalpflegerischen Grundsätze durch:

– Die Altstadt ist als ein zusammenhängender Organismus anzusehen; in diesem Sinne ist sie zu restaurieren und zu erhalten. Die hochentwickelten Restaurierungsmethoden, die für die «Baudenkmäler» entwickelt wurden, sind auch auf «gewöhnliche» Gebäude anzuwenden. Als Kriterien für die Erhaltungswürdigkeit dürfen keine subjektiven und kontroversen Werturteile herangezogen werden, sondern objektivierbare Eigenschaften distributiver und konstruktiver Art.

– Der Begriff «erhaltenswertes Kulturgut» ist zu erweitern. «Erhaltenswerte Kulturgüter» dürfen nicht länger als unbelebte Objekte, museale Ausstellungsstücke oder Denkmäler in der historischen Stadt betrachtet werden, die dazu da sind, besichtigt zu werden. Sie sind bewohnte Gebilde, die über besondere Eigenschaften verfügen, die der modernen Stadt fehlen und auf die in dieser geschichtlichen Phase wieder besonderer Wert gelegt wird. Sie verkörpern die Kontinuität der Beziehung zwischen dem Bewohner und der baulichen Umgebung und damit letztlich die Versöhnung des Menschen mit seiner Umwelt.

Diese beiden Grundsätze müssen im Zusammenhang mit einigen anderen, allgemeinen Aspekten gesehen werden. Schon in den 50er Jahren gibt es in England und Italien vereinzelt vielversprechende Pläne zum Ensembleschutz. Allgemein werden sie 1961 in Holland, 1962 in Polen und im selben Jahr in Frankreich aufgrund des Malraux-Gesetzes, in den *secteurs sauveguardés* ausgewiesen werden. Aber das allein reicht nicht aus, den gefährdeten Baubestand zu erhalten. Die Ausweitung der Stadtrandgebiete läßt die Grundstückspreise in den Stadtkernen steigen. Das erlaubt eine profitablere Bodennutzung, was die Verdrängung von Wohnraum und anderer traditioneller Gebäudenutzungen zur Folge hat. Dies wiederum belebt die Stadtrandgebiete, was erneut auf die Stadtkerne zurückschlägt und so fort.

Um diesen fortgesetzten Kreislauf zu durchbrechen und bereits bebaute Zonen zu stabilisieren, muß, ähnlich wie bei der Planung neuer Ansiedlungen, die Verwaltung aktiv werden und eine Serie von öffentlichen und privaten Initiativen wecken. Gerade im Fall der Altstädte ist es wichtig, daß viele Beteiligte mitwirken, damit der Charakter der Vielfalt der historisch gewachsenen Stadt bewahrt wird.

Ursprünglich befanden sich die heutigen Altstadtkerne im Gleichgewicht mit der ländlichen Umgebung; das war die «Normalität». Ehrgeiziges Ziel der Bemühungen muß es daher sein, diese Normalität wiederherzustellen und auch die neuen Stadtrandgebiete innerhalb angemessener Zeiträume durch Sanierungen zu «normalisieren». Die Stadtkerne dürfen nicht nur konserviert werden und, wie heute üblich, der Freizeit und der Erbauung dienen, sondern müssen wieder in den Lebenskreislauf zurückfinden. Vielleicht wird irgendwann einmal wahr, was Mondrian 1931 vorschwebte: «Die Schönheit im Leben verwirklichen: das muß in Zukunft mehr oder weniger möglich sein.»

Noch fehlt es an umfangreichen praktischen Erfahrungen mit solchen Ideen. Sie beschränken sich auf vereinzelte öffentliche Projekte einiger Städte wie etwa in Italien Bologna (1969 bis 1980) und Brescia (1975 bis 1990), in Deutschland Bamberg, in Holland Amsterdam, Rotterdam und Delft, in England York und Chester, daneben aber auch auf viele andere von privaten Gesellschaften getragene Untersuchungen. Doch unter dem Druck einer öffentlichen Meinung, die den neuen Gedanken immer aufgeschlossener gegenübersteht, werden sie zunehmend zahlreicher. Daß solche Projekte speziell auf die Tradition der europäischen Städte zugeschnitten sind, liegt auf der Hand. Angesichts der weltumspannenden neuen Architektur wirken sie aber auch anregend auf andere Kulturkreise. Unter der Mitarbeit italienischer, französischer, englischer und auch lokaler Forscher werden Versuche in dieser Richtung in der islamischen Welt, in Südamerika, Indien und Japan unternommen, Kulturkreise, in denen die Zivilisationsschäden ungleich größer sind und die Sanierungsmaßnahmen erst viel später einsetzten. Betroffen ist die gesamte Familie der Menschheit, nicht nur ein Teil von ihr. In der Welt von heute gibt es keinen Teil, der unabhängig vom Ganzen wäre.

4. Eine Betrachtung an der Schwelle der Zukunft

Welche Rolle spielen heute die Städte angesichts der wirtschaftlichen Integration der europäischen Staaten und angesichts der neuen Beziehungen mit den Ländern des Ostens? Welche Antriebe, Hindernisse, Probleme erwachsen aus diesen Entwicklungen?

1) Städte sind ein Spiegelbild historischer Prozesse von langer Dauer, die mit dem Beginn Europas einsetzen, nach Jahrhunderten messen und mitunter durch eben diese Städte weiter in Bewegung gehalten werden. Sie verkörpern nicht so sehr die betreffenden Nationen, die erst in den letzten Jahrhunderten entstanden sind, als vielmehr die aus dem Hochmittelalter stammenden lokalen politischen Einheiten. Selbst sehr junge nationale Hauptstädte sind lange zuvor schon Provinz- oder Bezirksmetropolen und haben deshalb ein zwiespältiges Verhältnis zur staatstragenden Macht: sie verkörpern diese Macht und stehen ihr zugleich antagonistisch gegenüber. Die Vorrangstellung zweier Städte wie Paris und London, die sich über lange Zeiträume hinweg zu den Zentren zweier Staaten von erster Bedeutung entwickelten, ist in Frankreich bzw. England nie in Frage gestellt worden. Auch heute gelten sie als die Weltstädte schlechthin. Ihr Verhältnis zum übrigen Staatsgebiet ist einigermaßen ausgeglichen, woraus folgt, daß auch sehr große moderne Städte mit geeigneten Maßnahmen kontrolliert werden können. Berlin ist die dritte Weltstadt. Sie tritt in Konkurrenz zu den beiden ersten, aber erst spät, und zudem ist sie durch die Spaltung Deutschlands behindert; wie sie sich weiterentwickeln wird, bleibt abzuwarten. Die Städte Madrid, 1561 von Philipp II. zur Hauptstadt ernannt, Rom und Brüssel, 1830 bzw. 1870 dazu aufgestiegen, finden ihre natürlichen Gegengewichte in anderen Städten vergleichbarer Größe. In Holland sind die staatlichen Funktionen ganz bewußt auf verschiedene Städte der *Randstad* verteilt worden. Die Hansestädte Hamburg und Bremen sind gleichberechtigt mit anderen Ländern der Bundesrepublik Deutschland. Prag und Wien, einst Hauptstädte des habsburgischen Reiches, sind heute zu Hauptstädten zweier kleiner Staaten abgesunken. Die Sitze der neuen internationalen Organisatio-

nen, Genf, Wien, Straßburg und Brüssel, stehen in Konkurrenz zu den traditionellen Hauptstädten der jeweiligen Staaten. Der Wettbewerb der beiden historischen russischen Hauptstädte Moskau und St. Petersburg ist noch unentschieden. Allein in einigen peripheren Staaten wie Griechenland, Rumänien, Bulgarien und Portugal haben die Hauptstädte, wie übrigens auch außerhalb Europas, ein deutliches Übergewicht über die Städte der Provinzen.

Überall identifizieren sich die Städte mit den modernen lokalen Verwaltungseinheiten, die an die Stelle der autonomen mittelalterlichen Gemeinden getreten sind und manchmal sogar dieselben Gebietsgrenzen besitzen. Dies bringt Vor- und Nachteile mit sich. Einerseits eröffnen sich dadurch überschaubare und unmittelbar erlebte politische Wechselbeziehungen, die den persönlichen Kontakt der Einwohner mit der Stadtverwaltung fördern. Andererseits aber wird das Funktionieren von höheren Verwaltungseinheiten, die für eine moderne Planung unabdingbar sind, gestört und in einigen Ländern, etwa Italien, überhaupt verhindert. Der lokalen Gemeindestruktur ist die kirchliche Organisation nachgebildet; diese beiden Gewalten, die weltliche und die geistliche, die sich in jedem kleinen Zentrum gegenüberstehen, machen die Pluralität der Verflechtungen sichtbar, die das Kennzeichen der europäischen Tradition ist.

2) Die europäischen Städte überziehen ein relativ engbegrenztes Territorium mit einem dichten Netz. Das ist die Spur, die die «überfüllte Welt» hinterlassen hat, bevor sie im 16. Jahrhundert zur Eroberung der restlichen Welt aufbrach. Sobald diese Städte im Zeitalter der Industrialisierung ins Maßlose ausuferten, geriet ihr Verhältnis zum Umland in die Krise. Aber der Bezug zur Landschaft gilt nach wie vor als ein kostbares Gut, dessen Verlust durch Reformatoren wie Ruskin, Morris und Geddes beklagt wurde und das die Stadtplanung mit der Anlage öffentlicher Parks in gewisser Weise zurückzugewinnen suchte.

Doch nachdem die landwirtschaftlich genutzten und natürlich gewachsenen Flächen insgesamt in Gefahr geraten sind, sehen wir den Bezug zur Landschaft heute anders. Während außerhalb Europas natürliche, vom Menschen kaum berührte weite Landstriche vorherrschen, die die Siedlungsschäden auffangen, ist überall in Europa selbst offenbar geworden, daß die Wiederherstellung einer ausgewogenen Umwelt nicht mehr der Natur überlassen werden darf, sondern daß hier der Mensch dafür zu sorgen hat. Dabei kommt den Städten eine erneute Bedeutung zu, denn von ihnen kann die Erneuerung der komplexen Umwelt ausgehen. Weniger die Landschaft als vielmehr die noch intakten Altstädte liefern das Vorbild für einen ausgewogenen und befriedeten, auf den Menschen zugeschnittenen Lebensraum. Selbst so dicht bevölkerte Städte wie Venedig, Brügge oder Prag mit ihren Gebäuden zwischen Gärten und Wasserflächen und den direkten Zugängen zu unmittelbar angrenzenden geschützten Freiflächen sind in Wahrheit ganze Welten für sich.

Die Stadt ist der Ort, wo Ansätze zur Erneuerung erprobt werden können. Und sofern die Zeit, in der dort die Umwelt im Einklang war, nicht allzu fern zurückliegt und das Gleichgewicht zum Teil bis heute besteht, ist sie der Garant dafür, daß diese Erneuerung auch gelingen wird.

3) Die Abwanderung der Kulturgüter in den Schutz der Museen und in den Bereich der Unterhaltung – die Abtrennung der Schönheit des Lebens, die die Maler des Neoplastizismus intuitiv ahnten – wird in dem Maße bedrohlicher, in dem die Massenkommunikationsmittel den Unterhaltungssektor erweitern und den passiven Konsum fördern.

In der vorindustriellen europäischen Stadt, bei der die Häuserfassaden eine durchlässige Grenzschicht zwischen öffentlichem und privatem Raum bilden, können diese Güter in ganz anderer Weise verteilt und genutzt werden. Während man wohnt und arbeitet, befindet man sich immer mitten in einer geschichtsträchtigen Umgebung. Man empfindet es als versöhnlich, diese Schönheiten im alltäglichen Leben und nicht nur ausnahmsweise in der Freizeit vor Augen zu haben.

Heute wird diese Funktion zunehmend durch die modernen Kommunikationsmittel verdrängt. Ort und Zeit sind bedeutungslos geworden. Werke der Malerei, Plastik und Architektur, Theaterstücke und Konzerte werden durch Bücher, Zeitschriften, Zeitungsbeilagen, Fernsehen, Schallplatten und Tonbänder in einer Form vermittelt, bei der der direkte Kontakt mit der Kunst abhanden kommt und damit auch die Anschaulichkeit. Man erfährt etwa, daß ein japanischer Sammler ein impressionistisches Gemälde zu einem Preis gekauft hat, der jede Vorstellung übersteigt, und niemand weiß, wo es sich seitdem befindet – vermutlich im Keller irgendeiner Bank.

Sofern die Stadt funktioniert, ist sie eine konkrete Antwort auf diese Entwicklung, zeigt sie doch, daß es auch anders geht. Kunstdrucke werden immer weniger gefragt, während immer mehr Besucher in Kunstausstellungen strömen, um die Kunstwerke im Original zu sehen. Dabei nehmen sie selbst lange Anreisen in Kauf. Kunstwerke werden besser rezipiert, wenn sie stets gegenwärtig sind und einen Teil der täglichen Gedankenwelt bilden. Der Unterschied zwischen Wohnen und Arbeiten, zwischen angenehmer und weniger angenehmer Umgebung wird bewußt erlebt. Ein Kunstwerk, in dem man sich aufhalten und in dem man leben kann, hat eine stärkere Realität. Ein einzelnes Kunstwerk wird dabei nicht für sich betrachtet, sondern als ein konstitutives Element der jeweiligen Umgebung aufgefaßt.

Außerhalb Europas, dort, wo die Städte nicht so eng mit den Erinnerungen an die Vergangenheit verknüpft sind, ist die Wirkung der Massenmedien inzwischen überwältigend. Sie muß auf die Bereiche außerhalb der Erfahrungswelt des einzelnen beschränkt werden, und dies ist vielleicht die große Aufgabe der Zukunft. In Europa selbst ist die physische Ausstrahlung der großen und kleinen Städte, ungeachtet ihrer sozialen und politischen Probleme, Anlaß, sich für das kulturelle Erbe, das sie repräsentieren, verantwortlich zu fühlen und sich aktiv dafür einzusetzen. Auf diese Weise kann die Stadt als ein fester Bezugspunkt der fortschreitenden Vermischung und Angleichung der Kulturen entgegenwirken. Hier kommt es auf den Einfallsreichtum aller Beteiligten an.

4) In der Welt von heute gewinnt die aristotelische Vorstellung von einem einheitlichen Ambiente, das in seiner Gesamtheit auf den Menschen zugeschnitten ist, wieder an Bedeutung. Dies war der Fall bei der offenen Stadt der griechischen Klassik. Sie vereinigte die Bevölkerung innerhalb und außerhalb der Stadtmauern unter dem Schutz der großen öffentlichen Gebäude. Anders die europäische Tradition. Hier entstehen die Städte als geschlossene Einheiten (Weber), die gezwungen sind, nach Autonomie zu streben. Diesem Zwang hat sich im Innenverhältnis der Wunsch nach Gleichheit, im Außenverhältnis die

freie Verfügung über die umgebende Landschaft unterzuordnen. So entsteht ein zusammengesetztes, unvollkommenes, von gegensätzlichen Kräften geprägtes Stadtbild. Dieser Tradition verdanken wir die prächtigen Stadtbilder von Venedig, Siena, Brügge, Nürnberg und der Zehntausenden von großen und kleinen Altstädten mit ihrem unverwechselbaren Charakter, aber auch ihre inneren Konflikte, ihre institutionelle und soziale Instabilität. Die Qualität des städtischen Gefüges beruht auf dem Wechsel von Ordnung und Spontaneität, auf dem Zusammenspiel von politischer Aufsicht und privater Tätigkeit, das entweder stimulierend oder paralysierend wirkt.

Die Immobilienrendite ist seit je ein Faktor im Leben der Stadt. Das Stadtbild beginnt sie aber erst in dem Augenblick zu bestimmen, in dem eine allmächtige Obrigkeit abtritt und mit ihr das Prinzip der geschlossenen Einfriedungen, wie es noch in den islamischen und orientalischen Städten vorherrscht. In den mittelalterlichen und barocken Handelsstädten, etwa in Genua, Florenz, Antwerpen oder Amsterdam, ist die Bodenspekulation zwar nicht abgeschafft, aber doch in engen Grenzen gehalten. Die Vielfalt, die diese Art wirtschaftlichen Wettbewerbs mit sich bringt, hat sich stets als vorteilhaft erwiesen. Sie bereichert den am Reißbrett entworfenen, uniformen Stadtgrundriß, ohne ihn mit Gewalt zu verändern. Man vergleiche nur etwa die Stadterweiterung von Amsterdam entlang der drei geschwungenen Kanäle von Staets aus dem Jahre 1607 und die Vorstadt nach Plänen von Jordaan, wo der Stadtplan das mechanische Resultat einer spekulativen Grundstücksaufteilung ohne einen Gesamtplan ist.

Anderthalb Jahrhunderte später sind diese Strukturen verwischt, nachdem, wie im sechsten Kapitel geschildert, Haussmann 1858 die Auseinandersetzung mit Baroche, dem Präsidenten des Staatsrats, verlor. Dafür ist ein sehr hoher Preis gezahlt worden, und zwar in Form eines ökonomischen und räumlichen Ungleichgewichts. Seitdem nimmt die Bodenspekulation ein unerträgliches Ausmaß an. Dennoch kann eine ständige politische Aufsicht über den gesamten Grund und Boden, die der europäischen Tradition vollkommen zuwiderliefe, kein Ausweg sein. In den sozialistischen Ländern hat sie sich ja auch in der Tat als verheerend erwiesen. Vielmehr muß wieder zu einem maßvollen Verhältnis zwischen öffentlichen und privaten Interessen zurückgefunden werden. Es ist eben wirklich nur eine Frage des richtigen Maßes; das gilt hier genauso wie bei vielen anderen Fragen auch, die unsere Traditionen betreffen.

Die Verquickung öffentlicher und privater Interessen, die seit den ersten Jahrzehnten unseres Jahrhunderts vorgeschlagen wird und weniger die Bodenfläche selbst betrifft als die zeitliche Abfolge, in der sie zum Zuge kommen, zielt genau darauf ab. Die öffentliche Hand greift in dem Augenblick ein, in dem das Stadtgefüge in Bewegung gerät, läßt aber den Privatinitiativen vorher und nachher freie Hand. Bislang jedenfalls wurde keine bessere Möglichkeit gefunden, wie unter neuen sozialen und politischen Gegebenheiten ein Ausgleich zu erzielen wäre, der der europäischen Geschichte gemäß und zugleich geeignet ist, qualitativ befriedigende Bauprojekte entstehen zu lassen. Dabei gewinnt weder die öffentliche noch die private Seite die Oberhand, sondern beide wirken gleichermaßen mit an einem Prozeß, der sowohl planvoll als auch spontan abläuft.

In allen Teilen der Welt existieren die drei nachmittelalterlichen europäischen Planungskonzepte – das geometrische Raster für neue Ansiedlungen, wie es seit dem 16. Jahrhundert zur Anwendung kommt, sowie die beiden in der zweiten Hälfte des 19. und im ersten Drittel des 20. Jahrhunderts entwickelten Sanierungskonzepte bestehender Siedlungen – nebeneinander her. Das erste Konzept herrscht bei Erschließungen neuer Landstriche vor, während die beiden anderen speziell auf Gebiete mit hoher Siedlungsdichte zugeschnitten sind. In den Vereinigten Staaten zum Beispiel wurden die negativen Entwicklungen, von denen die Rede war, weitgehend vermieden; die durch Industriezonen verursachten Probleme wurden entschärft, weil die grenzenlose Landmasse verschiedene Ausweichmöglichkeiten bietet und für jede öffentliche Nutzung genug Fläche zur Verfügung steht. Allgemein betrachtet verfolgen diese Konzepte das Ziel, unterschiedlichste Einzelprojekte unter einer komplexen, zweckmäßigen Gesamtplanung zu vereinigen, die in den Händen der zuständigen öffentlichen Behörden liegt. Die wohl ungewöhnlichste Stadtlandschaft unserer Zeit, Manhattan, ruht zwar auf dem strengen Planungsraster aus dem Jahre 1811, ist aber infolge unterschiedlichster Einzelprojekte räumlich extrem vielgestaltig in die Höhe gewachsen. Diese Stadt ist das sichtbare Abbild einer zur äußersten Konsequenz getriebenen europäischen urbanen Tradition, die mit der pluralistischen Demokratie untrennbar verbunden zu sein scheint. Stimmt man der aristotelischen Auffassung von einer menschengerechten Stadt zu, so muß man sich damit abfinden, daß diese nie ganz erreicht, sondern nur bis zu einem gewissen Grad verwirklicht werden kann.

Zugleich aber muß man sich im klaren darüber sein, daß die Entwicklung der Stadt in den Gang der allgemeinen Geschichte eingebettet ist. Gerade in Europa mit seinem gewaltigen Erbe an alten Stadtlandschaften wäre es unsinnig, Methoden und Formen einer längst vergangenen Epoche wiederzubeleben, die einmal am Ausgangspunkt der Geschichte Europas stand. Die Harmonie zwischen Mensch und Umwelt, zwischen der Stadt und der freien Landschaft kann nicht durch das pure Festhalten am Überlieferten erzwungen werden. Vielmehr ist der kritische Geist gefordert, der das, was er verwirklicht, immer wieder einer Prüfung unterzieht. Beide Urbanisierungskonzepte stehen im Wettbewerb miteinander, und wie dieser ausgeht, ist ungewiß.

Von dem Ausgang dieses Wettbewerbs hängt auch ab, ob das kulturelle Erbe erhalten werden kann, das nicht unserem aktuellen Belieben anheimgestellt ist, sondern zukünftigen Generationen übergeben wird, die vielleicht besseren Gebrauch davon machen werden. Was die Erhaltung unbelebter Gegenstände angeht, so genügt es, diese zu restaurieren und in Museen aufzubewahren. Die Stadt aber bleibt nur dann erhalten, wenn es gelingt, die Interessen der Beteiligten, die zusammen das Stadtbild und das Gemeinwesen lebendig erhalten, wieder in ein ausgewogenes Verhältnis zu bringen.

Man nehme nur das Beispiel Venedig, eine Stadt, die sich nicht mehr weiterentwickelt. In dieser Stadt, deren Besonderheit es ist, daß sie auf dem Wasser anstatt auf festem Boden errichtet ist, gibt es beispielsweise keine Autos. Das genügt, um sie von der Entwicklung abzuschneiden. Das könnte durch moderne Technik kompensiert werden, aber es zeigt sich, daß dies nicht ausreicht. Fremde Spekulationsinteressen, die sich den Verfall der Stadt zunutze machen, sind stärker als die Interessen der Bewohner und stärker noch als die kulturellen Interessen der ganzen Welt. Es fehlt weder an Geld noch an sonstigen Mitteln, und trotzdem kann diese Stadt im Herzen Europas, so berühmt sie auch sein mag, nicht als ein funktionierendes Gemeinwesen gerettet werden. Die Stadt wird zusehends zu einer unbelebten Kulisse, verbraucht durch eine moderne «Kulturform», den Tourismus.

Und das ist nicht eine Erscheinung, die speziell Venedig betrifft, ja nicht einmal nur Europa, sondern auf der ganzen Welt zu beobachten ist. In seinem Buch *New Industrial State* von 1967 stellte sich John K. Galbraith die Frage, woran es wohl liegt, daß unsere Gesellschaft nicht fähig ist, die Stadt zu einem harmonischen Ganzen zu gestalten. Er nennt dafür drei Gründe: einmal den Primat der wirtschaftlichen Produktion, dann den Umstand, daß Planungsentscheidungen vertikal von oben nach unten erfolgen und eine horizontale Einbettung in die Umgebung fehlt, und schließlich die Tatsache, daß Entscheidungen über die Umwelt von Kollektiven und nicht von Individuen getroffen werden. Die heruntergekommenen Städte unserer Zeit beweisen, daß irgend etwas schiefgelaufen sein muß. Allerdings beweisen die nicht oder noch nicht ganz heruntergekommenen Städte, daß es durchaus möglich ist, eine harmonische Stadtlandschaft zu schaffen, und daß es vielleicht doch nicht utopisch ist, unserer Gesellschaft einen besseren, äußerlich sichtbaren Rahmen zu geben oder doch wenigstens einen anderen, der nicht schlechter ist als der, den sie jetzt hat.

Tafelteil

81 ROM. *Das Kolosseum, noch isoliert in der Landschaft stehend, auf einer Photographie des frühen 20. Jahrhunderts.*

82 ARLES. *Ansicht des Amphitheaters vor der Beseitigung der Häuseranbauten.*

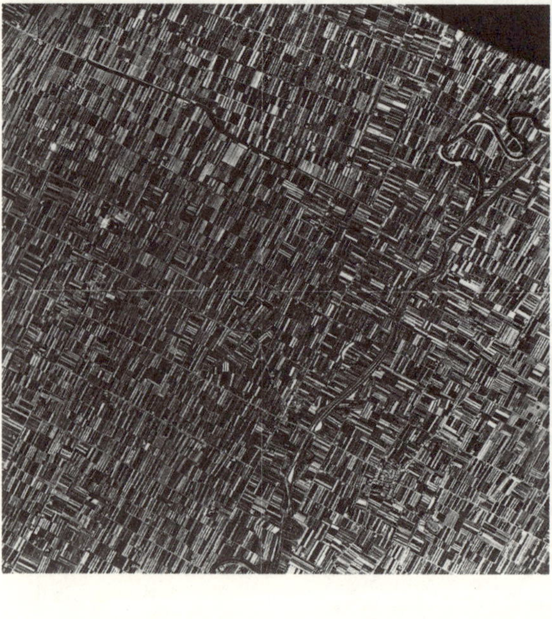

83 Com
Luftansicht, auf
das Rechteck
Castrum Roman
zu erkennen

84 *Die ländlichen*
Flurgrenzen bei Imol
nach dem römischen
Raster.

85 SEGOVIA. *Der römische Aquädukt.*

86 AMALFI. *Luftansicht.*

87 VENEDIG. *Luftansicht der Bebauung zwischen dem Campo S. Polo und S. Maria dei Frari.*

88 VENEDIG. *Stadtplan aus dem Jahre 1729 von Ludovico Ug*

89 VENEDIG. *Ansicht von S. Marco vom Bacino a*

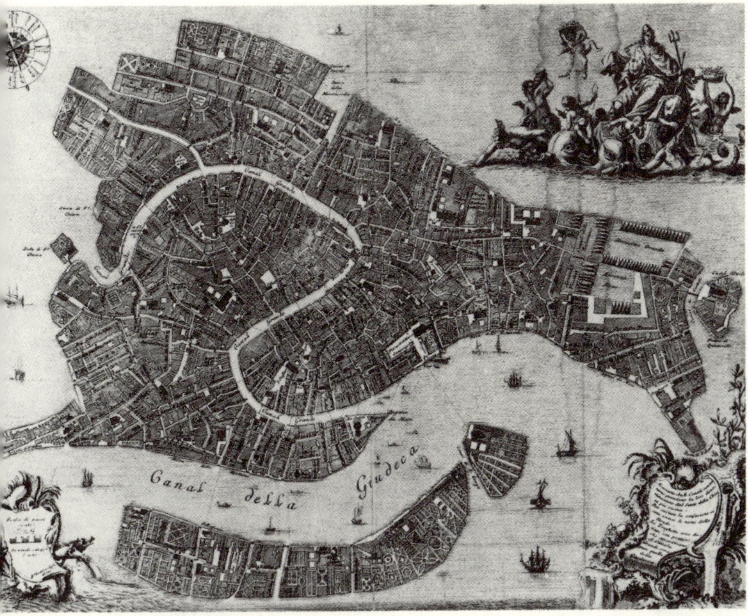
Canal della Giudeca

90 PISA. *Die Baugruppe Dom, Baptisterium und Schiefer Turm.*

91 GENUA. *Am Ende des 16. Jahrhunder.*
Gemälde in der Galleria delle carte geografiche in Vatican

GENVA
ARITIMAE·LIGVRIAE·CAPVT
NAVALIS·MILITIAE·STVDIO
ET·CIVIVM·VIRTVTE
ATQVE·OPVLENTIA
IN CLYTA
MVNITISSIMIS·NVPER
EXAEDIFICATIS·MOENIBVS
TVTAM
CLARISSIMAE·REIPVBLICAE
SEDĒ·PRAEBET

94 SIENA. *Luftansicht des Stadtkerns mit Dom und Piazza del Campo.*

FLORENZ. *Luftansicht der Piazza della Signoria*
d des Stadtteils S. Croce.

FLORENZ. *Ansicht. Unbekannter Maler des 15. Jahrhunderts.*
ndon, Sammlung H. Bier.

95 Toledo. *Stadtansicht von El Greco. Toledo, Museo del Greco.*

97 GRANADA. *Blick von der Alhambra auf den Stadtteil Albaicín.*

5 TOLEDO. *Heutige Ansicht.*

98 LÜBECK.
Luftansicht.

99 YPERN.
Planrelief der mittelalterlichen Sta

100 Brügge.
[illegible]ick vom Rathausturm
[illegible]uf das mittelalterliche
Stadtgefüge.

[illegible] Brügge.
[illegible]sicht des Kanals
[illegible]ischen der Stadt
[illegible]d dem Vorhafen.

102 *und* 103
CARCASSONNE.
Luftansicht der Ci
sowie Draufsicht d
Cité und der Stadt

04 SALISBURY. *Luftansicht der* *ew Town mit der* *Kathedrale.*

GUES MORTES. *ftansicht*

106 Orvieto. *Die Domfassade über den Dächern der Stadt.*

107 *Piero della Francesca, Fresco. Arezzo, S. Francesco.*

108 *und* 109 FLORENZ.
Zwei Ansichten der Kuppel von Brunelleschi im Panorama der Stadt.

112 Urb

Ansicht von Süd

110 *und* 111 *Zwei Straßen in* Pienza.

113 CHAMBORD. *Ansicht des Schlosses.*

114 VENEDIG. *Der Markusplatz in der Anlage des 16. Jahrhunderts.*

116 CUZCO. *Die Festungsmauern von Sacsahuama*

115
BAGNAIA.
Ansicht der
Villa Lante
inmitten des
mittel-
alterlichen
Städtchens.

117 Cholula.

118 Guadalajara.

119 *und* 120 CUZCO.
Zwei Straßenzüge der ehemaligen Incahauptstadt.

121 *Die Piazza de Armas.*

123 Rom. *Blick entlang der Ach*
Via Quattro Fontane und Via Sistin

122 ROM. *Ansicht des Petersplatzes.*

124 AMSTERDAM. *Luftansicht mit drei parallelen Kanälen aus dem 17. Jahrhunde*

125 AMSTERDAM. *Eine Reihe Kaufmannshäuser.*

6 AMSTERDAM. *mälde von H. P. houten, um 1770.*

127 VAUX. *Draufsicht auf den Park.*

128 Versailles. *Blick vom Latonabrunnen auf den Großen Kanal.*

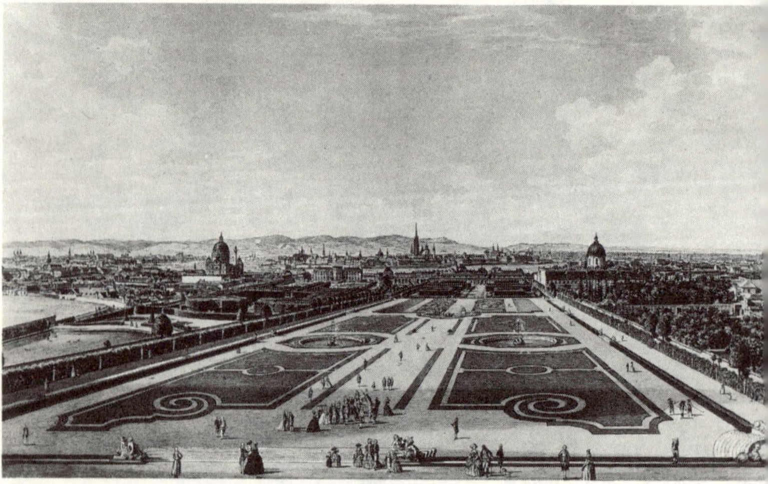

129 Wien. *Blick vom Belvederegarten auf die Stadt.*

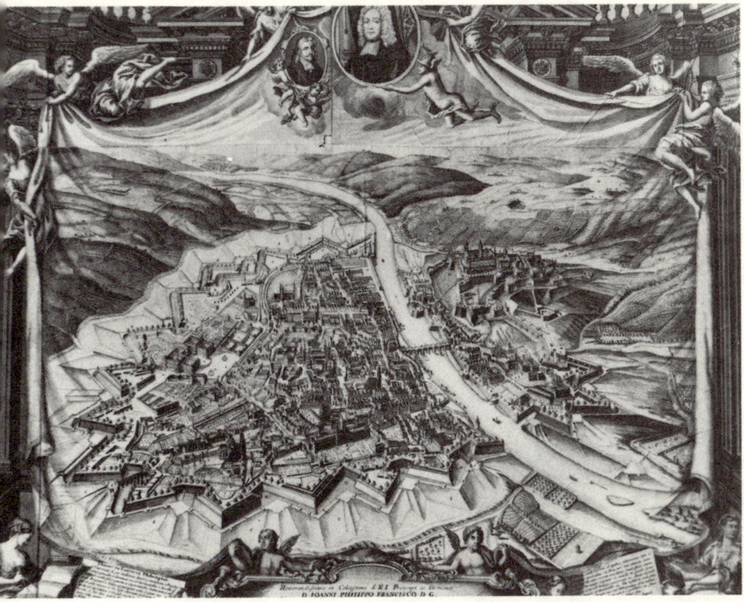

WÜRZBURG.
dtansicht von
Neumann.

131 STOURHEAD.
Luftansicht des
Gartens.

132 St. Petersburg. *Der Winterpalast an der Newa. Stich aus dem 18. Jahrhundert.*

133 *Das Aufkommen der Industrie in der Landschaft des 18. Jahrhunderts: W. Williams. Ansicht von Coalbrookdale im Jahre 1777.*

134 *Eine englische Industriezone (Colne Valley, Yorkshire).*

135 LONDON. *Eine Stadtrandzone.*

136 PARIS. *Claude Monet, Boulevards des Capucines, 1873.*

138 LETCHWORTH. *Luftansicht.*

139 *Piet Mondrian, Komposition in Blau, 1917. Otterlo, Rijksmuseum Kröller-Müller.*

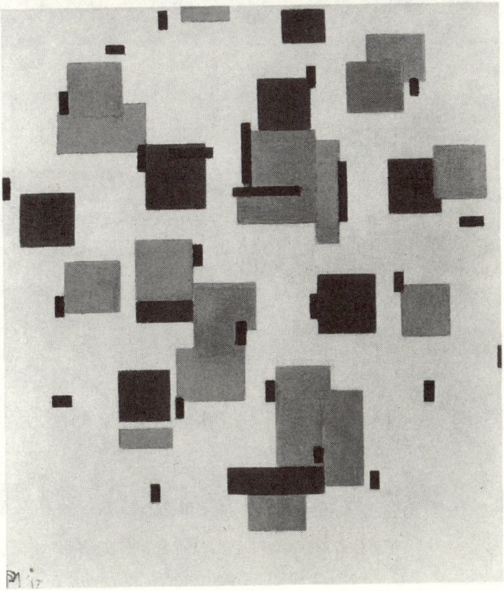

7 PARIS. *Eine*
raßenkreuzung in den
zißiger Jahren.

140 *und* 141 BERLIN. *Außen- und Innenansicht der neuen Nationalgalerie von Mies van der Rohe.*

142 AMSTERDAM. *Stadtrand im Westen mit dem See Sloterplas.*

143 LONDON. *Ansicht des Stadtteils Roehampton.*

144 STOCKHOLM. *Ansicht des Zentrums des Stadtteils Farsta.*

145 CUMBERNAULD NEW TOWN. *Luftansicht.*

146 *und* 147 CUMBERNAULD NEW TOWN. *Ansicht mit zwei Fußgängerzonen.*

148 VENEDIG. *Das Hochwasser von 1966.*

149 BOLOGNA. *Altstadtsanierung.*

Anhang

Anmerkungen

Einführung

Seite 14 C. Baudelaire, *Les fleurs du mal, Tableaux parisiens* (1861), CXXIV, *Le cygne*.
Seite 16 H. Pirenne, *Medieval Cities*, Princeton 1925.

Kapitel 1

Seite 19 Ambrosius, *Briefe*; Augustinus, *Der Gottesstaat* (vollendet 426).
Seite 20 Sumerische Inschrift, aus H. Uhlig, *Die Sumerer*, München 1976, Kap. 1.
Seite 20f. Aristoteles, *Politik*, Buch 1, 1252f., in Aristoteles, *Die Lehrschriften*, hrsg. v. Paul Gohlke, Paderborn 1959.
Seite 23 R. Lopez, *The Birth of Europe*, New York 1976, S. 15.
Seite 31 R. Krautheimer, *Three Christian Capitals. Topography and Politics*, Berkeley 1983.
Seite 34 Tertullian, *De spectaculis*, ed. J.-P. Migne, *Patrologia Latina*, Paris 1879, Bd. 1, Sp. 720.
Seite 39 E. Ennen, *Die europäische Stadt des Mittelalters*, Göttingen 1972, S. 58.

Kapitel 2

Seite 47 Ibn Hawqal, zit. in L. Di Mauro, *Guida ai centri minori del TCI*, Mailand 1985, Bd. 3, S. 55.
Seite 50 Sabellico (M. Cocci), *Rerum venetarum ab urbe condita* (1487).
Seite 50 Francesco Sansovino, *Venetia città nobilissima et singolare*, Venedig 1581; erweiterte Ausg. von G. Martinioni, Venedig 1663 (Repr. Venedig 1968).
Seite 54 Le Corbusier, *Cahiers*, 4. Juni 1934.
Seite 54 Über die Schieflage des Turms äußerte sich mündlich Prof. G. De Angelis D'Ossat.
Seite 56f. V. Franchetti-Pardo, *Storia dell'urbanistica dal Trecento al Quattrocento*, Rom–Bari 1982, S. 197.

Seite 61 *A Gift to the Street* ist der Titel eines Buches von C. Orwell und J. Lynch Waldhorn, San Francisco 1976.

Seite 73 Y. Renouard, *Les villes d'Italie de la fin du Xe siècle au début du XIVe siècle,* Paris 1969.

Seite 76 A. Morgado, *Historia de Sevilla,* 1587, Buch 1.

Seite 83 H. Pirenne, *Medieval Cities,* Princeton 1925.

Seite 91 P. Lavedan u. J. Hugueney, *L'urbanisme au Moyen Age,* Genf 1974, Kap. 3f.

Seite 93 Einen Auszug daraus bringt M. Beresford, *New Towns of the Middle Ages,* London 1967, Kap. 1.

Seite 95 R. E. Park, *The City. Suggestions for the Study of the Urban Environment,* Chicago 1925.

Kapitel 3

Seite 96 K. Kyeser, *Bellifortis,* 1405.

Seite 97 F. Braudel, *Civilisation matérielle, économie et capitalisme (XV–XVIII siècle).* Bd. 1: *Les structures du quotidien: le possible et impossible,* Paris 1979.

Seite 102 Die Genuabeschreibung in Francesco Petrarca, *Itinerario in Terra Santa* (1358), ed. F. Lo Monaco, Bergamo 1990, S. 42; der Brief über die Besteigung des Mont Ventoux und die Venedigbeschreibung zugänglich in Francesco Petrarca, *Dichtungen, Briefe, Schriften,* ed. H. W. Eppelsheimer, München 1980, S. 88–98; S. 175f.

Seite 102 Pio II., *I commentarii,* ed. G. Bernetti, 5 Bde., Siena 1972–1976; Pius II., *Commentarii rerum memorabilium que temporibus suis contigerunt,* ed. A. van Heck, 2 Bde., Città del Vaticano 1984.

Seite 103 J. Huizinga, *Herbst des Mittelalters,* Stuttgart ^{11}1975, Kap. 21f.

Seite 107 A. Chastel, *Un épisode de la symbolique urbaine au XV siècle: Florence et Rome, cités de Dieu,* in *Urbanisme et architecture,* Paris 1954.

Seite 110 Leon Battista Alberti, *L'architettura,* ed. G. Orlandi, 2 Bde., Mailand 1966; *Zehn Bücher über die Baukunst,* übers. u. komm. von Max Theuer, Leipzig–Wien 1912 (Repr. Darmstadt ^{3}1991).

Seite 116 A. Chastel, *Italienische Renaissance. Die Ausbildung der großen Kunstzentren in der Zeit von 1460–1500,* München 1965, S. 173.

Seite 118 Manettis Bericht ist abgedruckt in L. A. Muratori, *Rerum italicarum scriptores,* 3, 2.; vgl. auch Manettis Beschreibung publiziert in Torgil Magnuson, *Studies in Roman Quattrocento Architecture,* Stockholm 1958, S. 351–353.

Seite 119 G. Vasari, *Le vite dei più eccellenti pittori, scultori e architettori* (1550), Florenz 1963, Bd. 3, Vorwort zum dritten Teil, S. 373f.

Seite 119 A. Chastel, *Le grand atelier d'Italie,* Paris 1965.

Seite 120f. M. Tafuri, *Venezia e il Rinascimento,* Turin 1985.

Seite 124 Filarete (A. Averlino), *Trattato di Architettura* (1460), ed. A. M. Finoli – L. Grassi, Mailand 1972.
Seite 125 T. Campanella, *Poesie,* Nr. 164, 121 f., zit. in L. Firpo, *Lo stato ideale della Controriforma,* Bari 1957, S. 327.
Seite 125 F. Doni, *I mondi,* Venedig 1552 f.; F. Patrizzi, *La città felice,* 1552; L. Agostini, *L'infinito,* 1583–90.

Kapitel 4

Seite 126 P. Chaunu, Kap. 1, in *Histoire économique et sociale du monde,* hrsg. v. P. Leon, Bd. 1: *L'ouverture du monde,* Paris 1977.
Seite 126 I. Wallerstein, *The Modern World-System,* New York 1976.
Seite 129 L. de Camões, *Die Lusiaden* (1572), eingel. u. übers. v. Otto v. Taube, Darmstadt 1987.
Seite 129 G. B. Teràn, *El nacimiento de la America espanola,* 1927, Kap. 2.
Seite 130 Cabeza de Vaca wird zitiert in J. H. Parry, *Das Zeitalter der Entdeckungen,* München 1978.
Seite 130 ff. Zitiert ebd.
Seite 130 C. Lévi-Strauss, *Traurige Tropen,* Frankfurt ^{3}1981, S. 64 f.
Seite 136 H. Cortes, *Cartas de relación de la conquista de México* (1524), ed. Buenos Aires 1961.
Seite 136 F. Lopez de Gomara, *Conquist de Mexico* (1552), ed. Madrid 1946.
Seite 136 Motolina (Fray Toribio de Benavente), *Historia de los indios de la Nueva España* (1537), ed. Mexiko 1941.
Seite 136 B. Diaz Del Castillo, *Historia verdadera de la conquista de la Nueva España* (1568), ed. Buenos Aires 1955.
Seite 136 A. Ponce, *Relación breve y verdadera de algunas cosas de las muchas suciederan al Padre Fray Alonso Ponce en las provincias de la Nueva España* (1584), ed. Madrid 1873, Bd. 1.
Seite 137 A. v. Humboldt, *Pittoreske Ansichten der Kordilleren und Monumente amerikanischer Völker.* H. 1.2, Tübingen 1810.
Seite 137 P. Cieza de Leon, *Cronica del Peru* (1554), London 1873, Kap. 35.
Seite 138 I. F. Espinosa, *Cronica de la provincia franciscana de los apòstoles San Pedro y San Pablo de Michoacan* (1751), Mexiko 1945.
Seite 139 D. Stanislawski, *Early Spanish Town Planning in the New World,* in *The Geographical Magazine,* 1947, S. 96.
Seite 139 H. Cortes wird zitiert in F. Guerrero Moctezuma, *Las plazas en las ciudedas de la Nueva España,* Mexiko 1934.
Seite 140 f. *Nuevas leyes,* Archivio Nacional, MS. 3017, zit. in *The Hispanic American Historical Review,* 1922, S. 249.

Seite 143f. W. N. Morgan, *Prehistoric Architecture in the Eastern United States,* Cambridge, Mass. 1980.

Kapitel 5

Seite 150 Die Bemerkung von Colbert wird zitiert in P. Lavedan, *Histoire de l'urbanisme. III: Renaissance et temps modernes,* Paris 1959, S. 334.

Seite 159 J. Huizinga, *Holländische Kultur im 17. Jahrhundert. Eine Skizze,* Frankfurt/M. 1977.

Seite 167 C. S. de Montesquieu, *Perserbriefe* (1721), Frankfurt/M. 1988, Brief 37, S. 69.

Seite 170 N. Boileau-Despreaux, *Embarras de Paris,* zit. in L. Hautecœur, *Histoire de l'architecture classique en France,* Bd. 2,1, Paris 1948, S. 440.

Seite 170 J. de La Bruyère, *Caractères* (1688–89), in *Œuvres complètes,* Paris 1951.

Seite 170 R. Bussy-Rabutin, *Correspondance* (1697), Brief an Mme de Sévigné vom 1. Oktober 1678.

Seite 180 Wordsworth und Gay werden zitiert in I. Brown, *London,* London 1965, S. 94 und 68.

Seite 180 L. Knyff und J. Kipp, *Le nouveau théâtre de la Grande Bretagne,* Amsterdam 1714.

Seite 180 Batty Langley, *New Principles of Gardening: Or, The Laying out and Planning Parterres etc.,* London 1728 (Repr. New York–London 1982).

Seite 181 W. Hogarth, *The Analysis of Beauty,* London 1753.

Seite 181 E. Burke, *A Philosophical Enquiry into the Origin of Our Ideas of the Sublime and the Beautiful* (1756), London 1957.

Seite 181 Horace Walpole, *Essay on Modern Gardening* (1770), in ders., *Anecdotes of Painting,* Bd. IV, London 1771. Repr. d. Ausg. London 1827 u. d. T. *The History of the Modern Taste in Gardening* zusammen mit den *Journals of Visits to Country Seats,* New York–London 1982

Seite 182f. Brief aus Wörlitz an Charlotte v. Stein vom 14. Mai 1778, in *Goethes Briefe,* Bd. 1: 1764–86, Hamburger Ausgabe, 2. Aufl. 1968, S. 249.

Kapitel 6

Seite 185 Ch. Dickens, *Eine Geschichte zweier Städte* (1859), München 1964, S. 9. Es ist die Zeit der beginnenden Industrialisierung.

Seite 187 J.-D. Le Roy, *Les ruines des plus beaux monuments de la Grèce,* Paris 1758.

Seite 187 J. Stuart und N. Revett, *The Antiquities of Athens,* London 1762.

Seite 187 J. J. Winckelmann, *Geschichte der Kunst des Altertums,* Dresden 1764.

Seite 191 E. Chadwick, *The Sanitary Condition of the Labouring Population,* 1842.

Seite 191 F. Engels, *Die Lage der arbeitenden Klasse in England,* 1845.

Seite 191 L. R. Villermé, *Tableau de l'état physique et moral des ouvriers,* Paris 1840.

Seite 191 L. A. Blanqui, *Des classes ouvrières en France pendant l'année 1848,* Paris 1849.

Seite 191 H. Heine, *Englische Fragmente II: London,* in *Reisebilder III/IV,* Düsseldorfer Ausgabe, Bd. 7/1, Hamburg 1986, S. 213–215.

Seite 192 R. Owen, *Report to the Committe for the Relief of the Manufacturing Poor, march 1817,* in *A New View of the Society and Other Writings,* London 1927.

Seite 192 C. Fourier, *Traité de l'association domestique-agricole,* Paris 1822; *Nouveau monde industriel et sociétaire,* Paris 1829f.

Seite 192 F. Engels, *Zur Wohnungsfrage,* Leipzig 1872.

Seite 195 Der Artikel des «Economist» wird zitiert in J. H. Clapham, *An Economic History of Modern Britain,* Cambridge 1939, S. 545.

Seite 195f. Der Text des französischen Gesetzes von 1850 ist abgedruckt in L. Benevolo, *Le origini dell' urbanistica moderna,* Bari 1963.

Seite 197 Haussmanns Ausführungen werden zitiert in G.-N. Lameyre, *Haussmann «préfet de Paris»,* Paris 1958, S. 19.

Seite 199 G. E. Haussmann, *Mémoires,* Paris 1890, Bd. 2, S. 311f.

Seite 208 E. und J. Hout de Goncourt, *Journal,* 18. November 1860; P. J. Proudhon, *La capacité politique,* zit. in E. Dolleans, *Histoire du mouvement ouvrier,* I (1939); A. Delvau, *Heures parisiennes,* 1866; V. Sardou, *Maison neuve* (Vaudeville, 4. Dezember 1866), 2. Akt, 12. Szene.

Seite 208/209 L. Blanc, A. Picard und H. K. B. von Moltke werden zitiert in G.-N. Lameyre, *Haussmann «préfet de Paris»,* Paris 1958, S. 285.

Seite 210 M. Du Camp, *Souvenirs littéraires,* Paris 1883, Vorwort.

Seite 210f. G. Doré und B. Jerrold, *London, a Pilgrimage,* London 1872.

Seite 216 R. Baumeister, *Stadterweiterung in technischer, baupolizeilicher und wirtschaftlicher Beziehung,* Berlin 1876; J. Stübben, *Der Städtebau,* Darmstadt 1890; R. Unwin, *Town Planning in Practice,* London 1919.

Kapitel 7

Seite 224 J. F. C. Turner, *Housing by People,* London 1976; C. Abrams, *Housing in the Modern World. Man's Struggle for Shelter in an Urbanising World,* Cambridge, Mass. 1964; G. K. Payne, *Urban Housing in the Third World,* London 1977.

Seite 225 C. Baudelaire, *Les fleurs du mal, Tableaux parisiens* (1861), CXXXII, *Rève parisien; La mort* (1861), CIII, *Le voyage.*

Seite 227 W. Kandinsky, *Die kahle Wand,* in *Der Kunstnarr,* Dessau 1929.

Seite 228 P. Mondrian, in «De Stijl», Repr. Amsterdam u. a. 1968. März und Mai 1922; *Pure Plastic Art,* New York 1942, S. 383.

Seite 237 F. Osborn und A. Whittick, *The New Towns,* London ²1969.

Seite 247 M. Weber, *Die Stadt,* München 1921.

Seite 251 J. K. Galbraith, *Die moderne Industriegesellschaft,* München, Zürich 1967, Kap. 30.

Bibliographie

Das Thema dieses Buches, die Geschichte der europäischen Städte und ihre spezifische Identität, die sie mit der Geschichte Europas verbindet, ist nur selten monographisch dargestellt worden. In übergreifenden Beiträgen aber, die sich mit der Stadt im allgemeinen oder dem Wandel regionaltypischer Stadtbilder beschäftigen, wird dieses Thema mitbehandelt. Beiträge dieser Art sind äußerst zahlreich. Überdies setzen alle komplexen Studien über die Städte, unter welchen Aspekten sie auch immer betrachtet werden, eine Serie von Einzelstudien über die betreffenden Städte voraus. Untersuchungen dieser Art sind reichlich, für Europa sogar überaus reichlich vorhanden.

Beginnen wir mit der Stadt im allgemeinen. Dieses Thema, das von Anfang an mit der europäischen Kultur verknüpft ist, wurde nur insoweit kritisch beleuchtet, als es die jüngste Zeit betrifft. Unter verschiedenen Aspekten wichtig sind:

M. Weber, *Die Stadt,* München 1921.
R. E. Park, *The City. Suggestions for the Study of the Urban Environment,* Chicago 1925.
V. G. Childe, *Soziale Evolution,* Frankfurt/M. 1968.
P. Sjoberg, *The Preindustrial City,* Glencoe 1960.
A. Toynbee, *Cities on the Move,* London 1970.
P. Bairoch, *Cities and Economic Development,* Chicago 1988.

Die Literatur über einzelne Stadtorganismen geht mit der Entwicklung der modernen Urbanistik einher. Viele allgemeine Arbeiten beschreiben die Entwicklung der Städte überall auf der Welt von der Antike bis heute. Dazu zählen:

P. Lavedan, *Histoire de l'urbanisme,* 3 Bände, Paris 1926–52.
L. Mumford, *The City in History,* New York 1961.
C. Stewart, *A Prospect of Cities,* London 1952.
F. R. Hiorns, *Town-Building in History,* London 1956.
E. Egli, *Geschichte des Städtebaues,* 3 Bände, Erlenbach–Zürich 1967.
G. Burke, *Towns in the Making,* Norwich 1971.
A. E. J. Morris, *History of Urban Form,* London 1972.
L. Benevolo, *Geschichte der Stadt,* Frankfurt–New York 1983.

Unter den systematischen Darstellungen ragen heraus:

E. N. Bacon, *Stadtplanung von Athen bis Brasilia,* Zürich 1968.

S. Kostof, *The City Shaped,* London 1991.

Über die Entwicklung und die Anlage der europäischen Städte bis zum Mittelalter gibt es verschiedene Gesamtdarstellungen:

H. Pirenne, *Medieval Cities,* Princeton 1925.

F. Roerig, *Mittelalterliche Städte,* Berlin 1955.

E. Ennen, *Die europäische Stadt des Mittelalters,* Göttingen 1972 (mit einer umfangreichen Bibliographie von 925 Titeln).

Über den folgenden Abschnitt, die Zeit der Renaissance und danach, liegen keine vergleichbaren Untersuchungen, sondern lediglich einige Überblicke vor:

W. Braunfels, *Abendländische Stadtbaukunst,* Köln 1976.

P. M. Hohenberg und L. Hollen Lees, *The Making of Urban Europe,* Harvard 1985.

R. E. Dickinson, *The West European City,* London 1951, 2., durchges. Aufl. 1961.

Die Literatur zu einzelnen Regionen oder Abschnitten der europäischen Geschichte ist unübersehbar. Zu den wichtigsten Arbeiten gehören:

E. A. Gutkind, *International History of City Development,* New York 1964–72. In dieser Reihe sind acht Bände erschienen, die sich mit Europa beschäftigen, und zwar mit:
Central Europe; The Alpine and Scandinavian Countries; Southern Europe. Spain and Portugal; Southern Europe. Italy and Greece; Western Europe. France and Belgium; Western Europe. The Netherlands and Great Britain; East-central Europe. Poland, Czechoslovakia, and Hungary; Eastern Europe. Bulgaria, Romania, and the USSR.

K. Gruber, *Die Gestalt der deutschen Stadt* (1937), München 1983.

F. L. Ganshof, *Étude sur le développement des villes entre Loire et Rhin au Moyen âge,* Paris 1943.

J. M. Lacarra, *El desarrollo urbano de las cuidades de Navarra y Aragon en la Edad Media,* Saragossa 1950.

J. Lestocquoy, *Les villes de Flandre et d'Italie sous le gouvernement des patriciens,* Paris 1952.

W. Braunfels, *Mittelalterliche Stadtbaukunst in der Toskana,* Berlin 1953.

A. Garcia y Bellido, L. Torres Balbas, L. Cervera, F. Chueca und P. Bidagor, *Resumen historico del urbanismo en España,* Madrid 1954.

Y. Renouard, *Les villes d'Italie de la fin du IXe siècle au début du XIVe siècle,* Paris 1969.

M. Beresford, *New Towns of the Middle Ages,* London 1967.

C. und R. Bell, *City Fathers – the Early History of Town Planning in Britain,* London 1969.
M. Aston und J. Bond, *The Landscape of Towns,* London 1976 (über England).
G. Duby (Hrsg.), *Histoire de la France urbaine,* 4 Bände, Paris 1980–83.
D. Friedman, *Florentine New Towns,* Cambridge 1988.

In einem allgemeinen Beitrag wie dem vorliegenden können die Stadtmonographien nicht einzeln aufgeführt werden. Der Vollständigkeit halber seien nur einige herausgegriffen:

J. A. Franca, *Une ville des Lumières, la Lisbonne de Pombal,* Paris 1965.
A. J. Youngson, *The Making of Classical Edinburgh,* Edinburgh 1966.
H. Bobek und E. Lichtenberg, *Wien. Bauliche Gestalt und Entwicklung seit der Mitte des 19. Jahrhunderts,* Graz–Köln 1966.
J. Haddon, *Bath,* London 1973.
G. Pfeiffer und W. Schwemmer, *Geschichte Nürnbergs in Bilddokumenten,* München 1970.
Über Rom:
I. Insolera, *Roma,* Rom–Bari 1980.
Über Paris:
M. Poete, *Une vie de cité. Paris,* 3 Bände und ein Tafelteil, Paris 1924.
L. Bergeron (Hrsg.), *Parigi,* Rom–Bari 1989.
Über London:
S. E. Rasmussen, *London, the Unique City,* Harmondsworth 1934.

Die Literatur über die jüngste Epoche der europäischen Städte seit der industriellen Revolution geht in Darstellungen der modernen Stadt und ihre Planung über. Als wichtige Studien seien erwähnt:

F. Mancuso, *Le vicende dello zoning,* Mailand 1978.
T. Hall, *Planung europäischer Hauptstädte. Zur Entwicklung des Städtebaus im 19. Jahrhundert,* Stockholm 1986.
Zur zweiten Hälfte des 19. Jahrhunderts in Frankreich:
D. H. Pinkney, *Napoleon III and the Rebuilding of Paris,* Princeton 1958.
A. Sutcliffe, *The Autumn of Central Paris. The Defeat of Town Planning 1850–1970,* London 1970.
Über England:
H. J. Dyos und M. Wolff (Hrsg.), *The Victorian City,* 2 Bände, London 1973.
J. T. Coppock und H. C. Prince, *Greater London,* London 1964.
F. J. Osborn und A. Whittick, *New Towns,* London 1963, 2. Aufl. 1977.
Über die gegenwärtige Situation:
P. George, *La ville,* Paris 1952.
R. E. Dickinson, *The City Region in Western Europe,* London 1967.
R. A. French und F. E. Ian Hamilton (Hrsg.), *The Socialist City,* Chichester 1979.

Bildnachweis für den Tafelteil

Aerofilms, London 104, 131, 138, 145
Alinari, Florenz 90, 93, 107
Archiv Benevolo 82, 96, 117, 118, 129, 133, 134, 135, 148
Foto Benevolo 89, 97, 100, 101, 106, 108, 109, 110, 111, 112, 113, 119, 120, 121, 125, 126, 128, 140, 141, 143, 144, 146, 147
Photo-Verlag Grunderman, Würzburg 130
Institut Geographique National, Paris 102, 127
Foto KLM, Holland 124, 142
Biblioteca Marciana, Venedig 88
Foto Mas, Barcelona 85
Ministère de las Culture, Paris 99, 105
Ministero dei Beni Culturali, Luftbildstelle, Rom 83, 84, 86, 87, 92, 94, 114, 115, 149
Roger-Viollet, Paris 81, 91, 95, 122, 123, 132
Schöning, Lübeck 98
SIAE 136, 137, 139

Register

Anzeigen

EUROPA BAUEN

Bereits erschienen:

Leonardo Benevolo
Die Stadt
in der europäischen Geschichte
1993. Etwa 320 Seiten
mit etwa 150 Abbildungen
Leinen

Ulrich Im Hof
Das Europa der Aufklärung
1993. Etwa 270 Seiten
Leinen

Michel Mollat du Jourdin
Europa und das Meer
1993. 320 Seiten mit 18 Karten
und 2 Abbildungen
Leinen

VERLAG C.H.BECK
MÜNCHEN

EUROPA BAUEN

Die nächsten Bände:

Massimo Montanari
Der Hunger und der Überfluß
Kulturgeschichte der Ernährung in Europa
1993. Etwa 300 Seiten
Leinen

Werner Rösener
Die Bauern
in der europäischen Geschichte
1993. Etwa 250 Seiten
mit etwa 10 Abbildungen
Leinen

Charles Tilly
Die europäischen Revolutionen
1993. Etwa 280 Seiten mit 2 Karten
Leinen

VERLAG C.H.BECK
MÜNCHEN